《老子》讲疏

李幸福 著

郑州大学出版社
郑州

图书在版编目(CIP)数据

《老子》讲疏/李幸福著.—郑州:郑州大学出版社,2018.12

ISBN 978-7-5645-5952-6

Ⅰ.①老⋯ Ⅱ.①李⋯ Ⅲ.①道家②《道德》-研究 Ⅳ.①B223.15

中国版本图书馆 CIP 数据核字(2018)第 295059 号

郑州大学出版社出版发行
郑州市大学路 40 号　　　　　　　邮政编码:450052
出版人:张功员　　　　　　　　　　发行电话:0371-66966070
全国新华书店经销
河南文华印务有限公司
开本:710mm×1 010mm　1/16
印张:17.25
字数:282 千字
版次:2018 年 12 月第 1 版　　　　印次:2018 年 12 月第 1 次印刷

书号:ISBN 978-7-5645-5952-6　　　定价:38.00 元

本书如有印装质量问题,请与本社调换

前　言

《道德经》原名《老子》,共八十一章,是春秋末年著名思想家老子所作。因此书前半部分(第一章至第三十七章)主要是论道,后半部分(第三十八章至第八十一章)主要是论德,到了汉景帝时被改称为《道德经》。

司马迁《史记·老子韩非列传》中说:"老子姓李,名耳,字聃,楚国苦县厉乡曲仁里(今河南鹿邑县太清宫镇)人,是周藏书室的管理人员,讲修道德,他的学说以自隐无名为主。久住周国,看到周国衰微下去,于是离去。"据史家考证,老子离周的时间,大约在公元前520年至前515年。老子离周西行,不知是去秦国还是去西域,但无论去哪儿,都必须经过函谷关(函谷关历史上有两座,秦关在今河南灵宝市,汉关在今河南新安县。因关在谷中,深险如函,故称函谷关)。司马迁说:"老子经过函谷关,关令尹喜对他说:'你将要隐居起来了,请尽力为我著书吧!'于是老子就著述'道'与'德'上下二篇,谈论'道'与'德'之义五千多字,然后离去,也就不知他终老于何处。"

老子出关后,西渡流沙不知所终,而他的这部著作却流传下来。到了唐代,道家鼎盛起来,道教变成国教。这时道教的人要抗拒佛教,就有一个进士叫杜光庭,他依据佛经的义理,写了很多道经,其中说老子到了印度以后,摇身一变,成了释迦牟尼。当然,这都是瞎说。所以,后世的人们把没事实根据胡编乱凑的著作叫作"杜撰",就是由此而来。无独有偶,在佛教中,也有一些伪经,说中国的孔子是文殊菩萨摇身一变而成的。所以,在宗教方面,这些有趣的无稽之谈,古往今来,不可胜数。不管老子本身的这些说法或结论如何,但有两个事实是存在的:第一,他的生死是

"不知所终",是查不出结果的;第二,这部著作确实是被尹喜所逼,一定要得到他的道,因此而留下来的。

近些年来,有些上古的东西出土,如帛书《老子》等,这些文献资料,证明了老子学说的思想体系,是继承了殷周以上的文化系统,同时也证明了司马迁所说的话没有错,是真实的。这就是《老子》一书的由来。

我国著名古文字学家高亨在《老子通论》中说:"对于宇宙的起源,如天地何自而生,日月星辰、云雷风雨又何自而生,河山水火、金石草木又何自而生,动物之属、人鸟兽虫鱼又何自而生,此不可知者也。对于宇宙之现象,如日月星辰何以能运行,云雷风雨又何以能鼓动,万物万类何以各有特性,都是难解的问题。对于这些问题,圣哲之士从来不乏探索的兴趣,只是限于智识,无法科学说明。既然不能穷其理,所以在人类早期,大都以为宇宙是上帝创造的。至老子,则直接否定了上帝创造宇宙,而用'道'取代之,并以'道'为核心,建立了一套系统的理论体系,因此,我们称之为哲学。"《老子》一书就是一部论述宇宙本体的哲学著作。老子的哲学本体论,就是由"道"为"天下母"的本原论、"道生之"的生成论和"唯道是从"的价值论所构成。

《老子》无论在古代还是在当代,无论在中国还是在外国,都是影响巨大的哲学著作。《老子》的中文译本,自古及今已有上千种;而在国外,仅英译本就有三十多种,是国外翻译、出版最多的中国著作。德国大哲学家莱布尼兹、康德、黑格尔、尼采、海德格尔等都受过老子思想的影响。尼采说:"《老子》像一个不枯竭的井泉,满载宝藏,放下汲桶,唾手可得。"海德格尔则认为自己"最直接地从《老子》中获得了思想资源"。德国青年二战前在林边散步,手里捧的是《圣经》,二战后都换成了《老子》。美国前总统里根曾在国情咨文中引用老子"治大国若烹小鲜"的名言,说明治理国家的道理。2009年10月普京在中俄建交60周年庆祝大会暨中国"俄语年"闭幕式上讲话,引用老子"善建者不拔,善抱者不脱"的名言,表达要坚定不移地建设俄中战略伙伴关系的愿望。2011年12月,俄罗斯前总统梅德韦杰夫在任期内的最后一个国情咨文中引用《老子》第八章"言善信,正善治,事善能,动善时"的话,说明对俄罗斯未来发展的主张。2011年6月联合国秘书长潘基文在纽约联合国总部宣誓连任发表的讲话中,引用老子"天之道,利而不害;圣人之道,为而不争",倡导人类社会要和谐共处。美国学者威兰·杜尔说:《道德经》是"人类最高智慧的珍果","在思想史上,它的确可以称得上是最迷人的一部奇书","或许除了《道德经》之外,我们要焚毁所有的书籍,而只在《道德经》中寻得智慧的摘要"。(《世界文明史》第一卷)英国学者李约瑟说:"中国如果没有道家,就像大树没有根一样。"可以说,《老子》不但是中华古老文化的结晶,也是全人类共享的文化财富。

习近平说:"我们从哪里来?我们走向何方?中国到了今天,我无时无刻不提醒自己,要有这样一种历史感……中国有坚定的道路自信、理论自信、制度自信,其本质是建立在五千多年文明传承基础上的文化自信。"他又说:"历史一脉相承,不可割裂。脱离了中国的历史,脱离了中国的文化,脱离了中国人的精神世界,脱离了当代中国的深刻变革,是难以认识中国的。"(2016年1月5日《人民日报》)作为中国人,我们要认识中国,还要让世界认识中国。认识中国,则必须认识中国五千多年的文化传承,这样才能建立文化自信,才能确立坚实的历史感。认真研读《老子》实为建立文化自信和确立坚实的历史感所必需。

有人说《老子》虽是一本好书,但古奥难懂,这的确是事实。一是因为该书写作年代久远,文中用字大都是古义且又有不少通假字,与现今字义有较大的反差。二是因为它是一部哲理诗,虽韵律很美,但文字简约,再加上讲的是本体论哲学,明晰不足而暗示有余,这就在理解上也带来了一定的困难。三是因为其思维方式多是逆向思维,"正言若反",这种以反为正的思维方式,使人不易接受。四是因为该书在流传过程中,形成了若干版本,其中不乏舛误之处,往往因多一个字或少一个字或用字的不同,就会给理解带来偏差。为了弘扬中国传统文化的道德精神,我写了这本书,并名之为《〈老子〉讲疏》。这也是我给学生上课的讲稿。

著名古汉语专家王力先生说:"古人已经死了,我们只能通过他的书面语言去了解他的思想,我们不能反过来,先主观地认为他必须有这种思想,从而引出结论说,他既然有这种思想,他这一句话也只能做这种理解了。后一种做法,有陷于主观臆测的危险。"(《龙虫并雕斋文集》第一册)所以我们只能通过老子的书面语言去了解他的思想。但由于智识所限,不可能表达出老子的真实思想,缺点和不妥之处在所难免,错误的地方,敬请读者批评指正。

李幸福
于平顶山工业职业技术学院

目 录

第 一 章	道可道	/1
第 二 章	天下皆知美之为美	/6
第 三 章	不尚贤	/10
第 四 章	道盅而用之	/13
第 五 章	天地不仁	/15
第 六 章	谷神不死	/17
第 七 章	天地长久	/19
第 八 章	上善若水	/21
第 九 章	多言数穷	/24
第 十 章	营魄抱一	/27
第十一章	三十辐共一毂	/30
第十二章	五色令人目盲	/32
第十三章	宠辱若惊	/34
第十四章	视之不见	/37
第十五章	古之善为上者	/40
第十六章	致虚极	/43
第十七章	太上	/46
第十八章	大道废	/48
第十九章	绝智弃辩	/51
第二十章	唯之与诃	/53
第二十一章	孔德之容	/56
第二十二章	曲则全	/59
第二十三章	飘风不冬朝	/62
第二十四章	企者不立	/64
第二十五章	有物混成	/67
第二十六章	重为轻根	/71

第二十七章	善行者无辙迹	/75
第二十八章	知其雄	/77
第二十九章（一）	将欲取天下	/80
第二十九章（二）	夫物或行或随	/83
第 三 十 章	以道佐人主者	/85
第三十一章	夫唯兵者	/88
第三十二章	道常无名	/91
第三十三章	知人者智	/93
第三十四章	大道汜兮	/96
第三十五章	执大象	/99
第三十六章	将欲翕之	/101
第三十七章	道常无为而无不为	/104
第三十八章	上德不德	/106
第三十九章（一）	昔之得一者	/110
第三十九章（二）	虽贵必以贱为本	/113
第 四 十 章	反者道之动	/115
第四十一章	上士闻道	/117
第四十二章	道生一	/122
第四十三章	天下之至柔	/124
第四十四章	名与身孰亲	/126
第四十五章	大成若缺	/129
第四十六章	天下有道	/132
第四十七章	不出于户	/134
第四十八章	为学者日益	/136
第四十九章	圣人无常心	/139
第 五 十 章	出生入死	/141
第五十一章	道生之	/145
第五十二章	天下有始	/147
第五十三章	使我介然有知	/150
第五十四章	善建者不拔	/152
第五十五章	含德之厚	/155

第五十六章	知者不言	/158
第五十七章	天下多忌讳	/160
第五十八章	其政闷闷	/163
第五十九章	治人事天	/166
第 六 十 章	治大国若烹小鲜	/169
第六十一章	治大国若居下流	/171
第六十二章	道者万物之奥	/174
第六十三章	天下之难事	/178
第六十四章	其安易持	/180
第六十五章	古之善为道者	/183
第六十六章	江海所以能为百谷王者	/186
第六十七章	吾有三宝	/188
第六十八章	古之善为士者不武	/191
第六十九章	古之用兵者有言曰	/193
第 七 十 章	天下皆谓吾道大不肖	/195
第七十一章	知不知	/198
第七十二章	民不畏威	/201
第七十三章	勇于敢则杀	/203
第七十四章	民不畏死	/207
第七十五章	民之饥也	/210
第七十六章	人之生也柔弱	/212
第七十七章	天之道	/214
第七十八章	天下柔弱莫过于水	/216
第七十九章	和大怨	/219
第 八 十 章	小国寡民	/222
第八十一章	信言不美	/224

附：《老子》译文　　　　　　　　　　　　　/226

后语　　　　　　　　　　　　　　　　　　　/247

第一章 道可道

道可道,非常道;名可名,非常名。无,名天地之始;有,名万物之母。故常无,欲以观其妙;常有,欲以观其徼。此两者同,出而异名;同谓之玄,玄之又玄,众妙之门。

第一章是全书的总纲。老子认为"道"是宇宙的本体,是天地万物的根源。

"道可道,非常道;名可名,非常名。"第一个"道"和第三个"道"是名词,指宇宙本体。第二个"道"是动词,即知道、体验的意思。"常"即常规,一般的、普通的。第一个"名"和第三个"名"是名词,指具体事物的名称;第二个"名"为动词,是"命"的假借,即命名之命。命名,今语叫起名。但历来注释者皆解第一个"道"为常道,即恒常不变之道;第二个"道"为说、讲之意。于是这句话就被译为:"道是可以讲说的,但讲说出来的道就不是常道了;名是可以起的,但起出来的名就不是常名了。"如果这样解释,那老子所写的五千言岂不是废话、空话?第一,老子是周朝史官,学问渊博,又善于言辞,文章的逻辑性非常严密,怎么会说道是可以说的,但说出来的又不是道呢?既然不是,那还说它干什么?第二,"常道"如作为一个概念来使用,为什么只在第一章有,而在其他各章再也没有出现过,老子为什么要提出一个从此不再使用的概念呢?第三,第二个"道"字如当说或讲,那老子在表述讲、说的意思时,为什么用"言"或"谓",而不用"道"字呢?就是比老子所处时代稍晚的孔子、庄子在表述讲、说时,也多用"曰",有时也用"谓"或"语",而从不用"道"字来表示。可见在老子及其稍晚的时代,人们表示说讲的意思时,并不采用"道"这个字。第四,如此解释也与下句衔接不上。

四川辞书出版社出版的《汉语大字典》释"道"第二十六条:道作动词用时,还有"知道、体验"的意思。释"常"第二条:常即"常规、常法";第九条:亦即"一般的、普通的"。若我们采用此注释,则"道可道,非常道;名可名,非常名"这两句话应译为:道是可以知道、体验到的,但不是用一般的、普通的方法(指通过人的感官去感知)可以知道的;名是可以起的,但不是用一般的、常规的方法起的。这样解释就与第二句衔接上了。"无,名天地之始;有,名万物之母。"老子说,我用特殊的方法给天地的创始者起个名叫作"无",给万物的母体(天地)起个名叫作"有"。这也就是说,道是无形体的,产生了天地,是天地的原始,所以我用"无"作为天地原始的名称;天地是有形的,产生了万物,是万物的母体,所以我用"有"作为万物母体的名称。老子之所以给"道"又起个名叫"无",主要是突出道之隐而未显的特征。这样,老子就自然地把世界分成了两大部分:一个是无形的世界,一个是有形的世界。无和有是存在内部的区别,不是存在和非存在的区别。从而为他的本体论哲学构建了体系,为社会人生合理的存在方式提供了一个根本依据。

但对这句话是以"无""有"为读,还是以"无名""有名"为读,历来是有争议的。汉初的宋忠即以"无名"为读。《史记·日者列传》载:"宋忠见贾谊于殿门外,乃相引屏语,相谓自叹曰……此老子所谓'无名者万物之始也'。"从河上公、王弼注以来,注家大都以"无名""有名"为读。而宋人司马光、王安石、苏辙、白玉蟾,明人释德清,近人梁启超、高亨等,皆以"无""有"为读。高亨在论证应以"无""有"为读时说,"第四十章曰:'天下万物生于有,有生于无',即其明证"(《老子正诂》)。高亨所论是很有道理的。如读作"无名""有名",就彼此抵触而不相通了。"无名"怎么能成了万物的创始者?"有名"怎么成了万物的母亲?也不能说给它起个名叫"无名",起个字叫"有名",这于文于理都是难通的。

关于"无"(宇宙本体)和"有"(宇宙生成)老子是十分肯定的。对于宇宙的本体,《老子》第二十五章说:"有物混成,先天地生。寂兮,寥兮,独立而不改,周行而不殆,可以为天地母。吾不知其名,故强字之曰道,强为之名曰大。"意思是,有一个混融一体的东西,在天地形成之前就存在着,它无声、无形,独立存在而又不改变自己;它循环往复地运行,永不止息,它就是天地的母亲。我不知道它的名称,所以勉强给它起个字叫"道",勉强给它起个名叫"大"。对于宇宙的生成,第四十章说:"天下之物生于有,有生于无。""无"即道,即天下之物都是由道而生。第二十一章又说:"道之为物,惟恍惟惚。恍兮,惚兮,其中有物;惚兮,恍兮,其中有象;幽兮,冥兮,其中有情;其情甚真,其中有信。"意思是:道创造万物的过程,是隐隐约约模糊不清的。在这种模糊不清的状态中有了物有了象;在这种幽深暗昧之中有了实在的东西,这个东西是真实的,可信的。总之,老子对"道"是万物的本原是十分肯定的。

"故常无,欲以观其杪;常有,欲以观其徼。"这是讲如何体道、悟道的,亦即体悟的方法。这种方法就是顺向思维和逆向思维的统一。"故"是连词,承上表结果或结论,当"因此""所以"讲。"常"在这里是"经常"的意思,不是"一般、普通"的意思。"无"指道。"欲"是助动词,表示情理上必须如此,当"要""应该"讲。"观"在这里也不是指用眼睛去看、去观察,而是深思、探究、领悟之意,即以智慧照见客观存在。后来道教的寺院,皆以"观"(guàn)命名,如"玄都观""白云观"等,就是领悟妙理之意。所谓领悟就是悟性认识,而不是感性认识。"杪"(miǎo),《说文》曰:"杪,木标末也。"杪训即"木标末",可引申为微末,进而引申为原始。"徼"(jiào),端倪,即事物的眉目、头绪或边际。两"其"字都是代词,代指的是上句"道可道"的第一个"道"字,即宇宙的本体。"故常无,欲以观其杪;常有,欲以观其徼"是说:要常以"无"的观点(即从道的观点)去领悟物质世界的起源;要常以"有"的观点去领悟物质世界的边际。这也就是说,物质世界极其广阔,物质世界的起源极其悠长(老子说"天长地久",见第七章)。所以要常从"无"中顺向思维去领悟"有",要常从"有"中逆向思维去领悟"无"。这就是老子观道的方法。这种方法不是用耳、目、鼻、舌、身等一般感知方法,而是用"心"去观。因为"道",不是一个感性的对象,靠感官是无法感知的,所以要用"心"去领悟,即用智慧去照见。"心观"就是要把自己的私欲全部去掉,使心灵达到极度虚静的地步,即第十章所说的"涤除玄览,能无疵乎",第十六章所说的"致虚极,守静笃,吾以观其复"。只有处于极度虚空而宁静的心,才能像静止的水那样澄清透明,什么都能照得出来。这种方法,后来儒家的曾子在《大学》中说得更明白。他说:"知止而后有定,定而后能静,静而后能安,安而后能虑,虑而后能得。物有本末,事有始终,知所先后,则近道矣。"所以,我国著名哲学家冯友兰说:"《老子》认为,要认识

'道',就要用'观'。'常无,欲以观其妙;常有,欲以观其徼。'这是对'道'的'观'。他认为这种'观'还需要另一种方法,即'涤除玄览,能无疵乎'!'玄览'即'览玄','览玄'即观道。要观道,就要先'涤除'。'涤除'就是把心中的一切欲望都去掉,这就是'日损';'损之又损'以至于无为,这就可见道了。见道就是对道的体验,对道的体验就是一种最高的精神境界。"(《中国哲学史新编》)

"此两者同,出而异名;同谓之玄,玄之又玄,众妙之门。"这是讲"无"和"有"的关系,并进一步说明"无"(即"道")是万物的本原。"此两者"指的是上句的"无"和"有"。"同"即统一,"出"即产生。"此两者同,出而异名"是说:"无"和"有"是统一的,是事物的两个方面;有是从无中产生的,无是依赖有而显现的,只是名称不同。"同谓之玄",是说这个统一的东西就叫作玄,玄也就是道。但对于这个"玄"字,历来注家大都解释为玄妙,这是不符合《老子》本义的。《说文》云:"玄,幽远也。"老子此处的"玄"字即取幽远之意。我们把远祖、始祖称为玄祖,也是取幽远之意。此处的"玄"与第六章的"玄牝"相通。"牝"即母,"玄牝"即原始的老祖母。"玄牝之门,是谓天地之根",正因为是原始的老祖母,所以才能成为"万物"之始。"玄之又玄",是说远而又远,唯恐只说远祖还会误解,特意说明它是远而又远的原始老祖母。"妙"通"眇"(miǎo),细小。"众妙之门"是说它(道)是一切物类所从出的门户。

第一章只是老子宇宙观的大纲,开宗明义,有给全书基本概念下定义的性质。第一,"道"是宇宙的本原或本体,是一切物类所从出的门户。第二,道是隐而未显的,是看不见摸不着的,所以又把它称之为"无"。第三,道是一体两面的,既是"无"又是"有",它的存在是从"有"中体现的。第四,道是可以体验到的,即通过实践的悟性认识,就可以"见道"。见道就是对道的体验,对道的体验就是一种最高的精神境界。这也就是曾子所说的:"物格而后知至,知至而后意诚,意诚而后心正,心正而后身修,身修而后家齐,家齐而后国治,国治而后天下平。"(《大学》)

但须说明的是,老子虽说"道"是物质世界的本原,但始终没有给"道"下一个明确的定义,因为对于超经验的对象是很难给出个定义的。所以,在《老子》一书中,只是描绘"道"是什么样子。怎么描绘呢?是用喻象性的表达方式。所谓喻象性就是通过对具体事物的描绘来启发人们体悟。也正因如此,对于老子所说的"道"的理解,千余年来,可以说是仁者见仁、智者见智。有的把它解释为"道路";有的把它解释为"道理";有的把它解释为"法则、规律"等。那么老子的"道"究竟是什么呢?这是学习《道德经》必须要弄清楚的问题,如果这个问题弄不清楚或理解出现偏差,就不可能真正理解老子的哲学思想。老子关于万物本原或本体的论述可以说与现代量子物理学、宇宙学的研究成果是基本一致的。量子物理学告诉我们,宏观世界的万物都是由微观粒子构成的。微观粒子能组成原子、分子、细胞组织,从而构成世界的万物。微观粒子至精至微,如原子核的半径只有一厘米的万亿分之一,用肉眼是看不到的,而且无限可分。如原子可以分为原子核和电子,原子核又可以分为中子和质子,电子和中子、质子还可以再分成更小的粒子。粒子都具有波粒二象性,通过运动和相互作用可以产生电磁场和电磁波等不同形式的能。我国紫金山天文台研究员常进说:"最新的天文观测表明,宇宙的组成包括普通物质、暗物质和暗能量,其中暗物质占宇宙的25%,暗能量占70%,我们通常能观测到的普通物质只占宇宙质量的5%,可见宇宙暗的一面,主宰了整个宇宙。"这一研究成果,用老子的观点,反过来说,不就是"无"生"有"吗?由此,我们是否可以得出这样一个结论:老子所说的"道",既不是"道路""道理",也不是什么"客观规律",而是一种最强大的生命能量,这个"能量"就是宇宙的本体。

第二章　天下皆知美之为美

天下皆知美之为美,斯恶已;皆知善之为善,斯不善已。

故有无之相生,难易之相成,长短之相形,高下之相倾,音声之相和,先后之相随。

是以圣人处无为之事,行不言之教,万物作而不辞,生而不有,为而不恃,功成而不居。夫惟不居,是以不去。

这一章是讲认识论的。所谓认识论,就是对于认识的认识。老子认为形而上的道"独立而不改",是永恒存在的,而形而下的一切事物都是相对的、变动的。人间世上,一切概念与价值都是人为设定的,其间充满了主观的执着与判断,因此引起无休止的言辩纷争。如果依"道"而行,就不会有纷争。因此,便推出美与丑的观念,加以阐发。

"天下皆知美之为美,斯恶已;皆知善之为善,斯不善已。""天下",即人世间。《上元经》曰:"诸天之下,诸地之上,其中人物,名曰世间。""为",表判断,当"是"讲。"斯恶已","斯"为连词,表承接,当"就"讲;"恶"(è)为形容词,"丑"的意思。"已"同"矣",表示肯定语气,相当于现代汉语中的语助词"了"。两"之"字为助词,用在主谓结构之间形成偏正结构。这两句话的意思是说,世间的人都知道美的东西是美的,丑的观念就产生了;都知道好的事情是好的,不好的观念也就产生了。这也就是说,世间的一切事情都是在相对关系中产生的,观念中的美与丑、善与不善都是同时出现的。《庄子·天运篇》所讲的"东施效颦"的故事就说明了这一点。春秋时期的越国,有一位女子叫西施,天生丽质。有一次她到河边洗完衣服,在回家的路上,因胸口突然疼痛,就用手捂着胸口,皱着眉头。虽然她的样子非常难受,但见到她的村民都称赞她,说这样子比平时还美。同村一位叫东施的女孩,长相不如她,她看到村里的人都夸赞西施,于是也学着西施的样子捂着胸口,皱着眉头走路。村里有钱的人看见了就赶紧把大门关起来;贫穷的人看见了,就拉着妻子和孩子远远躲开了。庄子得出结论说:"彼知颦美,而不知颦之所以美。"那个丑女只看到西施皱眉走路时美,而不知她为什么美。所以,美与丑、善与恶,都是人为的相对假设,根本没有绝对的标准。你建立一个善的典型,那个善便会为人利用,成为作恶多端的挡箭牌。你建立一个美的标准,那个美便会闹出"东施效颦"的陋习。因此,老子在提出美丑、善恶之后,又列出了有无、难易、长短、高下、音声、先后等一系列相对的事物,说明其相互依赖、相互补充的道理。

"故有无之相生,难易之相成,长短之相形,高下之相倾,音声之相和,先后之相随。"这里的"有"和"无"是指现象界的显或隐而言,与第十一章"有之以为利,无之以为用"的"有""无"同义,不是指"道"。六个"之"字都当"是"讲,《玉篇·之部》云:"之,是也。""有无之相生",有和无是彼此互为因果、相互生成的,谁也离不开谁,离开一方,另一方则不复存在。"难易之相成",难和易是相互成就的。天下没有容易的事情,凡事在开始的时候,看起来都很容易,做起来又很难,但难事当成功时,又是容易的。"长短之相形",长与短是相互显示的。我们平常所说的"寸有所长,尺有所短"就是这个道理。"高下之相倾",高与下是相互比较而存在的。"倾"的本义是使器物反转或歪斜把里面的东西倒出,这里有比较之义。"音声之相和",音和声是互相应和的,正因为相互应和,才构成自然界的和谐韵律。"前后之相随",前与后是相互连接的,连接而来,连接而去,没有界限。老子所列举的这六种现象,说明物质世界的一切事物,都是在自然的规律中相互为用、互为因果的,没有一个绝对的标准与界限。因此,他教人要认识"道"的妙用,效法天地宇宙的自然法则,不执着,不落偏,不自私,不占有,为而无为。所以下面说:

"是以圣人处无为之事,行不言之教,万物作而不辞,生而不有,为而不恃,功成而不居。夫惟不居,是以不去。""是以"是"以是"的倒装,是连词性的介宾词组,承上说明原因、结果或结论,当"因此""所以"讲。所谓"圣人",就是"知常曰明"、与道同体的人。老子是借这一理想人物来投射"道"的特征特性。"无为",在《老子》书中共出现十二次,它是"道"最显著的特征之一。但对"无为"的诠释历来不一。有的说是"自然之意",有的说是"不干扰,不妄为",有的说是"不故意去找事",有的还说是"什么都不做"。其实老子在第一章已经说得很清楚,"道"就是"无","无"就是"道"。所以"道"的作为就是"无为"。无为也就是"中和"的道理。它有两层含义:一是似无而实有的行为。因为"道"本身是虚的,看不见,摸不着,所以老子给它起个名叫"无"。无不等于没有,"道"充满整个宇宙,时时处处都在起作用。所以,似无而实有的行为就是指那些已经发生并产生了一定的影响但不为人所感知或很少被人意识到其存在和作用的行为。举例来说,如企业文化或企业精神,就其抽象性而言,好像是"无",其实是以无形无象的特征对企业的生产经营起着灵魂、感召、约束、凝聚、融合的作用。可以说,一个文化建设好的企业,必定是一派生机盎然的企业。二是无所不为。《老子》第三十七章说:"道常无为而无不为。"第三十八章说:"上德无为而无不为,下德为之而有不为。"这就是说,形而上的道是无所不为的。"无所不为"就是没有偏私,全面地为。形而下的人是有所为的,有所为就有所不为了。你对某些人好,就会对某些人不好;你照顾了一部分人的利益,另一部分人的利益就有可能受到损害,具有偏向性。有了偏向就不会全面,不全面就会引起矛盾。所以,"无为"就是全面地为。全面地为就是"中和"。"处"是治理、施行。"行"是做、实施。"不言之教"就是我们现在所说的"身教"。"是以圣人处无为之事,行不言之教",就是说:因此,得道的圣人治理政事,能秉承道性(中和)没有偏私,并以"身教"即榜样的力量感召世人。"万物作而不辞,生而不有,为而不恃,功成而不居。"这是进一步讲"道"的特性,也是对"无为"的阐释。"作"是兴起、产生。"不辞","辞"是"司"的假借字,"司"即主宰,"不司"即不为主宰。"为"是施恩的意思。《广雅·释诂》曰:"为,施也。""恃",本义是依靠、依赖,这里引申为"回报"。这句话的意思是说:"道"使万物兴起了,却不做它的主宰,生养了万物却不把它据为己有,对它施恩却不期望报答,功业成就了却不占有功名。这也就是说,圣人治国为政行的是中道,于人于物一视同仁,齐物等量,如同日月天地于物周普无偏一样,不定优劣,使之各有其所,各自融洽;像土壤养育植物、母牛哺育小牛一样,任凭种子、小牛自然吸取养料而不匆忙促其成长,慷慨赐予一切而不企图得到回报;能这样处事,社会就能安定,治政才算成功,圣人的作用才能体现。"夫惟不居,是以不去"是结论。"夫"是发语词,表示要说的话;"惟"是连词,表示因果关系,当"因为""由于"讲。这句话是说:正因为圣人不居功,所以才不会走到反面。反过来说,要避免走向反面,就要不居功,不居功就能"不去",即自己永远能保持下去。

此章所说的"功成而不居,夫惟不居,是以不去",不仅是"道"的一个特性,也是一句至理名言,一直被历代哲人奉为圭臬。在这方面,唐代名臣李泌堪称典范。李泌(bì)一生曾和四位皇帝打过交道,既功高盖世,又历尽沉浮,但始终没有倒下。"安史之乱"时,他不但调停自立的肃宗和被废的玄宗之间的关系,保持皇室的稳定,而且还运筹帷幄,正确谋划平叛安国的战略方针,功劳不亚于率军杀敌的郭子仪,可是在收复长安后,他却对肃宗说:"我家里房无一间,地无一垄,功名利禄也都不是我想要的,我只想在你的身边安稳地睡上一觉。"这就是他几次被贬、几次又被请回来的原因。因为不求,所以不失。在现实生活中,有些人不懂得"中和"这个道理,有了一点功劳就觉得了不起,贪恋功名,居功自傲,结果前功尽弃,身败名裂,由人民的功臣变成人民的罪人。中华人民共和国建国初期,天津专署的主要领导人刘青山、张子善就是突出的典型。刘、张二人都是20世纪30年代初期入党的老干部,战争年代为革命出生入死,为共和国的诞生立下了不可否认的功劳,可以说"是党的干部队伍中的佼佼者"。但他们居功自傲,认为"天下是老子打下来的,老子就得享受",所以胆大妄为,"凭借职权,盗窃国家资财,贪污自肥",甚至"剥削民工血汗,侵吞灾民粮款,勾结私商,非法盈利",最终"成了人民的罪人",受到了法律的严惩,被处以极刑。事实说明,功过之间并没有一座不可逾越的桥梁。有功不居,功名反而不会丧失;如果贪恋功名,居功自恃,就很容易走向反面。这就是老子所说的"有无相生"的道理。

老子认为世间的一切事物都是一个和谐的统一体,如果绝对否定或排斥另一面,就会向反面转化;如果能保持统一,就能保证事物健康长久的生发。

第三章　不尚贤

不尚贤,使民不争;不贵难得之货,使民不为盗;不见可欲,使民心不乱。

是以圣人之治也,虚其心,实其腹,弱其志,强其骨,常使民无知无欲。使夫知者不敢为也,为无为,则无不治矣。

　　第二章所讲的"作而不辞,生而不有,为而不恃,功成而不居",这是秉承天地生生不已、长养万物万类的精神,只有施出而不要求回报。人们如能效法天地的这一精神去做人做事,才是最高的道德风范。如果认为自己所贡献的太多收回的又太少,而别人所得的也太过轻松,这就是怨天尤人的怨恨心理,就不是天道自然的精神。第三章就是将这一天地自然的法则,引申应用到人世间治道的发挥。

　　"不尚贤,使民不争。""尚"是重视、推崇的意思。"贤"是才、德、学三者兼备的通称。"使",致使、让的意思。"民"是代表所有的人,相当于我们现在所说的"人们"或"人类",不是专指百姓而言。老子为什么会提出"不尚贤"的主张呢？我们如果了解墨子的思想,就可领会其中的重点所在。中国秦汉以前的文化,有巨大影响作用的,是儒、墨、道三家。而战国初期墨子的政治思想是特别主张"尚贤"的。因为他看到当时社会衰乱,处处霸道横行,争权夺利而胡作非为者,大多不是有道德、有学问的人,所以他主张要"尚贤"。而在春秋时代的老子,他所看到的正是开始衰乱的时期。当时各诸侯国为了争地称霸,不惜代价网罗天下有才智之士,对才智之士,不论其德行怎样,统统称之为"贤者"。因此,老子便更进一层而深刻地指出,应病给药的"尚贤"偏方,是有很大后遗症的。这一类的贤者愈多,天下的乱源也就愈难弭平。所以他提出"不尚贤,使民不争"的主张。老子的这一思想,不是贬低人才、否定人才,其重点是说,执政者不要特别倡导某一方面,如果特别倡导某一方面,就会成为一种诱惑,引起人们的纷争;就会带来负面效应,败坏社会风气。如后人刘子在《刘子·从化》中所说:"齐桓公好衣紫,阖境尽被异彩;晋文公不好服美,群臣皆衣牂(zāng)羊;鲁哀公好儒服,举国皆着儒衣;赵武灵王好鵔鸃(jùn yí),国人咸冠鵔鸃冠;而紫非正色,牂非美毳,儒非俗服,鵔非冠饰,但人们却竞相从之,原因何在?君主有意倡导者也。"又如《后汉书·许荆传》说许武被举为孝廉,而他的两个弟弟还未出名,于是许武就故意搞分家,自取肥田广宅奴婢而让两个弟弟少得财产,从而使弟弟们获得"克让"的声誉被举为孝廉,然后许武又将他分得的财产让给弟弟们,为自己博得更高的声誉,并因此官至长乐少府。就当代而言,在用人问题上,你不重视实际能力,只看文凭或职称,那假学历、假职称就会出现;你限制年龄,那就有人会改档案、改年龄。所以,一旦偏执,事物的好坏、美丑也就得到了转化。"不贵难得之货,使民不为盗",也是同样的道理,即不特别标榜某一东西珍贵、值钱,人们就不会起盗心。"不见可欲,使民心不乱",这是综合上两句话而引申出的结论。"见"读"现",显扬、显现的意思。"可欲",即能惹引人之欲望的东西。"欲",就广义而言,凡是对一切物质世界的事物,产生贪爱而留恋不舍的心理作用,都可说是欲。如情欲、爱欲、物欲、色欲,以及贪名、贪利等凡有所图的都算是欲。狭义的"欲",一般来说,是指向男女两性的关系和饮食的需要,孔子在《礼记》中就曾说:"男女饮食,人之大欲存焉。""不见可欲,使民心不乱",就是说:不显扬能惹人之欲望的事与物,就能使人们不至于胡思乱想。由此亦可见,老子对待问题总是从根本上去讲,从根本上去解决。

陈鼓应在《老子今注今译》中说:"名位实足以引起人的争逐,财货实足以激起人的贪图。名位的争逐,财货的贪图,于是巧诈伪作的心智活动就层出不穷了,这是导致社会混乱与冲突的主要原因。"既然是主要原因,那该怎样解决呢?解决的方法就是教育。用子思的话来说,就是"修道之谓教"。所以老子做出结论说:"是以圣人之治也,虚其心,实其腹,弱其志,强其骨,常使民无知无欲。使夫知者不敢为也,为无为,则无不治矣。"这段话中的四个"其"字都是代词,代指的是"民"。"虚其心"的"虚"与"弱其志"的"弱"都是正面的、肯定的意义(如第十六章"致虚极"、第四十一章"弱者道之用"等),而不是否定的意义。"虚"是指心境的开阔,亦即心灵的净化,没有忧虑与私欲。"实"是充实、充盈。"腹"在这里是用来比喻内心,不是指"肚子"。"弱"是指心志的柔韧。"志"即心意、志向。"骨"即人的品格、气概。"无知无欲"的"知"通"智",即没有伪诈的心智,没有争盗的欲念。"使夫知者不敢为"的"夫"字,在这里不是发语词,而是代词,表示远指,相当于"那个""那些";"知"同"智"。"为无为"即第二章"处无为之事",是说行无为之道。这段话的意思是说:因此,有道的圣人治理政事,要使人们心灵开阔,内心充实,意志柔韧,品格增强,使人们没有伪诈的心智,没有争盗的欲念。使那些自作聪明的人不敢妄为,用无为的方式去治理政事,就没有治理不好的。换句话说,用无为的方式去处理世事,就合乎天地自然的规范;合乎天地自然的规范,天下就太平无事了。

这一章主要是讲社会环境对人的影响,强调治人要首先治心。最后又以"为无为,则无不治矣"作结,进一步强调只要用"无为"(即"道")处事治事,就没有治理不好的。

第四章　道盅而用之

道盅而用之，又不盈。渊兮！似万物之宗；湛兮！似或存。吾不知其谁之子，象帝之先。

本章是讲"道"的特征特性的。老子以盅为喻说明道的性质是虚的。它虽看不见、摸不着，却是物质世界的创造者，它的作用无穷无尽，是天地万物发展、变化所依赖的力量。

"道盅而用之，又不盈。""盅"（chōng），指器皿中的空间。《说文》："盅，器虚也。"老子是用盅作比喻，说明道的虚的性质。"盈"（yíng），满的意思，"又不盈"即永远不会满，也就是说，永远不会变成实有、走向反面。这句话的意思是说：道体是虚的，它在发生作用的过程中永远不会变成实有。这说明道行的是中道，不偏不倚。"渊兮！似万物之宗；湛兮！似或存。"这是承上句进一步指出道是万物的本原。"渊"是深水，引申为渊远、深邃，是形容"道"不可穷根究底。"宗"是祖宗、祖先，即本原的意思。第一章说"无，名天地之始；有，名万物之母。"第四十章说"天下之物生于有，有生于无。"万物都起源于空虚的道，所以说道是"万物之宗"。"湛"（chén），沉没。高亨说："湛者，黯不可见之貌。""湛"是形容"道"的隐而未形的。两"似"字都不是怀疑不定之词，而是指模模糊糊看不清楚。这句话的意思是说：道深远啊！它好像是万物的祖宗；沉没不见啊！它却模模糊糊地存在着。"吾不知其谁之子，象帝之先。"这是讲道的自然性和原始性，强调道为万物之源。"不知其谁之子"是说道最原始，它不是谁的儿子，它没有母亲，它自本自根，是第一性的、非派生的。"象帝之先"的"象"同"像"；"先"在这里不是指先后之先，而是祖先之先。高亨说："象帝之先，犹言似天地之祖也。古者祖先亦单称先。《礼记·曲礼》：'士祭其先。'《中庸》：'宗庙之礼，所以祀乎其先也。'《孝经》：'修身慎行，恐辱先也。'皆其证。帝之先对谁之子而言,则先为祖先之先,明矣。"这句话的意思是说:我不知道它是谁的儿子,好像是上帝的祖先。

本章可以说讲了"道"的五个方面的特性:一是客观性。道虽然没有形状,人们看不见、听不到、摸不着,但确实存在着。二是无形性。道是万物的本原,它虽然客观存在,但由于极其细微,在形态上给人的感觉是虚无的。三是自然性。道无父无母,自然自在,自本自根,本来就是如此。四是根本性。道是万物的终极本原,天地万物都产生于它,遵循于它。五是无极性。由于道涵盖了宇宙的一切,天地万物概莫能外,超越了具体时空,大而无极,永恒存在,所以取之不尽,用之不竭。老子对道的主属性的概括,就是对宇宙本原主属性的概括,说明他不但认识到宇宙万物存在着一个共同的本原和根本法则,而且认识到这个本原和根本法则是普遍的、永恒的,看到了一般和个别、普遍和特殊的辩证关系。

远在原始社会,人类由于认识能力的低下,不能认识自然和社会的许多现象,就认为上天有一个超自然、超人类的天帝在主宰世界,世界就是这个天帝创造的。到了商周时期,"天命观"统治了整个思想领域,崇拜天帝成为至高无上的宗教,并与政治紧密地结合在一起,成为统治者的政治理论基础。统治者打着"君权神授"的旗号,欺骗人民,维护自己的统治。到了春秋战国时期,"天命观"虽然遭到了人们的怀疑,但仍然在思想领域占绝对优势。在这种情况下,老子提出"道是帝先"的思想,认为道是天地万物的唯一本原,在天帝之前就存在了。这一思想从根本上否定了有人格意志、能主宰天地万物的天帝的存在,可以说,是人类思想史上一次大的飞跃。

第五章　天地不仁

天地不仁,以万物为刍狗;圣人不仁,以百姓为刍狗。天地之间,其犹橐籥乎?虚而不屈,动而俞出。

该章是着重揭示天地的"自然"特性的。同时也是老子以"天道"喻"人道"。

"天地不仁,以万物为刍狗;圣人不仁,以百姓为刍狗。""天地不仁",高亨《老子正诂》说:"不仁,只是无所亲爱而已。"陈鼓应《老子今注今译》说:"天地不仁即意指天地是个物理的、自然的存在,并不具有人类的感情;万物在天地间仅依循着自然的法则运行着,并不像有神论所想象的,以天地自然法则对某物有所爱顾或对某物有所嫌弃。""以"是介词,表示引进动作行为所涉及的对象,当"把"讲。"刍"即喂牲口的草。"刍狗"是用草扎成的狗,不是真狗。古人所谓家有六畜以备馔用,狗便是其中之一。因此,上古举行祭祀多用狗肉作祭品。大约到了商周以后在祭祀中才渐渐不再用狗肉作祭品,改为用草扎一个形象的狗,替代一只真正的狗,这就是"刍狗"的来源。"刍狗"在未上祭坛之前,仍受到人们的珍惜和爱顾,等到祭祀完了,就视同废物,任意抛弃,不值一顾了。老子这里是借"刍狗"以喻天地不仁,说明天地并没有自己立定一个仁爱万物的天心而生万物。天地生万物,是自然而生、自然而有;天地杀死万物,也是自然而杀、自然而灭。天地既不以生出万物为做好事,同时也不以杀死万物为做坏事。生而称"有",灭而称"无",平等齐观,没有偏爱。所以老子说:天地是无所谓仁爱的,它把万物当作祭祀时用草扎成的刍狗。"圣人不仁,以百姓为刍狗。"这是以"天道"喻"人道",意思是说:有道的圣人,明白天地自然的原理,因此,心如天地,明比日月,一切的所作所为,自视为理所当然,义所当为,便自然而然地去做了。并不一定因为要仁爱于谁或要爱护于谁,才肯去做。如果圣人有此存心,即有了偏私,有了自我,就不是大公了。总之,老子是希望人们能效法天地自然的法则而存心用世,使人能顺其自然,平和地生活。

"天地之间,其犹橐籥乎?虚而不屈,动而俞出。"这是进一步讲"道"的"自然"性。"其"是连词,当"就"讲。"犹"是动词,"如同"的意思。"橐籥"(tuó yuè),上古炼铜、炼铁炉上用的鼓风器,俗称风箱。"屈"(jué),竭、竭尽。"俞"(yù),通"愈",越发、更加的意思。这句话是说:天地就如同一座大熔炉,天地之间就像一个鼓风器,这个鼓风器一嘘一吸运动不已,使万物化生不竭。老子这句话是以橐籥的功能比喻"道"的功能,说明道之体就在天地之间,天地万物的运动,无不是道的作用。

第六章　谷神不死

谷神不死,是谓玄牝。玄牝之门,是谓天地之根。绵绵若存,用之不勤。

本章是承上章"天地之间,其犹橐籥乎?虚而不屈,动而俞出"的法则,说明天地万物与人我生命的作用,常在一动一静之间,要善加把握,善加运用。

"谷神不死,是谓玄牝。""谷"为山谷的简称。山谷大致分为两种形态:一种是有进路无出口,空气不能对流,凡有响声动静,就会有回声。一种是两山夹峙,比较隐蔽或曲折的狭长通道,空气对流,由这一头发出的呼声,便很快传到遥远的那一头。古人认为这样的山谷,定是神灵的窟宅,因此称之为"谷神"。元代理学家吴澄说这是"老子用谷以喻虚,虚则神存于中,故曰谷神。谷即中之处,而守之者神也"。高亨《老子正诂》说:"谷神即道之别名也。"老子之所以用"谷"字,主要是说明道之虚的特性。这同第三章"道盅而用之,又不盈"是一个意思,两者是相通的。"谷神不死"就是说道永远不会消逝,亦即永远存在。"是谓玄牝。""是谓"即"谓是"的倒装,"谓"是叫作、称作;"是"为代词,相当于"此",当"这"或"它"讲。"玄",深远之义。"牝"(pìn),雌性生理功能的代名词,与之相反的"牡"(mǔ),则是雄性生理的代号。在这个世界上,一切动植物虽然都是由"牝牡"两性制造或延续生命的,但都须由母体来孕育产生。因此,高亨说:"玄牝,亦道之别名也。"因为道之体是很难说明白的,所以老子"强为之名,强为之容",用若干名字来说明它,用若干说法来形容它。"谷神""玄牝"都是道的别名。叫它"谷神"是突出其虚的特性,叫它"玄牝"是突出其为原始老祖母之义。"是谓玄牝",就是说这个虚无之道是万物的原始的老祖母。"玄牝之门,是谓天地之根",与第一章的"玄之又玄,众妙之门"的意思一样,是说"玄牝"乃是万物所从出的门户,是天地的根源,天地是由它生出来的。"绵绵若存,用之不勤。"宋代苏辙说:"绵绵,微而不绝。若存,存而不可见也。"《公羊传》说:"南蛮与北狄相交,中国之命不绝如缕(或作"如线")。"绵即是其义。"绵绵若存",是说"玄牝"如同微细得仅维持不断的线,令人看起来只是模模糊糊地存在着,可是它的作用却是永远不会穷尽的。《淮南子·原道训》:"旋县而不可究,纤微而不可勤。"高诱注:"勤,尽也。"这里说道的作用不可穷尽,是特意指明道不仅产生天地万物,而且还一直支配着天地万物。总之,这一章的意思是说:像河谷那样空虚的道,是永远不死的,它是原始的老祖母。这个微妙的母性,可以说是天地的根源,具有不可思议的生殖能力。它微细得像根仅维持不断的线,令人看起来只是模模糊糊地存在着,可是它的作用却是永远不会穷尽的。

本章可说是用简洁的文字描写了形而上的实存之道:一是用"谷"来象征道体的"虚"状,用"神"来比喻道生万物的绵延不绝;二是用"玄牝之门""天地之根"说明道为产生天地万物的始源;三是用"绵绵若存,用之不勤"来形容道的功能,即孕育万物而生生不息。

第七章　天长地久

天长地久。天地所以能长且久者,以其不自私,故能长久。

是以圣人后其身而身先,外其身而身存;以其无私,故能成其私。

该章与第五章相联系,从道引出无私来,其核心是"以其不自私,故能成其私"。这里体现了老子的公私观。

"天长地久。天地所以能长且久者,以其不自私,故能成其私。"这里说的天长地久,是就天地同其他物类比较而言,是相对的久,而不是绝对的久。在老子哲学体系中,道是第一性的,天地是由道派生出来的,所以天地也是有始有终的。"以其不自私"的"以"字为介词,表示引进动作行为的原因或理由,当"因为""由于"讲。"其"是代词,代指天地。"私",在西周初期无"私"字,也无与"私"相对的"公"字。那时"公"是公、侯、伯、子、男之"公",是爵位之称。"私"字大约是西周末年才出现的。郭沫若在《奴隶制时代》一书中说:"西周末年,下级奴隶主贵族使用奴隶在井田之旁开垦了一些田地自营,这些田便叫私田。""私田",即开垦一片土地归自己所有。到了老子生活的春秋末年,"私"字已从私田中引申开来,凡属个人利益的都叫作"私",凡属整体利益的都叫作"公"。这句话的意思就是说:天长地久,天地之所以能长且久,是因为它的运作都不是为了自己,所以能够长久。

"是以圣人后其身而身先,外其身而身存;以其无私,故能成其私。"这是以"天道"喻"人道"。"其"为代词,代指"圣人"。"后其身而身先,外其身而身存",意即自己处于民众之后反而能立于民众之先,置自己于度外反而能使自己存在。"身"指的是自己。这是讲相反相成的道理,即利他通常能转化为利己。"以其无私,故能成其私"是这一章的结论。"成其私",即成就自己。因为他没有自私表现,所以便能完成他那真正整体的"大私"。这个"私"字,可以说是以带有幽默意味的相反词,反衬出大公无私的观念。《淮南子·应道训》中所讲的"公仪休相鲁而嗜鱼"的故事,就充分地说明了这一点。战国时期的鲁相公仪休喜欢吃鱼,却从不接受别人贡献来的鱼,在回答为何不受贡时他说:正因为喜欢吃鱼,故不接受别人送来的鱼。因为受其鱼(犹如受贿),有可能被罢免相位;不接受其鱼(拒贿),就不会有罢相的危险。不罢相位,有俸禄,反倒可以长期买鱼吃。又如三国时期诸葛亮向刘禅表"无私","要将成都桑枝八百、薄田数顷悉数上交,不使内有余帛,外有赢财"(《三国志·蜀书·诸葛亮传》)。这种"无私"表白也同样使人不好意思,所以这些"余帛赢财"非但不会上交,还会博得"无私"美誉,并以"鞠躬尽瘁,死而后已"(《后出师表》)的形象长存人之心中。所以,"圣人后其身而身先,外其身而身存,以其无私,故能成其私"。就是说:得道的圣人能效法天地无私的法则立身处世,把自身的利益位居民众之后,反而能立于民众之先,赢得大家的爱戴;把自己置之度外,反而能使自己身存天下,被大家所铭记。这正是因为他没有主观上的自私,所以客观上却成就了他自己。宋代范仲淹《岳阳楼记》中的名言"先天下之忧而忧,后天下之乐而乐"就是由此而来。

《管子·心术下》说:"是故圣人若天然,无私覆也;若地然,无私载也。"老子正是从"天地无私"引出"圣人无私"的。"天地无私"与"天地不仁,以万物为刍狗"(第五章)相通,天地无私是从"天地不仁"派生出来的,从"天地无私"引申出"圣人无私",与从"天地不仁"引申出"圣人不仁"是同一个逻辑。其实质都是讲"无为"的作用,要人不要一味地去争名争利。为人处世要懂得只有舍才能得,只有放弃小利益、眼前利益,才能保住自己的大利益、长远利益。

第八章　上善若水

上善若水,水善利万物而不争。夫唯不争,故无尤矣。

处众人之所恶,故几于道矣。居善地,心善渊,与善人,言善信,正善治,事善能,动善时。

上一章是"忘我之行"(成玄英语),这一章是以自然界的水性来比喻有道之人谦下不争的德性。本章共分两段。第一段讲不争,第二段讲"几于道"(即接近于道)的情况。老子之意,盖望人由"几于道"而至于道。

"上善若水,水善利万物而不争。夫唯不争,故无尤矣。""上"是位置最高的、上面的;"善"是指美好的品德和行为。"上善",在这里是指有道之人;"若",好像、如同的意思。"不争",就是善于处下,实质上也就是"无为"。"夫"是发语词,"唯"是连词,"夫唯",表因果关系,当"因为"讲。"尤",怨恨、责怪的意思。这两句话的意思是说:有道之人的德性就像水一样,善于滋润万物而不和万物相争。正因为不争,所以抱怨就很少。

成玄英说:"水在天为雾露,在地为泉源,津润沾洽,利物弘多。"(《道德经义疏》)水最显著的特性,一是柔,二是停留在卑下的地方,三是滋润万物而不与之相争。水的这三大特性,与天无私覆、地无私载同工异曲,人赋此德也必然能做到成其私、求其存。虽然要求人像"水"一样,避高趋下,往低处流有悖于"人往高处走,水往低处流"的常理,然而这恰恰却是老子思想的精华所在。老子认为人往高处走不一定是好事,人都往高处走,就难免有竞争,有竞争就会有争斗,有争斗就会有人受伤害,有人受伤害就难免有怨恨。对此,清代的曾国藩深有体会,他在给兄弟的信中说:"至阿兄忝窃高位,又窃虚名,时时有颠坠之虞。吾通阅古今人物,似此名位权势,能保全善终者极少。"(《家书》同治元年六月二十二日"致沅弟季弟")为了防止从高处颠坠,曾国藩在给兄弟的信中又说:"此后总从波平浪静中安身,莫从掀天揭地处着想。吾亦不甘为庸庸者,近来阅历万变,一味向平实处用功,非萎靡也。位太高,名太重,不如是,皆危道也。"(《家书》同治六年正月二十二日)由此推到汉代张良,也是在权势显赫之时自求封予"留侯"而隐退。再联系到老子本人,一生始终以卑职(周守藏史)自处,并于衰乱之世出走函谷关,这可以说都是对"趋下""不争"的最好注释。

"处众人之所恶,故几于道",是说有修养的人处于众人所厌恶的境地(众人皆舍下趋高,傲慢凌物;有修养的人独自去高取下,柔和静退),就接近于道了,同道差不多了。《老子》书中屡次肯定"善下",为什么这里说它仅是"几于道"呢?与下文联系起来看,老子的意思是:"善下"固然十分重要,是有修养的人必具的,但仅是"善下"还与"道"有距离。"故几于道"的"故"字在这里当"则"讲,"就"的意思。"故"字用为"则",王引之《经传释词》:"故犹则也"。"几"是近的意思,《尔雅·释诂》:"几,近也。""几于道",也就是说同"道"还有少许差距。以下几句就是说与道还有少许差距的情况。

"居善地","居"在这里不是居住之居,而是"处"的意思。"居善地"是一个倒装句法,如同常见的"不知我"说成"不我知"一样。其下的"心善渊"等六句,句法与此相同。"居善地"是说在社会关系上善于处于下位,不是说居处要选择一个好的地方或善于像水那样安于低卑洼地。"心善渊",《广雅·释诂三》:"渊,深也"。深即沉静之意。"心"在这里不是指心脏这个生理器官,而是指思想,内心世界。"心善渊"是说保持内心的沉静,不躁动。"与善人","与"是与人相与、和人交往的意思。"与善人"是说善于和人相处,当然也包括相爱之义。孔子说:"仁者爱人";老子也讲爱人,如第十章说"爱人治国"。"言善信",是说讲话要善于做到诚信,这也就是第十七章所说的"悠兮,其贵言",话说出来,办不到,就失掉信用了;所以要"贵言",不言则已,言则必中,这样才有信用。"正善治","正"通"政",是政治之政,治理天下国家的意思。这句话是说,为政要善于达到治理的目的,其中也包括不要拘泥固定的、一成不变的原则之义。"事善能",《广雅·释诂二》:"能,任也。"任即任务。这句话是说,做事要善于完成任务。"动善时","动"是行动,"时"是时宜、恰到好处。意思是说,不要拘执,行动要善于做到合乎时宜。

　　以上七条,可以说讲的都是人生哲学的大道理。这些人生行为的大准则,如果集中到一个人身上,那是既完美又完善,但那又实在太难。除了历史上所标榜的尧、舜之外,几乎难得有一完人。不过能拥有其中一项美德,也就可以接近于道,可以树立典范而名垂千古了。老子自己的一生,就是以周守藏史的低微职位自处。另外,吴太伯的让国避地,张子房的自求封"留侯"等都是"居善地"的典范。诸葛亮辅佐蜀国,至于鞠躬尽瘁,死而后已,可以说是"与善人、言善信"的楷模。汉代的"文景之治",唐代的"贞观之治",清代的"康乾盛世",大体都合于"正善治,事善能,动善时"的精神。

第九章　多言数穷

多言数穷，不如守中；持而盈之，不如其已；揣而锐之，不可长保。金玉满室，莫之能守；富贵而骄，自遗其咎。功遂身退，天之道也哉！

由"上善若水"，到"不争故无尤"，引而申之，都是说明天道自然的法则。本章则是将这一法则引用到人生处世的问题上，说明多欲及自满、自傲的害处。一般人遇到名利当头的时候，没有不心醉，没有不趋之若鹜的。老子在这里说出了知进而不知退、善争而不善让的祸害，教人要适可而止。

"多言数穷，不如守中"是这一章的总括。"数"（shuò）是指多次、屡次。"穷"是指阻塞不通。"中"为"盅"的通假字，《说文》："盅，器虚也。""守盅"，即谓谦虚自守。这句话的意思是说：人说话多了，就会碰壁，不如效法天地，保持内心的谦虚。这其中也含有政治的意味。因为第二章说"圣人处无为之事，行不言之教"。"多言数穷"也是在说言教太多了也会行不通。"持而盈之，不如其已"。"持而盈之"是"盈而持之"的倒装句，意即怕往外溢而左右以支之。"已"是停止的意思。在老子看来，持盈即满是靠不住的，因为太满了总是要往外倾溢。所以持盈"不如其已"，不如不去持盈，亦即适时停止。"揣而锐之，不可长保"。"揣"（zhuǐ），捶击、锻打；"锐"，锐利、尖锐；意即锻打利器使之尖锐，太尖锐了就不可能长久保持它的尖锐。"持而盈之，不如其已；揣而锐之，不可长保"。这两句话都是以物喻理，说明任何事物都有正反两面，而正反两面是相互依存、相互包容的，每一面发展到了极点，就会向相反的方向转化。这两句话同时也含有自满自傲、显露锋芒的意思。这一点从历史上来看，秦末的项羽，三国时期的关羽，都可以说是"持而盈之"和"揣而锐之"的典型。"二羽"共同的特点是骁勇善战但又刚愎自用,打了几个大胜仗,声振天下之后就觉得了不起,骄傲轻敌,目空一切,听不进别人的意见,最后都中了敌人的计谋,陷入重围,一个乌江自刎,一个夜走麦城。

"金玉满室,莫之能守;富贵而骄,自遗其咎。"这是由前面两句话的道理推及人事,从而说明"知止不辱,知足不殆"的道理。"金玉满室,莫之能守",是说金银财宝积累的太多,是守不住的,非丢失不可。这也是第四十四章所说的"多藏必厚亡"。古往今来,没有人能永久地保存自己的名位财富,即使是权力倾天的王公贵族或者一手遮天的帝王也是如此。法国的"太阳王"路易十六在凡尔赛宫的宫廷生活可说是穷奢极欲,耗费国家金钱之多令人叹为观止。他仅御膳房的厨师就有250人之多,其主厨的年薪是84000法郎。秘书官近千人,每人的年薪是20万法郎。御用马匹8900匹,车辆近200辆。每当路易十六出外巡幸,其行列之壮大,有如祭典,无数车马排成一条长蛇阵,大臣们佩紫带黄,宫女们美服艳装,那种穷奢极欲的气派,真是有如天人一般。王后安唐妮,更是豪阔无度,光是各种手镯就值七八百万法郎,其他的首饰就更不用说了。当时的凡尔赛宫,位于巴黎城郊,里面有29个庭园、4座瞭望台,有喷泉、瀑布,四季鲜花盛开,极尽娱游之乐。可是呢?路易十六也不能"持盈保泰",最终促成了法国大革命的提前到来,徒使自己与安唐妮王后都上了断头台,留给后人的只有唏嘘而已。"富贵而骄,自遗其咎","遗"是招致的意思,"咎"(jiù)是灾害、灾祸。富了自然贵,富贵本来令人妒忌,再得意忘形,骄傲自大,必然会招致灾祸。就像李斯,当他做秦朝宰相时,真是集富贵功名于一身,显赫不可一世,然而终不免做阶下囚。当他临死时,对他儿子说:"我还想像以前那样,和你一同牵着黄狗,到家乡上蔡东门外的田野中去猎捕狡兔,可是现在哪儿还有这样的日子呢?"于是父子两人相对痛哭。李斯的父母、兄弟、妻子三族的人都被诛杀了。再有晋代的石崇,富过王室,骄纵成性,他曾和晋武帝的舅舅王恺比富。王恺拿出两棵二尺多高的珊瑚向石崇炫耀,石崇竟当场用铁如意把珊瑚击碎,并叫用人把仓库里的珊瑚搬出来给他看。王恺一看,三四尺高的珊瑚有六七棵,甚感失落。石崇富贵而骄遭到朝中不少大臣的忌恨。后来朝中有个权贵叫孙秀,向他索要歌妓绿珠未遂,就假称惠帝诏将他逮捕,石崇被装上囚车拉到东市问斩时,这才叹息道:"这些奴才是想图我的家产啊!"押他的人说:"知道是家财害了你,为何不早点把它散发掉!"石崇无法回答。他的父母、兄弟、妻子、儿女等全部被杀。

"崇高必致坠落，积聚必有消散。缘会终须别离，有命咸归于死。"这是佛学洞穿世事聚散无常的名言，同时也是出世思想的基本观点。而以老子为代表的道家哲学是既可出世又可入世的，因此他不仅有"挫其锐，解其纷"的灵丹妙药，而且也有长保功名的办法。那就是"功遂身退，天之道也哉"的真言。老子这句话，既是正言天道不易法则的自然哲学，也是在说"功成而不居"的人生哲学。如果我们仔细观察天道，日月经天，昼出夜沉，夜出昼没，寒来暑往，秋去冬来，都是很自然的"功遂身退"的正常现象。植物界如草木花果，都是默默无言完成了自己的生命任务，静悄悄地消逝，了无痕迹。动物界生生不已，一代交替一代，谁又能不自然地退出生命的行列呢？所以世人要明白"花无百日红，人无千日好"这种变化之道，在功名成就之后，或低调自处，或及时隐退，只有这样才可"无尤"。如处功名成就之时，还要"揣而锐之"，就必然会折断。如战国时越国的范蠡、文种助越王勾践灭掉了吴国，灭吴后，范蠡功成身退，辞封弃官，带着西施泛五湖，做生意，成了富甲天下的巨商；而文种居功自傲，还想与越王勾践共享安乐，为越王所猜忌，最终被杀。又如清代中兴名臣曾国藩，完成功业之后，不把持，不据有，收敛意欲，不露锋芒，不仅保持了名誉地位，而且也保持了家族的兴旺。这就是老子所说的"功遂身退"的人生道理。

第十章　营魄抱一

营魄抱一,能无离乎! 专气致柔,能如婴儿乎! 涤除玄览,能无疵乎! 爱人治国,能无以智乎! 天门开阖,能无雌乎! 明白四达,能无知乎!

前面九章都是讲道的体和用。这一章是讲修身内养的超脱现实之道,以及明了"道"之功能而用到治政方面的发挥。成玄英说:"前章略显骄矜之过、谦退之德,其于修习法门犹自未具,故此章即光明内外两行,次递功能。"蒋锡昌说:"'营魄抱一''专气致柔''涤除玄览'三者,皆为圣人言治身之法;'爱人治国''天门开阖''明白四达'三者,皆为圣人言治国之术。所以治身先于治国,以治身为治国之本。"

"营魄抱一,能无离乎!""营魄"即魂魄。南宋范应元说:"营魄,魂魄也。《内观经》曰:'动以营身之谓魂,静以镇形之谓魄。'""魂魄"即指精神或意念。"抱"是守持、保持。"一",高亨说:"一谓身也,抱一犹云守身也。身为个体,故老庄名之曰一。"这一章中的"无"字都是副词,当"不"讲,不是没有的意思。"营魄抱一,能无离乎"是说精神与形体合一,能不分离吗! 也就是说,要守住精神,不要使精神外驰。"专气致柔,能如婴儿乎!"冯友兰说:"'专气'就是'抟气'(tuán qì)。这个气包括后来所说的形气和精气。抟气就是把形气和精气结聚在一起。'致柔'就是保持人始生时候柔弱的状态,像婴儿那个样子。这种思想在《庄子·庚桑楚》里面有比较详细的解释,称为'卫生之经'。"(《中国哲学史新编》)这句话的意思是:结聚、保持元气以致柔弱,能如婴儿那样纯真无邪吗! 这也就是说,只有通过"专气致柔"的修养功夫方能达到彼境界。"涤除玄览,能无疵乎!""涤除"就是洗刷掉尘土和污垢。"玄",深远,是形容人心的深邃灵妙。"览"通"鉴",

镜子,是喻心灵深处明澈如镜。高亨说:"玄览者内心之光明,为形而上之镜,能照察事物,故为之玄览。""疵"(cī),《说文》:"疵,病也。"这里是指私欲,私欲即是心中的病。这句话的意思是说:修习到一定境界的时候,还要常洗垢除欲,只有这样,才能开启心灵的智慧,心灵才能像明镜一样照见万象,哪怕是一点点瑕疵都能看得见。这就是老子教我们的修道的方法。所以冯友兰说:"《老子》认为,要认识'道'也要用'观'。'常无,欲以观其妙;常有,欲以观其徼'这是对于道的观。它以为这种观还需要另一种方法,它说:'涤除玄览,能无疵乎!''玄览'即'览玄','览玄'即观道。要观道,就要先'涤除'。'涤除'就是把心中的一切欲望都去掉,这就是'曰损'。'损之又损'以至于无为,这就可以见道了。见道就是对道的体验,对于道的体验,就是一种最高的精神境界。"(《中国哲学史新编》)从认识论的角度看,人们的私心杂念的确会常常妨碍人们认识客观事物。所以老子说的"涤除玄览"是非常合乎理性的。人只有达到了法天法地而纯粹无疵的时候,才能返还本初,合于自然之道。

"爱人治国,能无以智乎!"是说爱他人、治国家能不能不专用自己的智慧呢! 也就是说,不专用自己的智慧,才是爱人。事实上,真正天生睿智的人,绝不会轻用自己的智慧来处理天下大事,一定会集思广益,博采众长,然后有所取裁。这样才能领导多方,完成大业。这一点在历史上,汉高祖刘邦算是其中的一个。他在没有统一天下之前,表面上看来是一个满不在乎、大而化之的人物。但当他一统天下,登上皇帝宝座以后,就很坦白地说:"夫运筹帷幄之中,决胜千里之外,吾不如子房。镇国家,抚百姓,给饷馈,不绝粮道,吾不如萧何。连百万之众,战必胜,攻必取,吾不如韩信。三者皆人杰,吾能用之,此吾所以取天下也。项羽有一范增而不能用,此所以为吾擒也。"而到了他的曾孙子汉武帝刘彻的时候就不一样了。刘彻太好自知之明,不听属下意见,穷兵黩武,使汉朝从此由盛转衰。所以鬼谷子说:"专用聪明,则功不成。""天门开阖,能无疵乎!""天门",《庄子·庚桑楚》曰:"入出而无见其形,是谓天门。天门者,无、有也,万物出乎无有。"这是说"天门"就是道。道是万物变化的主宰,是所有物类所从出的门户,称之为"众妙之门",它自本自根,自然而然,不是它物使之然,所以又称"天门","天"即天然之意。"开阖"(kāi hé),即开合。"天门开阖"是说大千世界的变化都是道一开一合。"能为雌乎",是说道有动有静,物有雌有雄,圣人当居静而不居动,为雌而不为雄。"为"在这里当动词用,"做"的意思。这句话是说:为人处事,能像自然之道,做到柔和安详吗!也就是说,做任何事情都要保持冷静,不要冲动,一冲动就会有危险。"明白四达,能无知乎!"是说什么都明白通达,而能否做到知而不自以为知呢?这也就是第九章所说的"多言数穷,不如守中"。

这一章是着重讲修身功夫的。这些修身的功夫和瑜伽术不同。瑜伽的目的是在超脱自我和外在的环境,老子是重在修身之后要推其余绪而爱民治国。

第十一章　三十辐共一毂

三十辐共一毂,当其无,有车之用。埏埴以为器,当其无,有器之用。凿户牖以为室,当其无,有室之用。故有之以为利,无之以为用。

上章是对治身与治国的内圣外用的说明;本章是对道有、无动静之间运用的说明,亦即"无"之重要性的说明,也可以说是对"道"即"无"之作用的注释,老子共举了三个例子。

"三十辐共一毂,当其无,有车之用。""辐"(fú),车轮中连接轴心和轮圈的木条。古代大木车的车轮由三十根辐条构成,这个数目字是取法于月数。《周礼·考工记》云:"三十辐象三十日以成一月也。""毂"(gǔ),车轮中心的圆木,外沿与车辐相接,中有插轴的圆孔。"共"通"拱",即《论语·为政》"譬如北辰,居其所而群星共之"之"共"。"当",介词,表示处所,即在某时、某处。"其",代词,代指车毂。"无"指车毂的中空之处。这句话是说:三十根辐条环绕车毂构成车轮,有了车轮中空的地方,才有车的用处。"埏埴以为器,当其无,有器之用。""埏埴"(shāi zhí),"埏"是制作陶器的模子,"埴"是黏土。"埏埴"就是将黏土放在模子里制作成陶器。"以",介词,指引进动作行为所涉及的对象,当"把"讲。"为"是动词,"做"的意思。这句话是说:把和好的黏土装进制陶的模子里做成器皿,有了器皿中空的地方,才有器皿的用处。"凿户牖以为室,当其无,有室之用。""户",单扇门。一扇为户,两扇为门。"牖"(yǒu),窗子。这句话是说:建造房屋开凿门窗,有了中空及空气流通的地方,才能做居室之用。老子在举出这三个日常生活中的实例之后,总结得出结论说:"故有之以为利,无之以为用。"意思是,上面这些事例说明,"有"是事物起作用必须具备的条件,"无"才使事物真正发挥作用。也就是说,在现实中,任何一个事物,都是实体和虚无的统一,都是由"有"和"无"两个方面互补才能发挥作用。

这一章中的四个"用"字,可以看作是对第二章"有无之相生"和第四十章"弱者道之用"的具体解释和发挥。其含义有三:一是以"车"等三物喻"道"。说明道的作用就在有、无动静之间。如"三十辐共一毂,当其无,有车之用"。以三十根辐条构成的大轮来讲,你能说出哪一根支柱才是车轮载力的重点?可以说根根都是,也可以说根根都不是。因为它乃是平均使力,根根都发挥了它伟大的功能。但支持全体共力的中心点,都在中心的小圆孔。可这个中心,却是空无一物,既不偏向支持任何一根支柱,也不做任何一根支柱的固定方向,因此才能活用不休,永无止境。如果了解了这一点,便可了解上章所讲修身的要点就在于减私为公。二是说明人人皆知车毂有用而不知用在毂中之窍。须知"有"虽有用,而实在"无"也。三是说"无"不能自用,须赖有以济之,"有"和"无"是相辅相成、和谐共存的。这犹如《易经》上的既济卦,上坎为水,下离为火,"水火相交,则为用矣"。

第十二章　五色令人目盲

五色令人目盲；五音令人耳聋；五味令人口爽；驰骋田猎，令人心狂；难得之货，令人行妨。是以圣人之治也，为腹不为目。故去彼取此。

该章是紧接上章"有之以为利，无之以为用"的因应运用原则，进一步说明要注重事物的根本，善于用物而不被物所用。

"五色令人目盲。""五色"即青、黄、赤、白、黑等五种颜色。这五种颜色可以调和出任何一种颜色，因此也泛指各种颜色。"令"，动词，当"使"讲。"目盲"，"目"指眼睛；"盲"，《释名·释疾病》曰："盲，茫也，茫茫无所见也。"这句话的意思是说：五彩缤纷的颜色会使人眼花缭乱模糊不清。"五音令人耳聋。""五音"是指宫、商、角、徵（zhǐ）、羽等五种音阶，"耳聋"是喻听觉不灵。这句话是说：纷杂的音调会使人听觉不敏。"五味令人口爽。""五味"是指酸、苦、甘、辛、咸等五种味道。"爽"，在这里不是爽快，而是损伤、破坏的意思。这句话是说：食物味道太多了，会使人的味觉受到伤害而不知其味。就"五味"对人的伤害而言，酸多伤脾，苦多伤肺，甘多伤肾，辛多伤肝，咸多伤心。若食之不节，必至亏损。"驰骋田猎，令人心狂。""驰骋"（chí chěng）即纵马疾驰；"田"即打猎，猎取禽兽；"狂"指心失去本能，改其常态，也就是今天人们所说的疯病、精神病。这句话是说：骑马纵情打猎会使人心放荡、精神失常。"难得之货，令人行妨。""难得之货"是指稀奇珍贵之物，"行妨"是指伤害操行。"妨"《说文》："妨，害也。"这句话是说：稀奇珍贵之物会诱使人们做出伤害自己的蠢事来。

"五色令人目盲"，"五音令人耳聋"，"五味令人口爽""驰骋田猎，令人心狂"，这四句话是就养生而言，言其对于物质生活的享受，应当顺其自然，不可刻意或太过追求。如果经常沉湎于声色犬马、美酒厚味之中,必然会造成精神外泄,营魄分离,最终导致败亡。这一道理,西汉枚乘在其《七发》赋中说得更明白。他说:"纵耳目之欲,恣(zì)支体之安者,伤血脉之和。且夫出舆(yū)入辇(niǎn),命曰蹷痿(jué wěi)之机;洞房清宫,命曰寒热之媒;皓齿娥媚,命曰伐性之斧;甘脆(cuì)肥浓,命曰腐肠之药。"意思是放纵耳目的嗜欲、肆意肢体的安逸,就会损害血脉的通畅;出入都乘坐车子,就是麻痹瘫痪的兆头;常住幽深的住宅、清凉的宫室,就是伤寒的媒介;贪恋女色、沉溺情欲,就是砍杀性命的利斧;甜食脆物、肥肉烈酒,就是腐烂肠子的毒药。

"难得之货,令人行妨"是就行为而言,说明稀奇珍贵之物对人的影响远超出五味五音五色对人生理本身的影响。因为这些东西可能引诱人做出荒唐的事来或做出损害自己的事来。如《史记·晋世家》讲道:"曲沃武公伐晋侯缗,灭之,尽以其宝器献于周釐王。釐王命曲沃武公为晋君,列为诸侯……"杀嫡立庶,承认武公灭晋合法,命其为诸侯,极端违礼,对周天子的统治是极为不利的,原先周釐王是支持晋侯缗的,可是武公把灭晋所得宝器全部献给周釐王,周釐王就命武公为诸侯了。这是发生在公元前678年的事。这可以说是"难得之货,令人行妨"的典型。所以老子最后归结到治国上说:"是以圣人之治也,为腹不为目。故去彼取此。""为"是要求、谋求的意思。"腹"在这里不是指填饱肚子,而是以"腹"代实,即充实心灵,充实智慧。"目"代外表,即"五色""五音""五味""田猎""难得之货"。这句话的意思是说:所以,圣人治理国家的原则是,谋求人们内心的纯朴与纯真,而不是要人们去追求外在感官的享受。"去彼取此"也是这个意思,只是换个说法加以重复,以示着重、加强。

俗话说:"罗绮千箱,不过一暖;食前方丈,不过一饱。"《老子》本章的宗旨就是要我们开发心灵的智慧,去奢侈存俭朴,建立内在的恬淡而宁静的生活。只有恬淡平凡方能得物之真味真性;只有宁静中和,这"心"方能收住,这"火"方能降下。如此,才会生活得更快乐、更自在。

第十三章　宠辱若惊

宠辱若惊,大患有身。

何谓宠辱若惊？宠为上,辱为下,得之若惊,失之若惊,是谓宠辱若惊。何谓大患有身？吾所以有大患者,为吾有身；及吾无身,吾有何患！

故贵以身于天下者,则可以寄天下矣；爱以身于天下者,则可以讬天下矣。

上一章说"圣人为腹不为目",但求建立恬静安足的生活,而不求声色货利的纵欲享受。这一章是说"为腹不为目"的"圣人",能够不以宠辱荣患损易其身,才可以担负天下的重任。此章行文与别章不同,它是先提出两个命题(宠辱若惊和大患有身)然后再分别进行说明。

"何谓宠辱若惊？宠为上,辱为下,得之若惊,失之若惊,是谓宠辱若惊。"这是对第一个命题的解释。"宠辱若惊",是指人受到宠爱或者羞辱就会产生惊喜或不安。"若",副词,当"就"讲。为什么会出现这种情形呢？老子说,因为"宠为上,辱为下"。"宠为上"是说以宠为高上,"辱为下"是说以受辱为卑下。正因为持这种观点,所以才"得之若惊,失之若惊"。得宠,获得高上的名声,并因而可能得到物质利益,因此心情悸动,故谓"若惊"。今语"受宠若惊"犹是其义。"失之若惊",这也是由于把"宠"看作高上之故,所以失之若惊。"失之",去掉辱名、摆脱掉受辱的地位也若惊,即所谓惊喜。总之,老子是说：一些人把荣辱、名声、地位及一切身外之物看得太重,所以"得之若惊,失之若惊"。如前清时代,民间相传的一则笑话,说有一位老童生屡考不中,但到了中年以后,有一次正好与儿子同科应试,放榜的那一天,儿子看榜回来,知道已经录取,赶快回家报喜。他的父亲正好在房间里洗澡,儿子在门外大声叫道:"爸爸,我已考取第九名了!"父亲一听,便大声呵斥说:"考取个秀才,算得了什么,这样沉不住气,大声叫什么叫!"儿子一听吓得不敢再大叫,便轻声地说:"爸爸,你也被录取了!"父亲一听,便打开房门,一冲而出大声呵斥说:"你为什么不先说!"他却忘了自己光着身子,连衣裤还没穿上呢!这便是"得之若惊,失之若惊"的一个写照。

"何谓大患有身?吾所以有大患者,为吾有身;及吾无身,吾有何患!"这是对第二个命题的解释。对于"大患有身"的"身",很多人认为老子是说,因为我有这个身体,才有很多的大患或后患。当我没有这个身体,即自然死亡或自杀以后就不会有什么后患了!所以有的人出现这个偏差观念之后,就会产生悲观、消极的情绪,就会变得很厌恶这个身体。因此,遂有"亡身"之说。其实老子这里所说的"大患有身"的"身"是指自己或自己的私心,而不是指"肉体"或"躯体"。今日旧剧中,老人的道白还自称"老身我"。"有身"即"有我",有我就有我见;有我见,就有上面说的"宠为上,辱为下"的心理,就有上、下差等的观念。人的祸患,都是由于私心太重、自我追求太多而招致。如果把自己的私心去掉,真正用无我、无私的精神来做事,就不会有大患。所以,这句话的意思是说:什么叫大患有自己,我之所以有大患,乃是因为我有私心,只顾自己;如果我没有这个私心,一心为他人,那我还会有什么大患呢!因此,老子做出结论说:

"故贵以身于天下者,则可以寄天下矣;爱以身于天下者,则可以讬天下矣。"这两句话是个倒装句,"贵以身于天下"即以身贵于天下,"爱以身于天下"即以身爱于天下。《老子》这里把"贵""爱"置于句首是为了把它特别加以突出。这两句话的意思是说:所以真正做到无私、无我的人,他的起心动念都是为天下、为大众,他的爱不是小我之爱,而是大爱。只有爱护他人像爱护自己一样的人,才可以把天下寄托["讬"(tuō)同"托"]给他,他才能真正地承担起天下的责任。同样的道理,以不同的说法,便是曾子的"可以托六尺之孤,可以寄百里之命,临大节而不夺也,君子人欤?君子人也"(《论语·泰伯篇》)。政治上有名的托孤是刘备白帝城托孤给诸葛亮,刘备在临死前对诸葛亮说:我把儿子刘禅托付给你,可辅则辅,不可辅则取而代之。诸葛亮立即跪下来说:"臣鞠躬尽瘁,死而后已。"意思是你放心吧!不管你的儿子可扶不可扶,我都会尽心竭力地工作,到死为止。后来诸葛亮也真正做到了。

　　本章说明宠辱若惊的根本症结,都是因自己的私心太重而来,所以说"虽富贵不以养伤神,虽贫贱不以利累形。"老子也因此提出"吾所以有大患者,为吾有身,及吾无身,吾有何患"的基本哲学。进而说明外王天下的志士们,所谓"贵以身于天下"的最大认识,必须以爱己之心,来珍惜呵护天下的全民。只有发挥对全人类的大爱心,才能担当大任,才能称为领袖。

第十四章　视之不见

视之不见,名曰夷;听之不闻,名曰希;搏之不得,名曰微。此三者不可致诘,故混而为一。

一者,其上不皦,其下不昧,绳绳兮,不可名,复归于无物。是谓无状之状,无象之象,是谓惚恍。

迎之不见其首,随之不见其后,执古之道,以御今之有;以知古始,是谓道纪。

依据河上公编排的《老子》八十一章的次序,从本章开始,又转入辩说物理的境界,似乎与第十三章不相衔接。其实,由第十三章所讲"吾所以有大患者,为吾有身,及吾无身,吾有何患",便知在现实世界中,所谓我与无我的关键,只因有此身的存在而受累无穷。但我身是血肉之躯,血肉的生理状态,是由物理的造化而来,因此便进一步说明道的规则,隐约之间,仍然是顺理成章的。

"视之不见,名曰夷。""之"代指道;"夷",隐微,是形容无象的,意思是:看它,看不见形象,把它叫作"夷"。"听之不闻,名曰希"。"闻",听到,听见;"希",《释文》曰:"希,静也。""希"是形容无声的,意思是:听它,听不到声音,把它叫作"希"。"搏之不得,名曰微"。"搏"是用手去抚摸;"微",《小尔雅·广诂》曰:"微,无也","微"是形容无形体的。意思是:摸它,摸不着形体,把它叫作"微","此三者不可致诘,故混而为一。""此三者",指"夷""希""微"。致诘(zhì jié),有两种解释:一种是详审,一种是思议。明代高僧释德清说:"此三者虽有此名,其实不可致诘。致诘犹言思议也。"这两种解释都可说得通。"故混而为一。"高亨说:"'故'当读为固、本来。混,合也;为,是也;一,指道。"这句话的意思是说:这三种情形无从究诘,它本来就是混融一体、不可分割的。

"一者,其上不皦,其下不昧。""一",指的是道。"其"代指的是一;"上"在这里不是指空间位置,而是指时间序列。"其上"是指在有道以前。"皦"(jiǎo),明亮,"不皦"即混茫不清。"其下",指道生天地以后,"下"也是指时间序列。"昧"(mèi),昏暗。这句话的意思是说:道这个东西,在有它以前是什么样子,是不明的、不清楚的;在它生出天地以后,是不暗的,是明的、清楚的。"绳绳兮不可名,复归于无物。""绳绳"(mǐn mǐn),没有边际、连续不断的意思。"复归于无物"和第十六章"复归其根"的意思相同。"复归"即还原;"无物"不是一无所有,它是指不具任何形象的实存体。"无"是相对于我们感官来说的,任何感官都不能知觉它("道"),所以用这个"无"字加以形容它的不可见。这句话的意思是说:道广大无边,而又运动不息,你要说它是一个具体的物吧,它又没有形体,你说它不是物吧,它又确实存在着。所以不可给它个名称。但它的运动是循环往复的,是从无物体的状态还回到不见物体的状态。"是谓无状之状,无象之象,是谓惚恍。"这就叫作没有状态的状态,没有形象的形象。所以称之谓"惚恍"。"惚恍"就是似有似无、模糊不清。

"迎之不见其首,随之不见其后。""其"代指的是道。这里是说"道"无来无去,具有超越古今代谢的时空作用,来也无以所来,你要去迎接它,却看不见它的边;去也无以所去,你要跟踪他,又看不见他的背影。

"执古之道,以御今之有;以知古始,是谓道纪。""执"是持、握。"以"在这句话中出现了两次,第一次当"用"讲,第二次当"因为、由于"讲。"御"(yù)是治理、统治。"有"是指具体事物。"古始",即宇宙的原始或道的端始。"纪"同"基",基本、根本。"道纪",即"道"为万物之始、之母。这两句话的意思是说:如果能把握住"道",师法于"道",用以治理今日之天下,就没有治理不好的,因为你知晓了道是万物之母,是天地万物的本原、本体,万物都必须依赖道而存在。

本章是对道体的具体描述。老子在第一章就提出"道"玄之又玄,为了对玄之又玄的道说明白,在这里首先用了"夷""希""微"三个字来指"道"不可见、不可闻、不可触,最具认知的视觉、听觉、触觉都无法感知这个"道",说明"道"具有超越认识的特征。老子大概觉得这样还不足以说明"道",又将"道"嵌入时空间加以论述,说明"道"其上不皦,其下不昧,首尾先后皆不可得,这样,使"道"具有超越时空的特征。经过老子对"道"这样的规定,"道体"给人的感觉只能是恍恍惚惚、似无而有、似有还无,绳绳兮不可名状,于是就出现了《老子》各篇章中那些遍及"道体"的闪烁之辞,使"道"具有了超越物相的特征。因为"道"超越了所有,所以"道"能适于一切。人们如能把握住"道",就能驾驭一切物而不被物所累。

第十五章　古之善为上者

古之善为上者,微妙玄通,深不可测。夫唯不可测,故强为之容:豫兮,若涉大川;犹兮,若畏四邻;俨兮,其若客;涣兮,若冰之释;澹兮,其若海;飂兮,若无止;敦兮,其若朴;混兮,其若浊;旷兮,其若谷。孰能晦以理之,徐明;孰能浊以静之,徐清;孰能安以动之,徐生。保此道者不欲盈,夫唯不盈,故能敝而新成。

上章是对自然道体的描述,本章是对得道之人的描写,"道"无状无象,无声无响,精妙深玄,恍惚不可捉摸。得道之人,也是静谧幽深,难以测识。所以庄子说:"嗜欲深者天机浅",利欲熏心的世俗之人,一眼就可看到底。

"古之善为上者,微妙玄通,深不可测。""上"指"道","上者",指得道有所成就的人。"微妙玄通","微",精微,相当于科学上的精密性。"妙",奥妙、妙方,就是对于万事万物皆能恰到好处,不会有不良的作用。"玄通"是指对形而上、形而下的事情无所不知,无所不晓,四通八达,了无障碍。"深不可测",深,高深,这里是指得道之人德行的高深。"测",观测,测知。这句话的意思是说:古代善于行道的人,无所不知,无所不晓,学问之精妙,德行之高深,一般人很难看得出来。"夫唯不可测,故强为之容。""夫"是发语词;"唯"是连词,当"因为"讲。老子说,正因为不可测知,所以只好勉强对他的容貌做些描写。那老子是怎样描写的呢?

"豫兮,若涉大川。""豫"是迟疑慎重,不轻举妄动。"兮",语气词,表示停顿或舒缓,往往带有抒发感情的作用,用在韵文的句末或句中,相当于今的"啊""呀"之类。"涉",徒步渡水、趟水。"川"指河流。这句话从字面上来看,是说小心谨慎啊,如同徒步过江河。其实这是一个比喻。老子对人物的描写有个特点,不像儒家那样科学、有规格,而是偏向文学性,在逻辑上用的是喻象性的表达方式。这句话的真正含义是说:一个真正有道的人,做人做事绝不草率,遇事比谁都审慎周详,问题处理得非常恰当。"犹兮,若畏四邻。""犹",犹猢,猴子一类的动物。《水经注·江水一》:"山多犹猢,似猴而短足,好游岩树。"犹在出动或下树之前,一定先把四面八方的动静看得一清二楚,觉得没有危险时,才敢有所行动。这种小心翼翼的特点,如同老鼠。现代成语"犹豫不决"就是由此而来。这句话是说:如同犹一样,好像四面八方都有情况,都有敌人,心存害怕,不得不提心吊胆,小心翼翼。这是用另一个比喻,说明或解释一个有道者为什么能思虑周详,慎谋能断,因为他对自己、对外界即事情的来龙去脉,都认识得清清楚楚。"俨兮,其若客。""俨"(yǎn),《尔雅·释诂》曰:"俨,敬也。""俨"即恭敬的意思。"其",连词,当"是"讲。"客",来宾、客人。这句话是说:恭敬啊,好像是迎接宾客。这是形容一个有道之人待人处事都很恭敬,随时随地绝不马虎。这类同于子思在《中庸》中所说的"慎独",即一个人独自在夜深人静的时候,虽然没有其他人在,也像面对祖宗那样恭恭敬敬,不会使自己的行为荒唐离谱、不合情理。"涣兮,若冰之释。"是说慢慢消散啊,好像冻冰在融化。"涣",流散、离散。"释",消解、融化。春天到了,天气变暖,冰雪慢慢融化、散开,变成清流,普润大地。这是形容一个有道之人的气度,看上去庄重威严,不敢与他说话,甚至害怕他,但真接近相处时,又觉得很温暖、很亲切。"澹兮,其若海。"是说平静啊,好像是大海。"澹"(dǎn),平静、安定。这是形容有道之人的胸襟宽阔无边,能容纳一切细流、一切尘垢。"飂兮,若无止。"是说清凉的高风飘逸啊,好像没有止境。"飂"(liú),高雅的清风。这是形容有道之人的善行如高风飘逸,永不停止。"敦兮,其若朴。"是说淳厚啊,好像是一块未经雕琢的木头。"敦"(dùn),淳厚。"朴",《说文》:"朴,木素也。""木素"即未经砍削雕琢的原始木头。这是形容有道之人一言一行,一举一动非常厚道、纯朴。"混兮,其若浊。"是说混沌啊,好像一潭浑浊不清的水。这是形容有道之人不刻意表现自己,和光同尘,非常平凡,没有人能识得。"旷兮,其若谷。"是说空阔啊,好像是幽深的山谷。"旷",空阔、广大。"谷",山谷。山谷虽然空空洞洞,但你站在那里一喊,就有回声。这是形容有道之人思想豁达,反应灵敏。

以上是老子对有道之人的容貌、行为、心境的描写,从"豫兮若涉大川"

到"旷兮其若谷",写出了有道者慎重、戒惕、恭敬、融和、恬静、飘逸、朴实、平凡、灵敏等人格修养的精神风貌。这些描写都是对"微妙玄通"的解说。那怎样才能达到如此的境界呢?答案是,必须要加强"道"的修养。所以下面接着讲"道"的修养功夫。

"孰能晦以理之,徐明。"这是讲修道之难,"孰",代词,表疑问,当"谁"讲。"晦"(huì),昏暗不明。"理",修习,练习。"徐",慢、缓慢。这句话是说:谁能够在这晦暗的世界里慢慢修习到明了宇宙的真理实相。"孰能浊以静之,徐清;孰能安以动之,徐生。"是说谁能够在这浊世中慢慢稳定下来,使自己的身心清静;谁能够在安静中慢慢动起来,使新的生命起升。这两句话是讲修道的程序和方法的,即由浊到静,由静到清,由清到安,由安而生。这与曾子在《大学》中所讲的"知止而后有定,定而后能静,静而后能安,安而后能虑,虑而后能得"的修养程序是同一个路径,只是表达的不同而已。这种方法,道家是经过验证的。譬如一杯混浊的水,放着不动,这样长久平静下来,混浊的泥渣自然沉淀,终至转浊为清,成为一杯清水。所以由浊起修,由静而清,由清而安,久而安于本位,直到超越时间空间的范围,就可以见道了。见道就是对于道的体验,对于道的体验就是一种最高的精神境界,到了最高境界,那就通达了。然而这还只是修道的一半,另一半,也是更重要的一半,就是"动之徐生"。如果安而不动,只管自己,未能济世,那又有什么用呢?因而在安而得道即达到最高的精神境界之后,要能起动、起用,用修习来的"道心"去积极济世。所以,冯友兰说老子的哲学是"既出世又入世"的。这也就是说,用出世的心去做入世的事。

"保此道者不欲盈,夫唯不盈,故能蔽而新成。"这两句话是全章的总结,是说古之善于行道的人总的原则就是"不欲盈"。"盈"是"满","不欲盈"就是不求盈满。因为"盈"了就要溢,"不盈"就能"蔽而新成",即能去旧成新,永远立于不败之地。

第十六章　致虚极

　　致虚极,守静笃。万物并作,吾以观其复。夫物芸芸,各归其根。归根曰静,静曰复命,复命曰常。知常曰明,不知常妄作凶。知常容,容乃公,公乃全,全乃天,天乃道,道乃久,没身不殆。

　　该章是紧接前章讲悟道的要点及悟道后的精神境界。
　　"致虚极,守静笃。""致"是到、到达,"极"是极点、尽头,"守"是保持、持有,"静"是心地纯净无杂念,"笃"是牢固。这句话的意思是说:你要悟道、识道,就必须使自己的心智消解到没有一点心机或成见的地步。因为一个人有了心机就会蔽塞明澈的心灵,有了成见就会妨碍对事物的明晰认识。外物不进入内心,内心的欲念就不会外出。没有欲念内心就清静,能牢固地保持住静就识道了。由此看来,"虚"与"静"不是两件事,而是一回事。所以道家认为只有"静"才可以通神明,增认识,明事理。对此,明代理学家方孝孺曾举例说:"余少时常从诸老生游于市,修衢(qú)广巷,车马往来,鼓吹闹耳,珠玉锦绣之肆交陈乎前。余憧憧而行不知其底。及暮而归……至家而思之,凡触乎目者,漫不能记。而老生方坐为人言所遇:马几蹄,车几轮,鼓吹几部,道中人语者、歌者为谁,所语何言,所歌何辞,何为道以行,行凡几里,皆识之无所失。余大惊以问,老人曰:子知子之所由,忘乎心之为物,静则明,动则眩。"(《静斋记》)由此,吕坤在《呻吟语》中总结说:"天地间真滋味,惟静者能尝得出;天地间真机栝,惟静者能看得透;天地间真情景,惟静者能题得破。"(《存心》)所以接着老子专就"静"来论述。
　　"万物并作,吾以观其复。夫物芸芸,各归其根。归根曰静,静曰复命,复命曰常。"这是讲由"道体"引申出来的"致虚""守静"功夫,反过来又能观照到万物向"道"体根本(静)的复归。"万物并作,吾以观其复。""万物"是指物质世界的一切,包括人、事、物等。"并",副词,一起、一并的意思。"作",动词,指生成活动。"以",介词,当"用"讲。"观"是领悟、领会的意思,即以智慧去昭见事物。"其",代词,代指万物。"复",回归、返回。这句话的意思是说:我用极度虚空而宁静的心领悟到万物生生灭灭而复归的道理。什么道理呢?"夫物芸芸,各归其根。归根曰静,静曰复命,复命曰常。"万物虽纷纷芸芸,但最后都各自又返回到了它的本根。回到本根就是静,静就是回归本性,回归本性就是回归本质。这段话中的"芸芸"是形容词,即众多的意思。"归根"即回归于道。"根"指的是"道",即一切来自于"无"又回归于"无"。"曰"同"则",当"就"讲,表示确认某一事实。"复命"即回归本性。卢育三说:"'命',《左传·成公十三年》:'民受天地之中(中和之气)以生,所谓命也。'《礼记·中庸篇》:'天命之谓性'。命是万物得以生的东西,在中国哲学中,命与性内容上基本一致,所不同的是在天曰命,在物曰性。在这里,'命'指作为生生之源的道。'复命'即又回归到万物的生生本原"(《老子释义》)。"复"在《易经》中又是个卦名,复卦又称作"地雷复",上面是坤卦,表征为地,下面是震卦,表征为雷。雷表示电能,生命发展的能源从此发生。所以修道就是返回本根,追求生命最初来源的那个东西。"常"即本质。《广雅·释诂三》:"常,质也。"《说苑·修文》:"商者,常也。常者质。"宇宙生命的本根——"道",原本就是清虚、空无一物的,它所赋予人的本性,原本也是清静的。所以人应向自己思想的本质——清静复归。这就是老子复归的思想。此一思想可以说是就人的内在主体性、实践性这一方向作反省工作。人心原本是清静的,后天之所以不能清静,是因受环境的影响所产生的种种欲念所致,所以应舍弃嗜欲而复归于原本的清静。因此,老子接着说:"知常曰明",你知道了宇宙生命来源的本质是清静的,人心原本是清静的,那就成了明白人。"不知常,妄作凶",如果不明白这个本质,任意胡作非为,什么东西都抓,必然大凶大害,没有好结果。"知常容",知道这个本质就圣通了。高亨说:"容,通也,圣也。""容乃公",圣通了就能坦然大公。"乃",副词,表示确认某种事实,当"就"讲。"公乃全",能以天下为公就周全了、普遍了。"全乃天",周全、普遍了就合乎天了(因为天无私覆)。"天乃道",合乎天就合乎道了。"道乃久",合乎道就能长久。为什么能长久?"道盅而用之。又不能盈。"因为道是空虚的、清静的,他在发生作用的过程中永远不会满,不满就不会外溢,不外溢就不会走向反面;不走向反面就能长久。所以老子最后说:"没身不殆。"人如果能遵循于道,忘掉自我,没有私心,处处为他人着想,就不会有危险。这里的"没"(mò),即消失、消亡,亦即忘掉的意思,"身"指自己。"殆"(dài),危险之意。总之,老子是要人效法道,保持内心原本的清静。有了这样的精神境界,为人做事才能源远流长。

第十七章　太上

太上,下知有之;其次,亲之誉之;其次畏之,侮之。信不足焉,有不信焉。悠兮,其贵言,功成事遂,百姓皆曰我自然。

本章是讲"道"的自然性及其功用的。人们之所以对道有怀疑,主要是因为所有的实有能看得见,而"道"之自然的功用是看不见的。

"太上,下知有之。""太上",商务印书馆出版的《古代汉语词典》的解释是"最高、最上的"。《易经·系传》中说:"形而上者谓之道。"所以"太上"指的是"道"。"下知有之"的"下"是指"知有之"的人们,按后文这些人就是"百姓皆曰我自然"的百姓中的人。"之"代指道。这句话的意思是说:最高上的道,有人知晓它是自然的存在。因为禀赋聪慧的人,心机性情聪明敏锐,能深刻领悟玄妙本原。"其次,亲之誉之。""其次",在这里是价值等级(即人的禀赋有上、中、下之别)的排列,不是时间先后的排列。"亲",接触。"誉",赞美。这意思是说:有些人虽不明了它的真实存在,但接触它,赞美它。"其次畏之,侮之。""畏"是敬畏、敬服。有些人也许不信,但内心无形中却有一个可敬畏的东西;有些人不但不信,而且还会侮辱它,瞧不起它。"信不足焉,有不信焉。""焉",句尾助词,当"的"字讲。老子说:总之,人的智慧有高有低,参差不齐,有的人信是信,却不彻底,半信半疑,因为他没有把真理穷究彻底。有的人根本就不信,但你也拿他没有办法。但为什么会有这种差别,老子并没有加以分析。只是最后结论说:"悠兮,其贵言,功成事遂,百姓皆曰我自然。""悠"是闲适的样子;"其"代指道;"贵言"是形容"道"不发号施令,默默无言使老百姓不知不觉地受到恩赐。"遂"(suì),成功,成就;"我",泛指自己的一方;"自然"即"自成",《广雅·释诂三》:"然,成也。"这句话的意思是说:道闲适自在啊!而不发号施令,事功成就了,百姓还不知是它的作用,都说本来就是这个样子。

　　道是一个最高的存在体,而"自然"则是这个最高存在体所体现的最高价值。道不依赖于任何外力,也没有任何外力可以左右它,它完全是自己成就自己。这是道的最重要的特性之一。老子之所以特别凸显"自然"之"自成"的含义,主要是要人们效法道,实行"无为而治","自由"发展。因为对于民众来说,自然而然莫过于自己成就自己。先秦时代的一首《击壤歌》:"日出而作,日入而息;凿井而饮,耕田而食,帝力何有于我哉。"可以说就是这一思想的反映。所以,"自成"的梦想成真之时,就是"民自化,民自富"(第五十七章)实现之日,因为自然的程度越高,付出的代价就越小,发展的前途就越大。

第十八章　大道废

大道废,有仁义;智慧出,有大伪,六亲不和有孝慈;国家昏乱有忠臣。

这一章读起来很有节奏感,也很有韵味。就其意义来说,它深刻反映了老子哲学的辩证思想。单从文字上来看,是不太容易理解的。所以有人就认为老子是反对孔子所倡导的仁义、孝慈的。其实透过文字来看儒道两家在对待这一问题上的态度,并没有什么差别,只是表达方式不同而已。如孔子在《礼记·礼运篇》中说:"故用人之智去其诈,用人之勇去其怒,用人之仁去其贪。"意思是:人有了智慧,智慧的反面就是奸诈,用得好就是大智大慧,用歪了就是老奸巨猾;而大勇的人,往往气魄大,脾气也大,大勇的反面,就是多怒;假使一个大英雄、大丈夫,没有暴烈的坏脾气,那就可贵了。仁慈本是件好事情,但是仁慈太过了,变得婆婆妈妈那就不好了。因为心理上仍存在有一种不自觉的贪恋与执着。所以能够保持一片仁慈博爱之心,而无贪恋之念,那就不会发生不良的副作用。从这里我们可以看出,老子的"大道废,有仁义",与孔子所讲的道理并无矛盾之处,其辩证思想都是一致的,只是文学手法表达不同。既然一致,那孔子为什么还要提倡仁义、孝慈呢?孔子说:"饮食男女,人之大欲存焉;死亡贫苦,人之大恶存焉。故欲恶者,心之大端也。人藏其心,不可测度也,美恶皆在其心,不见其色也。欲一以穷之,舍礼何以哉!"意思是:吃好的、喝好的,以及男女之间的关系,这是人生根本的欲望。对死亡和贫穷,天下的人都会害怕和讨厌。所以,一个人爱好追求饮食男女的享受,逃避死亡与贫穷的来临,这是心理现象的根本。但是人的思想、念头,从外表是很难看出来的,也是很难测得到的。一个人动什么脑筋,打什么主意,心底善与不善,只要不表现于行为,那是不会有人知道的。一切好坏,全凭他心念的变化,根本没有颜色、声音可资辨别。所有的动机想法都藏在一个人的内心深处,那么要把这些人心的根本问题加以整理、统一,使之去芜存菁,转劣存良,恶行成善举,除了"礼"即文化的教育外,还有什么办法呢?这表明孔子之所以提倡仁义道德,是不得已而为之。

"大道废,有仁义",是说大道被破坏之后,就出现了仁义。这里的"大道",是指社会制度、秩序,即政治之道,不是宇宙本体之道。春秋以来,西周的社会政治制度逐渐遭到破坏,人际关系也渐失常,于是仁义的呼声就起来了。冯友兰先生说:"'大道废,有仁义',这并不是说,人可以不仁不义,只是说,在'大道'之中,人自然仁义,那是真仁义。至于由学习、训练得来的仁义,那就有模拟的成分,同自然而有的真仁义比较起来就差一点、次一点了。"(《中国哲学史新编》)陈鼓应先生说:"鱼在水中,不觉得水的重要;人在空气中,不觉得空气的重要;大道兴隆,仁义行于其中,自然不觉得有倡导仁义的重要。等到崇尚仁义的时代,社会已经不纯厚了。"(《老子今注今译》)"智慧出,有大伪。""伪"是不诚实、奸诈。这是说,人们智慧开化了、聪明了,同时奸诈之类的坏事也就出现了。智慧与奸诈,聪明与狡猾,老实与笨蛋,本是息息相关的孪生兄弟,诚实的智慧符合于"道",用之于世,能为人类造福利。若是使用奸诈,那就会给社会带来危害。"六亲不和,有孝慈。""六亲"是指父、子、兄、弟、夫、妇。这句话是说,在家庭中,彼此之间有了矛盾、冲突,才看得出谁孝谁不孝。譬如,老两口养活了五个儿子,因家庭闹矛盾,其中四个儿子都走了,只剩下一个以前还常骂他又笨又呆的儿子没有走,留在家里养活父母。这就是"六亲不和有孝子。"假如家庭是个美满的家庭,大家和睦相处、互相尊重,都能以平等心善待一切,做当下所该做的事,就显不出谁孝谁不孝。"国家昏乱,有忠臣,"其道理也一样。如果社会政治清明,大家各守岗位,各司其职,就显不出谁忠谁不忠。正是因为社会"混乱",才出现了忠臣良相。所以唐太宗李世民有句诗说:"疾风识劲草,板荡识诚臣。"历史上,如岳飞、文天祥、史可法等,都可以说是忠臣。特别是文天祥被俘后所写的那首《过零丁洋》诗:"辛苦遭逢起一经,干戈寥落四周星。山河破碎风飘絮,身世浮沉雨打萍。惶恐滩头说惶恐,零丁洋里叹零丁。人生自古谁无死,留取丹心照汗青"所表达的对国家民族的忠心,更是令人敬仰。然而这些可歌可泣的事迹背后,无不是社会混乱、奸臣当道、生灵涂炭的悲惨局面。一个忠臣的产生,往往反映了一代老百姓的苦难。如果国家永处太平盛世,社会上大家自重自爱,没有杀盗淫掠之事,岂不人人都是好人？所以老子不希望历史上出太多的忠臣之士,忠臣之士出多了,并非好现象。

春秋末期,可以说是"六亲不和"的时代,统治阶级内部争权夺利,父子相杀、兄弟相杀之事层出不穷,孝悌之道已经沦丧。在这种情况下,以孔子为代表的儒家,开出了"仁义"治世的药方,希望社会有所改善;而以老子为代表的道家,则是从反面对症下药,希望从根本上解决问题。孔子可以说是个文化医生,老子可以说是个医理医生。

第十九章　绝智弃辩

绝智弃辩,民利百倍;绝伪弃诈,民复孝慈;绝巧弃利,盗贼无有。

此三者,以为文不足,故令有所属:见素抱朴,少思寡欲,绝学无忧。

此章是对前章所说的"智慧出,有大伪"等社会病象而开出的治世之方。第一段是讲对社会环境的治理;第二段是讲对"人心"的治理。

关于"绝智弃辩",陈鼓应在《老子今注今译》中说:"通行本为'绝圣弃智',郭店简本作'绝智弃辩',为祖本之旧,当据改正。通观《老子》全书,'圣人'一词共三十二见,老子以'圣'喻最高人格修养境界,而通行本'绝圣'之词则与全书积极肯定'圣'之通例不合。'绝圣弃智'一词,见于庄子后学《胠箧》篇,传抄者据以妄改所致"。"绝智弃辩,民利百倍。""绝",断绝,不要的意思。"智",智慧。孟子说:"是非之心,智之端也"。(《公孙丑》)庄子说:"上诚好智而无道天下大乱矣。"(《胠箧》)这个"智"是指耍心计、使小聪明之智。"弃"抛弃、放弃,即不要。"辩",巧言、狡辩。孔子说:"巧言令色,鲜矣仁。"(《论语·学而》)老子在第八十一章说:"辩者不善,善者不辩。""利",有利于,对……有利。如第八章"水利万物而不争"。"百倍",加倍、更加。这句话的意思是说:断绝使用心计,抛弃巧言花语,对人们的和谐生活会更加有利。"绝伪弃诈,民复孝慈。"陈鼓应说:"通行本为'绝仁弃义',郭店简本作'绝伪弃诈',为祖本之旧,当据改正。《老子》八章主张人与人交往要尚仁("与善人"),可见老子并无弃绝义之说。郭店简本出土,始知为人妄改。《庄子·胠箧》有'攘其仁义'之说,由此可窥见原本'绝伪弃诈'被臆改为'绝仁弃义',可能受到庄子后学激烈派思想影响所致"。"绝伪弃诈,民复孝慈。""伪"即虚假、不诚实;"诈"即欺骗。这句话是说:断绝虚假、欺骗的行为,人们才能恢复孝慈的天性。"绝巧弃利,盗贼无有"。"巧",巧妙,即自以为很聪明,干什么事人家都不知道。"利",是指自私贪图之心。"盗"即偷盗;"贼"是伤害。这句话的意思是说:抛弃自以为聪明的巧和自私自利之心,就不会有作奸犯科和伤害他人的事情发生。

老子在提出上述道理后,接着说:"此三者,以为文不足,故令有所属:见素抱朴,少思寡欲,绝学无忧。""此三者",指"智辩""伪诈""巧利"。"以为文不足","以",介词,当"用"或"把"讲;"为",动词,"做"的意思;"文",指文治法度、法则。"令",使、让的意思;"属",从属、归属。"见素","见"指见地,观念;"素"指纯洁、干净,犹如一张白纸,毫不染上任何颜色。"抱朴","抱"是保持;"朴"是未经雕刻、质地优良的原始木头。"少思寡欲",各本作"少私寡欲"。中国近代经学家刘师培说:"'私'当作思。《韩非子·解老篇》曰:'凡德者以无为集,以无欲成,以不思安,以不用固。'《韩非子》之'不思'即释此'少思'也。"明代高僧释德清解释说:"因世人不知朴素浑全之道,故逐逐于外物,故多思多欲。今既去华取实,故令世人心志有所系属于朴素之道。若人人能'见素抱朴',则自然少思寡欲矣。""少思寡欲",就是减少自己追求外物的想法,减少自己的贪利之心。"绝学无忧","绝学"就是不要一切学问,什么知识都不执着,人生只凭自然。因为修道成功,到了最高境界,任何明相、任何疑难问题都解决了,不需再有所学了。"无忧",就是没有什么牵挂。人能真修到"无忧"的境界,反过来就能以一种清明客观的态度,深刻独到的见解,服务社会,利益社会。这段话总的意思是说:"智辩""伪诈""巧利"这三者对社会及人的危害极大,但仅把这三者作为治理的法则还不够,还必须使人们在思想上有所归属,要使他们的思想观念随时保持纯净无杂,保持原始天然的朴素,减少追求外物的想法,减少自私自利的贪图之心,以达到最高的生命境界而无忧无虑的生活。

总之,这一章的基本思想就是:圣人治天下要以"绝智弃辩""绝伪弃诈""绝巧弃利"这三者为法,同时还要"治心",使民众朴素,少思寡欲,以致达到最高的精神境界。

第二十章　唯之与诃

　　唯之与诃,相去几何? 美之与恶,相去何若? 人之所畏,亦不可不畏!

　　众人熙熙,如享太牢,如登春台。我独泊兮,其未兆;荒兮,其未央;沌沌兮,如婴儿之未孩;累累兮,若无所归。

　　众人皆昭昭,我独昏昏;众人皆察察,我独闷闷;众人皆有余,我独若遗;众人皆有以,我独顽以鄙;众人皆有异,我独贵德母。

　　此章是承前章"治国之道"言"修己之法",即个人最高的修养标准。以有道之人独白的方式,通过与众人的对比,展示出了有道之人"少思寡欲,绝学无忧"的精神境界。

　　"唯之与诃,相去几何? 美之与恶,相去何若?""唯",顺应之词,指那些夸赞人的好话;"诃"(hē),责怒之词,指那些批评人的不好听的话。"几何",代词,常用作定语或谓语,询问数量或表示不定数,当"多少"讲。"恶"(è),丑的意思。这两句话的意思是说:顺从的话与逆耳的话到底相差多少? 美与丑到底又相差多少? 老子所提出的这两个问题,如果站在哲学的立场上来说,是无法定出一个绝对的标准的。因为"贵贱善恶、是非美丑等种种价值判断都是相对形成的。个人对于价值的判断,也常常因为时代环境的不同和主观因素的不同而有所不同"(陈鼓应语)。比如东汉的大名士梁鸿,才学出众,当地不少达官贵人、名门望族的女儿都想嫁给他,可他偏不要,而偏娶一个长得又黑又胖、模样粗俗的女子——孟光为妻。别人问他为什么? 他说孟光的品行好。这就是个人的价值取向。老子认为,虽然绝对的道德标准难以寻找,但是一个社会因时因地所产生的相对道德标准,一个修道之人也是应该遵守的。所以老子接着说:"人之所畏,亦不可不畏!""畏"是敬畏、敬服。意思是:即使你超越了相对的窠臼,到了绝对的境界,但在这个世界上,大家所共同遵守的规则,你也必须和大家一样遵守,不要去触犯它,否则,无法彼此沟通。老子这里可以说是把个人道德与公共道德之间作了一个大致区分。

老子虽云"人之所畏,亦不可不畏",但得道的圣人其精神境界还是与众不同,所以接下去便讲不同之处。

"众人熙熙,如享太牢,如登春台。"这是讲一般人的心境。"众"即一般、普通。"熙熙"二字,从狭义来讲是和乐的样子。所以有许多人取名时都取"熙"字,如清朝皇帝爱新觉罗·玄烨的年号为"康熙"。从广义而言,"熙"字是好而不好,吉中有凶。司马迁《史记·货殖列传》说:"天下熙熙,皆为利来;天下攘攘,皆为利往。"老子这里所说的"熙",就是指天下人熙熙攘攘,你来我往,一生忙忙碌碌都是为利而奔波,为利而生活。"如享太牢,如登春台。""如",如同、好像。"太牢"即大牢。牢是古代供祭祀或宴飨(xiǎng)用的牛、羊、豕(shǐ)。牛、羊、豕(猪)三牲全备为大牢,羊、豕二牲各一为少牢。这里是指丰盛的宴席。老子指出,一般人这样忙碌的生活,还自认为好像人活着就是天天吃好的、喝好的;又好像春天到了,到郊外登高观看美景,颇为惬意。其实他们的内心是有诸多痛苦的。因此,老子说,我与众不同,是说我的快乐与你们的快乐不同。怎么不同呢?"我独泊兮,其未兆;荒兮,其未央;沌沌兮,如婴儿之未孩;累累兮,若无所归。""我独泊兮,其未兆","我"是第一人称,老子是用这个第一人称来表达他的心境和精神境界。日本学者福永光司说:"老子的'我'是跟'道'对话的'我',不是跟世俗对话的'我'。老子便以这个'我'做主词,盘坐在中国历史的山谷中,以自语着人心的忧愁与欢喜。他的自语,正像山谷中的松涛,格调高越,也像夜海的荡音,清澈如诗。""泊"(bó),《正字通·水部》曰:"泊,恬静无为貌。""其未兆","其",连词,表示选择,相当于"而"。"未",副词,表示否定,当"不""没有"讲。"兆",《说文》:"兆,分也。"这句话的意思是说:我独恬静无为而不必分别利害是非那些差别。因为"唯之与诃,相去几何?美之与恶,相去何若"?"荒兮,其未央"。"荒"是形容词,形容自己的心境像荒原大沙漠一样,宽广无边。"央"是中心点。这句话是说:精神包含广远啊,而没有主观上的执着。"沌沌兮,如婴儿之未孩。""沌沌",混沌不明的样子。"孩"同"咳",《说文》:"咳,小儿笑也。"这句话是说:混混沌沌啊,好像还不会笑的婴儿。这与第十章"专气致柔,能婴儿乎"的道理是一样的。一个人若能拥有初生婴儿般的纯洁天真,那心境就高了。"累累兮,若无所归。""累",堆积,积聚。"无所归",就是孔子所说的"君子不器",不自归于任何典型。你说他是个道人,却又什么都不像,无法将他归于某一范围,加以界定。因为他不执着任何一种名象,不去争他对你错。这句话的意思是说:如堆积的小土山啊,而无所归属。亦即不属高山,非常平凡。老子对心境做这番说明或形容之后,觉得还不够,于是接着继续说"众人"如何"我"如何。

"众人皆昭昭,我独昏昏。"众人都明明白白,唯独我糊糊涂涂。"昭",明白。"昏",糊涂。这说明修道之人不以聪明才智高人一等,给人看起来,反是平凡庸陋,毫无出奇之处。"众人皆察察,我独闷闷。"众人都很精明,事事精打细算;唯独我浑浑噩噩,什么都不计较。"察",清楚、详细。"闷"(mèn),浑噩。这说明修道之人的行为虽然是入世,但心境是出世的,不斤斤计较个人利益,因此被别人看来像傻子一样。"众人皆有余,我独若遗。"众人都有剩余,唯独我没有什么遗留。这说明有道之人内心纯洁,不被物使。"众人皆有以,我独顽以鄙。"众人都有所作为,唯独我显得愚钝而浅陋。第一个"以",王弼注:"以,用也。"伪河上公注:"以,有为也。"第二个"以"当"而"讲。"顽",《广雅·释诂》:"顽,钝也。""鄙"(bǐ),浅陋。这说明,有道之人看似愚钝浅陋,而实为通达。"众人皆有异,我独贵德母。"众人都喜欢别人高举自己,我却独自把得道看得最贵重。"异",《说文》:"异,举也。""德母"即得道。元代理学家吴澄说:"我之所贵者,则大道之玄德也。玄德者,万物资之以养,所谓万物之母也。"

陈鼓应《老子今注今译》总结该章说:"人们对于价值的判断,经常随着时代的不同而变换,随着环境的差异而更改。世俗价值的判断,如风飘荡,所以老子感慨地说:'相去几何!'接着老子说明他在生活态度上,和世俗价值取向不同;世俗的人熙熙攘攘,纵情于声色货利;老子则甘于淡泊,淡然无系,但求精神的提升。"

第二十一章　孔德之容

孔德之容，惟道是从。

道之为物，惟恍惟惚。恍兮，惚兮，其中有物；惚兮，恍兮，其中有象；幽兮，冥兮，其中有情，其情甚真，其中有信。

自今及古，其名不去，以阅众甫。吾何以知众甫之然哉？以此。

该章是继第十四章之后又一次对"道"的描述。第十四章着重讲的是"道"产生万物，而万物又"复归于无物"，即复归于道；这一章着重讲的是"道"产生万物的过程和状态。

"孔德之容，惟道是从。"这句话是全章的总括。"孔德"，"孔"是大的意思；"德"在《老子》书中基本上有二义（假借为"得"者不计在内）：（一）为道的作用，即道为德之本，德为道之用。如"道生之，德畜之"（第五十一章）之"德"。（二）为品德，按照道行动，即为"上德"，亦即得道，违背道的，就叫"下德"，"下德"也就是"无德"（第三十八章）。这里的"德"是指道的功用即能量。"容"通"镕"即铸造器物的模型。"惟"，语助词，表肯定，当"是"讲。这句话的意思是说：大德或盛德（即巨大的功用）作为熔铸万物的模式，是从道的，根据于道的。这也就是说，道不仅产生物，而且还养育物。下面接着就讲"道"产生万物的过程及状态。

"道之为物，惟恍惟惚。""为"在这里当动词用，"创造"的意思。"恍惚"，即模糊不清，隐约而不可捉摸。这句话是说：道创造物的过程是模模糊糊，看不真切的。"恍兮惚兮，其中有物"，是说从恍惚状态中产生了物。这个"其"字指的是恍惚状态。"惚兮恍兮，其中有象"，是说在惚恍状态中有了相。这句同上句是一样的,只是易词加以重述。但这两句话也可以理解为在相互激荡中有了物有了相。"幽兮冥兮,其中有情。""幽",《说文》:"幽,隐也。""冥",昏暗不明。"其"字指代的是幽冥这种状态,即隐约而不明,其实也就是恍惚。"情",通行本皆为"精"。高亨说:"精当读为情。《庄子·德充符》'夫道有情有信,无为无形,可传而不可受,可得而不可见';庄子之'有情',即此章之'有情'矣。精、情古通用。《荀子·修身篇》'术顺墨而精杂污',杨注'精当为情',即其证。"按高亨之说,此"情"字作真实、实在解,如《庄子·大宗师》"有旦宅,而无情死","情死"即真实的实在的死。又如《论语·子路》"上好信,则民莫敢不用情",《论语·子张》"如得其情……"此两"情"均是真实的意思。这句话是说:在隐约不明的状态中有了"情",有了实在的东西,也就是说"其中有物"的"物","其中有象"的"象",是实实在在的。"物""象""情"并不是三个东西,只是变文协韵而已。"其情甚真,其中有信。"这是再度肯定其真实性。说这个东西是真实的、可信的。

这一段主要是说明道是万物的创造者,万物的生发皆是道的功用。道的功用被称为"德"。关于道与德的关系,陈鼓应说:"主要有三个层面:(一)道是无形的,它必须作用于物,透过物的媒介,而得以显现它的功能。道所显现物的功能,称为德。(二)一切物都由道所形成,内在于物的道,在一切事物中表现它的属性,亦即表现为德。(三)形而上的道落实到人生层面时,称之为德,即道本是幽隐而未形的,它的显现就是德。"(《老子今注今译》)

"自今及古,其名不去,以阅众甫。吾何以知众甫之然哉?以此。"这是讲完"道之为物"的过程之后,又反回来讲"道"。老子为什么说"自今及古"而不说"自古及今"呢?高亨解释说:"因其名是指道的名,'道'这个物,是古时就有的;'道'这个名,是老子今天给的。用'道'的名以称古时的物,乃'自今及古',不是'自古及今'。""其"指代的是"道"。或许有人会说这个"其"字离"道之为物"句太远,这种指代很不清楚,其实,这正是《马氏文通》所归纳的第四种代词的用法,即:"有代字而无前词者,则以所指者为共知之事理,读者可默会耳。"下文"以阅众甫",能用以"阅众甫"的,当然是"道"。读者正可由此默会"其"字所指的是"道"。"以阅众甫","以",介词,当"用"讲;"阅",在这里不是观察、观看,而是"出""产生"的意思;"众"

是众多,指的是万物;"甫"是开始、起初,《说文》:"甫,以男子始冠之称,引申为始也。""自今及古,其名不去,以阅众甫"是说,自今天及远古,道的功用是永远不会消失的,可以用它来领悟万物产生的本始。"吾何以知众甫之然哉?以此。"即:我是怎么知道万物的来龙去脉的呢?就是从永恒存在的道来认识的。"然",用在句尾,表示状态。"此"指的是"道"。因为"道"是万物的创造者,是万物之母,所以掌握了道的人,可以用道"知众甫之然",即万物的起源和产生过程。"万物"当然也包括人,因此,这句话也可以这样说:我为什么能够了解一切人的根性,一切人的思想呢?就是因为得了"大道"真理之后,才通达了变化无穷的宇宙万物,照见了无涯无际的生命现象,所以无所不知。

第二十二章　曲则全

曲则全,枉则正,洼则盈,敝则新,少则得。是以圣人抱一为天下式。

不自见故明;不自是故章;不自伐故有功;不自矜故长。夫唯不争,故天下莫能与之争。

古之所谓"曲则全"者,岂虚言也哉!诚全而归之,常言自然。

该章是由上章的讲"道体"而转到由体起"用"。

"曲则全,枉则正,洼则盈,敝则新,少则得。"这段话所体现的一个思想,就是事物必然会向自己的反面转化。"曲则全",即《庄子·天下篇》述老子之道曰:"人皆求福,已独曲全。'苟免于咎'。"即委屈了必然得到保全。如战国时期赵国的蔺相如与廉颇的"将相和"就是一个很好的例子。"曲",也有弯曲之义,弯曲了才能得到圆满。比如当领导人的,部下做错了事,你就骂他说:"你真是个混蛋。"你这样骂他,对方一定接受不了,不但接受不了,而且还会产生憎恨心理。如果你能一转而运用曲线的艺术说:"老弟,这个事是不能这样去做的,做错了,人家都会把你我骂成混蛋。"那么,他虽不高兴,但心里还是会接受你的批评。若硬说你是个混蛋才对,那就不懂"曲则全"的道理了。所以,善于言词的人,讲话只要就此一转就圆满了,既可达到目的,又能彼此无事。"枉则正",是说斜的东西必然会变成正的。"枉"有"邪"义,如《论语·颜渊》篇:"举直错诸枉,能使枉者直。"意思是,做一个领导人,把正直的人提拔起来,把邪曲不正的人搁置在那里,这样直道而行,就可以使原来邪曲的人变得正直,坏人也会变成好人了。"邪"又有倾斜、歪斜之义。"洼则盈",是说空虚必然会变成充盈。"洼"是谷地,取其空虚之意。依自然而言,低洼之地,水自然充盈,江河善下,百川归之。依道德而言,上德若谷,冲虚能受,是为"谦受益"。一个人能虚怀若谷,很谦虚,你的人生就会不断充实,智慧就会不断展开。"敝则新",意即破旧的东西必然变成新的。现代成语"破旧立新"就是这个意思。"少则得",即少到一定程度必然就要"得",以至变成多。这几句中的"则"字都带有"必然"的意思,有了前件,即必然有后件,在汉语逻辑里,作为联系词的"则"就是这个用法。"曲则全",是否也"全则曲"呢?在这一章里,老子没有说。按着老子哲学的精神,那也是必然的。老子在第五十八章中就明白地说出了"祸兮,福之所倚;福兮,祸之所伏;孰知其极?其无正也?正复为奇,善复为妖"。祸中潜伏着福,福中潜伏着祸,祸福互相转化,没有穷极。老子还进一步把相反的事物抽象为"正""奇","奇复为正,正复为奇",这就包括一切现象了。按照这种观点,本章这五句反过来说就是:"全则曲,正则枉,盈则洼,新则敝,得则失。"其抽象意义就是一切事物必然会向自己的反面转化,然后又会向"反面"的反面转化。这一章没有明说,意在使人于其言中自己领会。所以老子得出结论说:"是以圣人抱一为天下式。"意即圣人对待上面这些相反的两方,都用"抱一为天下式"的理念去把握。"是以"即因此或所以。"抱一","抱"是胸怀、怀有;"一"是指道。此处说"抱一"而不说"抱道",乃在于强调突出道的整体这一特性。上文说一切事物必然会向自己的反面转化,然后又必然会向"反面"的反面转化。那么,"圣人"应该怎么对待呢?那就是"抱一为天下式"。"式"即标准、榜样。因为"道"体现了有和无的"抱一",所以观察和处理遇到的所有问题只有放在"抱一"的整体中去认识才能认识清楚,才能处理得好,不要执着一方,而排斥另一方。这就是道的应用。

"不自见故明;不自是故章;不自伐故有功;不自矜故长。夫唯不争,故天下莫能与之争。"从表面上看,这一段似乎是另起炉灶,与上段不衔接,而细味之,与上段还是紧密相连的,是具体地讲"抱一为天下式"的,都是说的避免走向自己的反面,但话是从反面说的。从反面说意义更深刻,而且更具有启发性。因为从正面说,往往会变成教条式的告诫,反而使人产生抗拒意识。"不自见故明。""见"读"现",显露显摆的意思。"故"为副词,表示在某种条件或情况下怎么样,当"就"或"便"讲。"明"是明智、清楚。这句话的意思是说:不到处显摆自己,就是明智。因为不显摆自己,就不会遭人嫉妒,不遭人嫉妒就不会产生负面作用。"不自是故章。""自是"就是唯我独尊,以为自己都是对的,容不下不同的意见,就像拿破仑一样,以为自己的字典里没有难字而刚愎自用。"章"同"彰",彰显的意思。这句话是说:不固执己见,就能彰显智慧。所以,当领导的人,千万不可"自是",要多听听别人的意见,把所有的智慧都集中起来,那自己的智慧就高了。"不自伐故有功。""伐"是夸耀、吹嘘,"功"是功业、业绩。这句是说:不自己吹嘘自己,就能成就功业。"不自矜故长。""矜"(jīn)是骄傲自满。"长"(zhǎng)是尊敬崇尚。这句话是说:不自傲自满,就能受人尊敬。"夫唯不争,故天下莫能与之争"是这一段的结论。"夫"是代词,代指"圣人"。"唯"是连词,表因果关系,当"因为""由于"讲。"争"是争夺,即争名、争利。"故"即所以。"莫"即没有人、没有谁。这句话是说:正因为圣人不争名争利,所以天下没有人能与他争。

"古之所谓'曲则全'者,岂虚言也哉!诚全而归之,常言自然。"这是全章的结论。"曲则全"是老子引用古人的话。"诚全而归之"是说"全"的重要,要真诚地归到"全"上去。也就是说,要归到"抱一"的整体认识中去,不要偏执。事物都有相反的两个方面,看到正面时要想到反面,看到反面时要想到正面,正面和反面不是"不可同世而立"的矛盾对立而是辩证的和谐,是"和而不同"。"常言自然。"高亨说:"常言者,永久不易之言也。言古之所谓曲则全者,非虚言也,乃其实能全,而以全归之,此永久不易之言,自然之事也。"这段话的意思是说:古人所说的"曲则全",难道是空话吗!(亦即这不是空话,不是空理论)归根结底是要保持大全而不走向反面,这是恒常不易之言,是自然而然的事理,亦即道的妙用。

第二十三章　飘风不冬朝

飘风不冬朝,骤雨不冬日。孰为此者?天地。天地为此尚不能久,而况于人乎?

故从事于道者,同于道;于德者,同于德;于天者,同与天。同于道者,道亦乐得之;同于德者,德亦乐得之;同于天者,天亦乐得之。

该章是运用"天人合一"的观点,并以自然界狂风暴雨并不能持久的事例为喻,说明遵道守德、持柔守弱的重要。

"飘风不冬朝,骤雨不冬日。""飘风",即今日所谓的旋风。《诗经·匪风》:"匪风飘兮",《毛传》:"回风为飘""回风"即旋风。"冬",《说文》:"冬,四时尽也。"冬即冻本字。假借为四时尽之称,亦借为终始之终,今通用终。"朝"(zhāo),早晨。《左传·僖公二十七年》杜预注:"终朝,自旦至食时也。""骤雨",即暴雨。"骤"是来得急、去得快。这句话是说:旋风没有刮一早晨的,暴雨没有下一整天的。"孰为此者?天地。天地为此尚不能久,而况于人乎?""孰",代词,表疑问,常带有选择之义,当"谁"讲。"为",动词,"使"的意思。"此",代词,代指飘风和骤雨。"况于",连词,表示进一层,相当于今日所说的"何况"。这两句话是说:谁使飘风、骤雨这样的?是天地。天地使飘风、骤雨都不能久,又何况人呢?这是老子借天道喻人道启示人们,人若如此,像飘风、骤雨那样行事也是不能长久的,所以不能违背道。因此,下面接着讲修道、从道的重要。

"故从事于道者,同于道;于德者,同于德;于天者,同于天。""故",连词,即"因此""所以"。"从",介词,表示经过的路线、场所,当"寻求"讲。"于",连词,表示联合,当"和"或"与"讲。这两句话的意思是说:所以,寻求道的人,要与道相同;寻求德的人,要与德相同;寻求天的人,要与天相同。这是讲一个修道人的进境。一个人如果真为道德而努力修养自己,那么,他就会天天有所进步,境界就会越来越高。同时也是在讲人事物理的同类相从的道理,即一个从事于修道的人,自然会与修道的人结合在一起,来做朋友。"德不孤,必有邻";"同于道者,道亦乐得之",就是这个意思。"之"字指代的是"同于道的人";"从事于道"的人既然同于道了,所以"道亦乐得之",两相靠拢,所以修道人就与道同体了。"同于德者,德亦乐德之;同于天者,天亦乐得之",都是从"同于道"、与道同体演绎出来的。德为道之用,"同于德者,德亦乐得之",是修道人与"德"同体,亦即与道的作用同体。"同于天者,天亦乐得之",是说与天同体的人,天也乐意得到他。第一段不是说"天地为此尚不能久"吗?怎么这里又说"同于天"呢?天地为飘风、骤雨为不常的暂时现象,"天地不仁"这才是天地之常情。所以与天同体,就是说得道之人要像天那样"不仁"。因为在老子的哲学体系中天的范畴仅次于道。

  本章是老子以天道喻人道,以自然况人事:既然天地所为的飘风、骤雨不能终朝终日,无法长久,那么人之非常行为乃至政治暴戾都将无法维持长久。由此,治理政事就不能违背"道",只有效法自然之"道"、自然之"德"、自然之"天",万事万物万民才能各得其所,各得其养,各得其生;只有同于"道"与"德","道"与"德"才会乐得之,才会帮助你。

第二十四章　企者不立

企者不立;跨者不行;自见者不明;自是者不章;自伐者无功;自矜者不长;其于道也,曰余食赘行,物或恶之,故有道者不处。是以圣人自知而不自见,自爱而不自贵,故去彼取此。

本章是衔接上两章的内涵,以非自然的企者、跨者同样不能久为例,反过来说,凡是自见、自是、自伐、自矜者,也必像飘风、骤雨、企者、跨者一样短暂而不能长久。

"企者不立,跨者不行。"什么是"企者不立"呢?"企",《说文》:"企,举踵也。"所谓举踵(zhǒng)就是提起脚后跟,用脚尖着地,以求不为高物遮蔽目光,望得远一点。因此,现在有"企望"一词。"者"是助词,嵌在某些词语的后面,组成者字结构,可解为……的(人、事、物)。"企者"就是踮起脚跟站立的人。平常人们很少提起脚跟来站立,只是在与人比高或偶然远望时,才这样做。如此站立,只能立几分钟,而且立不稳。"企者不立",不是说不能立,而是说立不稳、立不久。"跨者不行",段玉裁说:"跨为大其两股间以所有越也。"跨即跨大步。跨大步,只能三步两步,不能永久如此。所以说跨大步子走路是走不远的,如果你硬要跨大自己的步伐去行走,那是自取颠沛之道。老子是用这两个人生行动的现象来比喻事与愿违:本想提起脚跟来望得远些,结果立不稳;跨大步,本想走得快些,结果不能长久行路。这样正好领起下文,下文所说,皆属于事与愿违之类。

"自见者不明;自是者不章;自伐者无功;自矜者不长。"这四句与第二十二章的四句文反而义同,是从正面论述同一个道理。意思是:好表现自己,是不明智的;自以为是,固执己见,是不能彰显智慧的;自己吹嘘自己,是不能成就功业的;自傲自满惹人讨厌,是不会受人尊敬的。"其于道也,曰余食赘行,物或恶之,故有道者不处。""其与道也"即对于道来说。"其"为代词,代指上文的"自见""自是""自伐""自矜";"也"是语助词,用在句末,表示对某件事实的确认。"曰余食赘行","曰"在这里是叫作的意思。"余食",即弃余之食,就是要倒掉的发霉的剩饭。"赘行"即赘形,义即瘤子,是无用的、有害的。"物或恶之",是说这些东西是令人讨厌的。"物"是指"余食赘行"。"或"是代词,表示虚指,可代人、代事物。"恶(wù),"憎恨、讨厌。"之",语助词,当"的"字讲。"有道者不处",有道者不是指"入山唯恐不深,避世唯恐不远"的山林修道之士。老子所谓的有道者,既不是佛家的绝对出世,也不是儒家的必然入世,而是介于两者之间,是既可出世亦可入世的人。"不处"即不会这样做,不会以此自居。这几句话的意思是说:"自见""自是""自伐""自矜"这些行为,从道的观点来说,叫做变质的食物、身上的赘瘤,都是多余而有害的,是令人厌恶的。所以有道之人绝不会以此自居,绝不会这样去做。老子所说的这"四自""四不",从历史上看,凡是要立大功、建大业的人,只要犯此四个原则,就没有不失败的。如1911年辛亥革命成功以后,孙中山退位让国,由袁世凯来当"中华民国"第一任大总统。1912年3月,袁世凯宣布就任大总统后,听不进别人意见,坚持"自见""自是",走火入魔,硬要做皇帝,改元洪宪,结果仅83天就身败名裂。

"是以圣人自知而不自见,自爱而不自贵,故去彼取此"是这一章的结论。上文"其于道也……"是概括"有道者"绝不"自见""自是""自伐""自矜",这一句是再次概括前文"圣人自知而不自见",是照应"自见者不明,自是者不章"两句而得出的结论;"自爱而不自贵"是照应"自伐者无功,自矜者不长"两句而得出的结论。其间的逻辑联系是十分密切的。"故去彼取此","彼"指"自见、自贵","此"指"自知、自爱"。这是在重复一遍,以示突出。这两句话的意思是说:因此,圣人能自己认识自己,有自知之明而不自我表现,自己珍爱自己而不把自己看得比别人高贵;他总是抛弃后者而采取前者。这也就是说,把自己看得特别高贵、了不起,到处显摆自己,就会"自见""自是""自伐""自矜"。"自知""自爱",正是"自见""自是""自伐""自矜"的反面,所以要去彼取此。

这一章是进一步申论第二十二章第二段的道理,从"自见者不明;自是者不章,自伐者无功;自矜者不长"的辩证思想,得出"有道者不处""自知而不自见,自爱而不自贵"的行动结论。这个结论是合理的、可取的,给人们的启示也是非常深刻的。

第二十五章　有物混成

有物混成,先天地生。寂兮寥兮,独立而不改,周行而不殆,可以为天地母。吾不知其名,故强字之曰道,强为之名曰大。大曰逝,逝曰远,远曰返。

故道大,天大,地大,人亦大。域中有四大,而人居其一焉。人法地地,法天天,法道道,道法自然。

前面几章连续谈到道的妙用,是在日常生活中,是在种种为人应事的行为上。该章是又回转过来进一步说明"体用合一"的道理。

"有物混成,先天地生"的这个"物"字,并不等于我们今天所说的事物。古代"物"字的含义,等于现代口语所说的一个东西。这个东西,可指非物质的存在状况,如"力""能源""精神"等,也可代表物质的"物"。此处的"物"是道的代名词。"混成"即混融一体。也就是说,这个道的内涵,是物质与非物质混合而成的。之所以说混成一体,主要是突出道是一个统一的完整的和谐体,具有不可分割性,不可分割保持完整,才具有生命力。所以近代哲学家徐梵澄说:"混成,谓涌流长在者,即源源不断而生。""有物混成,先天地生"是说有这么一个混融一体的东西,在天地形成之前就存在着。"寂兮寥兮,独立而不改,周行而不殆,可以为天地母。""寂"是静,无声音;"寥"(liáo)是空,无形体。"不改"即不会改变自己。"殆"为"已"的假借字,停止的意思,"不殆"即永远不会止息,永远不会穷竭。"天地"在这里泛指物理世界。这句话的意思是说:这个东西清虚寂静,广阔无边,没有形象声色可寻,永远看不见、摸不着,它超越一切万有之外,悄然自立而永远不会改变自己;它循环往复地运行,永不止息;它是一切万有的根源。"吾不知其名,故强字之曰道,强为之名曰大。"老子说,我不知道它的名字(亦即它本来就没有名字),所以勉强给它起个字叫道,给它起个名叫大。这里的"其"字代指的是"物"即"道"。"名"和"字"不同,名是名称,字是在本名之外另取一个和本名意思有某种关系的名字。如老子名耳,字聃。"聃"就是耳长且大的意思。古代人是既有名又有字,且互相称用。老子沿用了这个习俗,"故强字之曰道,又强为之名曰大"。"大"即"道",是解说"道"广大无边,无所不包。"大曰逝,逝曰远,远曰反。"这是和"周行而不殆"相照应,进一步突出循环往复之义。三个"曰"字皆当"则"讲,"就"或"于是"的意思。"逝"是向四面八方伸展,等于说宇宙是无限的扩张。"远"是没有边界,四通八达,没有不及的地方。"返"是返归本源,返回自体。这三句话是说:道广大无边,于是运行不息;运行不息于是遥远;伸展遥远于是又返回本源。这也就是说,大就是逝,逝就是远,远就是返,最远的就是最近的,最后的就是最初的。

从以上老子对"道"的描述,我们可以体会到老子所说的"道"就是宇宙间一个无形无象而生生不已的中心动力。这个"中心动力"就是宇宙的本体。所谓本体,就是"万物始所从来,与其终所从入者"(亚里士多德《形而上学》)。但这个本体是无形无象的,所以很难给出个明确的定义。因此,老子就抽象地概括说,暂且称之为"道"。道是生命之源,我们每个人都离不开它,离开它生命将不复存在。这说明"道"既是体又是用,是"体用合一"的。所以老子接下来就由道体讲到道用,即人之用道。人如何用道?老子说"故道大,天大,地大,人亦大。域中有四大,而人居其一焉。人法地地,法天天,法道道,道法自然"。"域"是指广大的宇宙领域。《老子》中虽没"宇宙"这个词,但包举一切的意思还是有的。这里说的"域中有四大",用今语来说就是宇宙中有四大。"而人处其一焉",是说在这一无穷无尽的宇宙中,人的价值占了其中之一。"焉"是代词,代指在这"四件"事情上。在这"四件"事情上,道最大,其次是天、地、人。老子为什么把人与"道""天""地"同列为四大之一呢?这是因为人类的聪明才智,能够"参天地之化育",克服宇宙自然界对人类存在的不利因素,在天地间开演一套源远流长的历史文化,即人文精神。所以把人列为四大之一。既然人的地位这么重要、这么特殊,老子就接着告诉我们做人做事的法则,即"人法地地,法天天,法道道,道法自然"。然而,这几句通常的断句是"人法地,地法天,天法道,道法自然"。唯唐代李约《道德真经新注》断句作"人法地地,法天天,法道道,道法自然"。李约注说:"人者,法地、法天、法道之三自然妙理,而理天下也,故曰'人法地地,法天天,法道道,法自然'。言法上三大自然之妙理也。其义云'法地地',如地之无私载;'法天天',如天之无私覆;'法道道',如道之无私生而已矣。如君君,臣臣,父父,子子。"李约的断句及注释,是很有道理的。公木(原名张永年,我国著名诗人、教育家)的《老子校读》从李约句。公木说:"这四句一般读作'人法地,地法天,天法道,道法自然'。读得虽然顺口,含义似忒纡曲,人、地、天、道、自然,五者叠相法,实义云何,终觉不甚明了。莫如李约读法,义颖而莹也,前面说,'域中有四大,而人处其一焉,'重点转到'人',突出人并集中于'人'。人者,所谓体道之人,因此接着说'吾'如何体道,四句皆以人为主语,顺理成章。""法"在这里作动词用,效法、学习的意思。"人法地地",是说人之所以以地为法,地之所以为地,即地无私载。我们生命的成长,全赖大地的维持,吃的、穿的,所有一切日用所需无不得之于大地。而人类又将所不要的东西丢给大地,而大地竟无怨言,不但承担着一切万物,而且还生生不息地滋养着万物。《易经》中的"坤"卦也形容大地的伟大为"直",为"方",为"大",指出大地永远顺道而行,直道而行,包容一切,不改其德。我们效法大地,就是要效法这种大公无私、包容一切的伟大精神。"法天天",是说人之所以以天为法,天之所以为天,即天无私覆("覆"即覆盖)。天无私地运转,永远给人以光明。《易经》"乾"卦的卦辞说:"天行健,君子以自强不息。"我们效法天,就是要像天那样健在地前进,一分一秒绝不偷懒,时时刻刻向前开创,永远生气蓬勃,永远灵明活泼。"法道道",是说人之所以以道为法,道之所以为道,即"道法自然"。"自然",在这里是作状语用,而不是作名词用(即今天所说的自然界)。"自"是自己,"然"是如此。"自然"便是自己如此,即自成、自因、自本、自根。"道法自然"即道以自己如此自成、自因为法,而不横加干预,亦即"以持万物之自然而不敢为"[第二十九章(二)],"莫之命,而常自然(第五十一章)"。这里主要是突出道的"无为"这一特性,"法道道,道法自然",归根到底是说人要以道的品德为法,亦即没有私心,没有成见,全心全意地为人民服务,为社会贡献。

此章论的是道,是讲宇宙论的。老子对于道之体用的叙说,归纳起来有以下几个方面:

(一)道是雌雄一体的,是物质与精神的统一,是一个圆满自足的和谐体,对于现象界的杂、多而言,它是无限的完满、无限的整全。(二)道是一个绝对体,即西方哲学所说的"第一因",它本身不会随着运转的变动而消失。而现象界的一切事物都是相对的、变动的。(三)道是无声无形的。它不仅先于天地而存在,而且能量极大,生生不息,天地万物都是由它的自然功能分化而来。(四)道是循环运动的。它的运动终则有始,更新再始,犹如《易经》中的"未济"卦,永无止境。(五)我们人身便是一个小天地,胃就像大地,和胃相连的前面的管道便是长江,后面的便是黄河,其他别的器官,有的代表月亮,有的代表太阳,都在不停运动。人如果能在心理上让自己清静,不去干扰身体的各个器官及血液的循环,身体自然健康。如果脑子里的思想意识太多,只想占有一切,扰乱了体内原本合乎自然循环的运动法则,就会产生疾病,就会产生痛苦的感觉。假使懂了这个道理,自然明白如何修身,如何摄养生命。人"法地地,法天天"就是要人"少思寡欲",减少痛苦,"法道道,道法自然"就是要人以清静无为,以中和的态度去做人处事。

第二十六章　重为轻根

重为轻根；静为躁君。是以圣人冬日行，不离辎重。虽有荣观，宴处超然。奈何万乘之主，而以身轻于天下？轻则失根，躁则失君。

该章是承上章，对"人法地地，法道道"的引申说明。老子认为在"重"与"轻"、"静"与"躁"两个方面，"重"和"静"是主要的。并由此喻人道，要我们人生日用戒骄戒躁，以免招致祸灾。

"重为轻根，静为躁君。""重"是厚重、分量大；"轻"即轻率、轻浮。"静"是平静、不动；"躁"即急躁、不安。"君"在这里是主宰的意思。如《荀子·解蔽》："心者，形之君也。""为"在这里表示判断，当"是"讲。这句话是说：厚重是轻浮的根基；平静是躁动的主宰。重和轻、静与躁是世界万物中相对的两种现象，但在这里，老子偏重于"重"和"静"。他认为重是轻的根基，轻是由重决定的，如果只重视轻而忽略重，就会失去根基，失去根基，轻就无法维持。这是大地给予的启示：地球如果没有重力，我们就无法站稳脚跟，无法进食，生命的延续就不可能。静和躁也是同理。所以现在有句成语叫"沉着冷静"。人们做事稳重，遇事冷静就会把事情处理好，反之就有可能使事业败广。如五代时期的南唐后主李煜，史书上说他是"为人仁孝，善著文，工书画"，特别是在诗词歌赋方面很有造诣。但他"性骄侈，好声色，又喜浮屠，为高谈，不恤政事"，既轻浮又不沉静，以致敌人兵临城下时还蒙在鼓里，后来被赵匡胤俘虏毒杀。他被俘后，赵匡胤说："李煜如果把作诗的工夫拿出来专心搞政治，也未必为我所擒。"

"是以圣人冬日行，不离辎重。"这是由"重为轻根，静为躁君"所得出的结论。意思是：有道之人，为人处事，时时刻刻都保持着沉稳与沉静。"辎重"本意是指古代军中载军需物资的车辆,在作战中,轻车出击,重车随后,如果轻车脱离重车太远是非常危险的,所以孙子说"军无辎重则亡"(《孙子兵法·军事篇》)。现代成语"轻举妄动"语源盖出于此。这里老子是借用军中载军需物资的重车来说明人要效法大地的准则。我们生命立足点的大地,负载着一切万有之物,终日行而毫无怨言,不但不向人们和万物索取,而且还给所有生物以生命的滋养。所以人也应该有这种负重载物的精神,尤其是当领导人的,更应该有为老百姓挑起一切重担的心愿,不可一日或离了这种负重致远的责任,只有如此担当,才是与道相合的圣明之君。"虽有荣观,宴处超然。""荣观",指华丽的生活。"荣",荣华、高大。"观"(guàn),台观、楼观。"宴处",安居。宋林希逸注:"宴,安也;处,居也"(《老子口义》)。"超然",指不陷在"荣观""宴处"里面,具有超乎物外、超脱自我的境界。这是效法道的精神。这句话的意思是说:倘使你能做到功在天下国家、万民载德的地位,有了荣华富贵,但真正有道之人,却仍然安居泰然而超乎物外,不改本来的朴素,该做什么还是照常去做。老子在这里讲"宴处超然",孔子则讲"富贵于我如浮云"。"奈何万乘之主,而以身轻天下?轻则失根,躁则失君。""奈何",代词,表示反问,当"怎么""为什么"讲。"万乘之主",指大国的君主。"乘"(shèng)是车数。古代"国家"的大小,是以拥有兵车的多少来计的,拥有兵车万辆的就是大国。"以身轻天下",即把治身看得比治天下还轻。这说明治国要先治身,治身是本,为重;治国为末,为轻。如果自身不正,多欲多事,贪于安乐,骄奢淫逸,就会失去为君的根本,就不可能领导好一个国家。"轻则失根,躁则失君。"这是与"重为轻根,静为躁君"相呼应,从反面突出本章的主旨。这两句话的意思是说:为什么那些大国的君主,把治身看得比治天下还轻呢!你要懂得:轻视治身就会失去根本,性情急躁就会失去主宰。这里也是在暗示遵道的重要。道是一切生命的本根,为重;其他都是枝叶,为轻。只要遵道、守道,就没办不好的事情。

总之,读了本章可以给我们两点启发:

一是立身处事要以持重为本。所谓持重就是谨慎稳重,始终不脱离带有根本性、基础性、关键性的东西,力戒轻率、轻举妄动,离开赖以立身和发展的基础。只有这样,立身才能稳固,事业才能成功,否则就要为外物所制而陷于被动。如堪称书画高手的宋徽宗赵佶"骄奢淫逸,玩物而丧志,纵欲而败度"、"崇饰游观,困竭民力"、"疏斥正士,狎近讦谀"、"怠弃国正,日行无稽",以致酿成方腊、宋江等领导的民变。靖康二年(1127年)被金兵俘虏,后死于五国城(今黑龙江依兰)。赵匡胤的十世孙南宋理宗、十一世孙度宗更是有过之而无不及。他们"嗜欲甚多"、"虚谈经筵"、"怠于政事"、"拱手权奸",让奸臣贾似道"执国令",以至"衰蔽浸甚",造成亡国之势。到度宗的下一代就灭亡了。立身乃国君之重,离重而从轻,怎能不丧身亡国。

　　二是要学会以静制动。老子认为静是万物的本性,万物生发于静。"夫物芸芸,各归其根。归根曰静,静曰复命,复命曰常。知常曰明,不知常,妄作凶。"对于人事来说,静不是裹足不前、无所作为,而是沉着冷静,静观事态的变化,保留足够的余地,等待有利时机,伺机而动。如果急躁冲动,任性使气,很容易盲目蛮干,丧失取得成功的主动权和机会,陷于被动,遭受失败,甚至难以存身。三国时期的刘备、关羽、张飞既是君臣,又是结义兄弟,可谓一世豪杰。建安二十四年,刘备从曹操手里夺得汉中,自称汉中王,还师成都,拜相封将,形势大好。关羽争功心切,擅自发动了襄樊战争,不顾荆州空虚,把兵调往襄樊,战争开始非常顺利,水淹七军,降于禁,斩庞德,天下震惊。但是没有料到东吴夺取荆州蓄谋已久,乘虚打劫。吴军统帅吕蒙派兵白衣渡江,偷袭荆州所在地南郡,结果魏将徐晃趁机反攻,解救樊城,关羽不但失去了蜀汉最重要的军事重镇荆州,而且夜走麦城,最后被吴军所杀。关羽被杀后,刘备报仇心切感情用事,决定伐吴。诸葛亮曾劝他不要忘了联吴抗魏、三分天下的大计。赵云也曾反对说:"当前我们最主要的敌人是曹操,而不是孙权。如果我们灭了魏,吴自然会来降服。现在曹操刚死,曹丕篡夺了帝位,我们正好利用这个有利时机,团结大家,趁早占领关中,控制黄河、渭水的上游,讨伐曹魏。这样名正言顺,我们一定会得到关东人民的响应。我们不应该先同东吴交战,战火一经点燃,就会蔓延下去,很难收拾。这不是上策。"但刘备听不进去。当时孙权也不愿再扩大两国的纠纷,曾两次派使者去求和,但都被刘备拒绝了。东吴的太守诸葛瑾也写信给刘备,信中明确指出:"从君臣的关系上讲,你应该亲关羽呢?还是更亲先帝(指汉献帝)?从地域上讲是荆州大呢?还是整个中国大?魏和吴都是你的敌国,你应该先对付哪一个?请你仔细考虑一下。"刘备仍不听劝阻,贸然举兵伐吴,结果一败涂地。这一战蜀国元气大伤,诸葛亮统一天下的大计也成了梦想,刘备不久后就病死在白帝城。张飞也因为急于报仇,嫌赶做白盔白甲太慢,酒后鞭挞裁缝,后来被两个裁缝暗杀。如果他们能够理智和冷静一些,听从别人的意见,从长计议,谨慎从事,绝不会落得如此下场。

第二十七章　善行者无辙迹

善行者无辙迹；善言者无瑕谪；善数者不用筹策；善闭者无关楗而不可开；善结者无绳约而不可解。

上章讲到，如果万乘之主不以身轻天下，就必须具有"终日行不离辎重"的社会责任感，必须具有"虽有荣观，宴处超然"的自处与处世之道。那么，如何做才是这种"内圣外王"的最高境界呢？本章就是一个最好的说明。

"善行者无辙迹。""善"，擅长、善于；"辙迹"，车辆在泥土地上行走，车轮碾过后留下的痕迹。这句是说：一个真正行善的人，他所做的好事，完全不着痕迹，你绝看不出他的善行所在。几千年来，中国文化非常重视"积阴德"。一个有道之人，为善不欲人知，是因为他不求名、不图利，更不望回报，如果做了一点事情就大肆宣扬，那就与传统文化的精神相差太多了。所以真正为善的人，不像车辆行过道路一样留下痕迹。如果有痕迹，就等于自挂招牌，标明去向或宣扬行迹了。"道"本来是无形无为的，如果显露出有形有为，就如同车过留痕，亦有行迹可循，已非真善了。"善言者无瑕谪。""瑕谪"（xiá zhé），本意是指玉上的斑痕，这里是指毛病、缺点。这是说真正善于说话的人，毫无瑕疵，没有一点毛病可以挑剔，没有一点可责难的地方，随便那一句都合情合理。"善数者不用筹策"。"数"是计算；"筹策"即古代计算物数时所用的竹片，相当于现在所谓的"筹码"。这句是说：真正会算数的人，不用筹码就能算出来。这种算就是"心算"，精于心算的人比用筹码还快。现代发现，有的超常儿童，心算速度竟然超过电子计算器。20世纪80年代初，11岁的申克功在杭州参加了中国珠算协会理事会，并进行了5场精彩的心算表演，他心算的183道题，除两道没有现场验证外，都精确无误，大部分速度超过袖珍计算器。当然，这是特殊情况，是极少数，所以叫作"超常"。一般而论，数目字太大了，心算就比较慢了。所以发明了筹数,后来又进而发明了珠算。老子说"善数者不用筹策",实际上还是用来比喻有道之人做事不刻意追求有形有为,而贵无形无为。"善闭者无关楗而不可开。""关楗",即锁门的栓销,横者叫"关",竖着叫"楗"。用锁把门锁住,不算善闭,如果用密码锁把门关闭,使人打不开,那用密码就能打开。真正打不开的东西,是没有关楗的。什么东西打不开呢?虚空。因为他没有开关。能把虚空的奥秘打开,才是大学问。但直到现在也没有人能打开。有些科学家,例如爱因斯坦,想打开宇宙的奥秘,可是他未来得及打开就去世了。如果真能找到宇宙这个奥秘,那整个人类文化就要改观。所以,现任中国科学院院长白春礼说:"在宇宙演化、物质结构、意识本质等一些基本问题上,孕育着新的突破,揭开暗物质、暗能量之谜,是人类认识宇宙的又一次重大飞跃,将引发新的物理学革命。"(《光明日报》2013年1月21日第5版)所以老子说,善闭者(虚空的宇宙),虽然没有锁,还是打不开。"善结者无绳约而不可解。"绳约即绳索,合之成体为"绳",用之束物为"约"。这是说真正会打结的人,不用绳子捆,谁也解不开。那这个结是什么呢?那就是"心结",只有心结才能把你捆得牢牢的。所以人的信仰很重要。老子这句话也等于说信道的重要。

在该章,老子用这"五个善"是想确立一种"要妙"、一种"精神",即世上的很多事情(物)是无法(也无有必要)一定作如此对应、如此确定的,就如车轮与辙、筹策与数、关楗与门、绳约与结并非一定对应如此确定一样,世上的很多事情(物)也并非是能刻意追求、有意作为就能做到的。刻意追求、有意作为大概只能"追求"到事物的一面,"作为"成事物的一部分,"无为"反能"无不为"。正因为这样,所以老子在"无为"思想的基础上,认为具有上述精神境界的人就能做到"善行无辙迹,善言无瑕谪,善数者不用筹策,善闭者无关楗,善结者无绳约",这就像下棋一样,所下的每一步棋,并非一定要在下子时就在这个空间确定地位、即在这个时间立见成效,他所取的是大势,他所用的是大用,不求简单的因果关系不求线性的一因一果,一轮一辙,一门一闩,一绳一结……正因为这样(非线性,非一一对应),才具有这种"精神"的妙用。先秦时的孟尝君不因盗狗之士、捕鼠之人、鸡鸣之客而弃置不养,他是无所不容,无所不包,无所不养;他养士不求立即回报而广大悉备,他知道说不定哪一天会派上这些人的用处而随时成务,果真时值过关,恰用鸡鸣之客。这大概就是上述"精神"的具体运用吧!

第二十八章　知其雄

知其雄,守其雌,为天下谿。为天下谿,常德不离,复归于婴儿。

知其荣,守其辱,为天下谷。为天下谷,常德乃足,复归于朴。

知其白,守其黑,为天下式。为天下式,常德不忒,复归于无极。

从此章到第三十一章,是讲出世与入世的辩证哲学,亦即"道"的用,并涉及政治、军事等方面。在本章中,老子以雄雌、荣辱、白黑等相对事物为例,说明"柔弱"的重要性,要人取雌、取辱、取黑,以谦虚卑下的态度对待人生。

"知其雄,守其雌,为天下谿。为天下谿,常德不离,复归于婴儿。""其",副词,用在句中,无实意,起调整音节的作用。"雄",刚强。"雌",温柔。老子以雄表好动、好上、好刚之德,以雌表好静、好下、好柔之德。"谿"同"溪",山间的水沟、溪流。这是以"谿"喻指卑下的地位。"常德"即人固有的品德,亦即道的品德。因为道常处于"静"和"柔"的状态。"复归于婴儿"即回归到婴儿的状态。"婴儿"是刚满月或一周岁以下的孩子。他还未受到外界环境的侵染,没有主观成见,一切自然而天真。《老子》第十章说"能婴儿乎",第二十章说"如婴儿之未孩",第五十五章说"含德之厚,比于赤子",赤子也就是婴儿。老子认为只有混沌天真的婴儿,才具与道相统一的最佳品德。这句话的意思是说:虽然深知雄的特性,而保持雌的特性,甘愿做天下的溪流。能像卑下的溪那样容纳山上流下来的水,与道相一致的德就不会分开,就复归于婴儿的状态了。老子在这里以雌为喻,以溪为喻,以婴儿为喻,都是说人的品德修养和处世原则,要卑下,要无为。

"知其荣,守其辱,为天下谷。为天下谷,常德乃足,复归于朴。""荣"即光荣、荣耀;"辱"即受辱、侮辱。大家做人做事都想出名,都知道光荣好,但光荣的背后就是不光荣,就会遭到别人的嫉妒、攻击或毁谤。这个"辱"就是喻指即便是有了荣誉、有了地位,也要保持平凡,不要到处炫耀,否则就会受辱。"谷"即两山夹峙的狭长通道,空灵无物,这是用来比喻人心的空虚。"朴",质朴、淳朴。这句话的意思是说:虽然深知光荣是好,但有了荣誉而不去炫耀(以免遭辱),像是山谷那样空无一物。这样,与道相一致的德就充足了,就回归到原始本初的淳朴了。

"知其白,守其黑,为天下式。为天下式,常德不忒,复归于无极。"伪河上公注说:"白以喻昭昭,黑以喻默默。人虽自知昭昭明达,当复守之以默默,如暗昧无所可。如是则可以为天下法式,则其德常在。""式",标准、样式。"忒"(tè),差错、差失。"无极",无穷无尽,这里指道。这句话的意思是说:虽然明白昭达是好,而不事事都明察秋毫,条分缕析,非弄个明明白白不可,把这作为为人处世的法式(亦即有时候该装糊涂的要装糊涂),这样,与道相一致的德就不会有差失了,就复归于道了,回归于道,就能立于不败之地。

本章突出地反映了老子"出世与入世"即人之守道、用道的哲学思想。陈鼓应《老子今注今译》就此章解释说:"知雄守雌,在雄雌的对待中,对于'雄'的一面有透彻的了解,而后处于'雌'的一方。'守雌'的'守',自然不是退缩或回避,而是含有主宰性在里面,它不仅执持'雌'的一面,也可以运用'雄'的一方。因而,'知雄守雌'实为居于最恰切妥当的地方而对于全面情况的掌握。严复说:'今之用老者,只知有后一句,不知其命脉在前一句也。'这句话说得很对,老子不仅'守雌',而且'知雄'。'守雌'含有持静、处后、守柔的意思,同时也含有内收、凝敛、含藏的意义。"对老子这一辩证思想运用比较好的要数三国时期的刘备。建安三年,刘备被吕布打败,在不得已的情况下投靠了曹操。曹操表奏汉献帝,封刘备为左将军,让刘备留在许都。刘备表面上得了官,实际上无权无势,时时处处受到曹操的控制,深为自己的壮志难酬而苦恼,但为了实现自己的目标,还是忍气吞声,每日在府邸的院子里种菜。时间长了,曹操觉得刘备胸无大志,就渐渐对他失去了戒心。一天,刘备与曹操闲坐,军兵报告袁术欲弃淮南而投河北。刘备听后暗想：曹欲灭袁术已经久矣，我何不借此逃离许都呢？于是就对曹操说："袁术北上必定经过徐州，我打算率一批人马在半路截击他，置袁术于死地。"曹操犹豫了一下说："明日奏请天子后再起兵吧！"第二天，刘备恐曹操中途变卦，亲自奏请献帝，要求率兵讨伐袁术。献帝应允后曹操令刘备总督五千兵马出兵。刘备回府后连夜收拾鞍马，挂上将军印，催促关羽、张飞立即启程。关张问他为何仓促启程，刘备答道："我在许都乃笼中之鸟，网中之鱼。这次出征乃鱼入大海、鸟上青霄，再也不受笼网的羁绊了。"关、张听完如梦初醒，随刘备率兵疾行而去。刘备刚出许都，谋士郭嘉就得到了消息，他向曹操进言："丞相为何遣刘备去讨袁术？刘备一去可就不复还了。此乃放龙入海、纵虎归山啊！"曹操于是后悔，急令许褚率五百精兵去截回刘备。刘备在出师前为防止曹操变卦，不仅得到了曹操的将令，而且在汉献帝那里得到了圣旨。此刻许褚前来拦截，刘备三言两语，便把许褚说得无言以对。许褚无奈，只好率众回许都向曹操复命。刘备这一走，便如笼中之鸟重返山林。此后，他招兵买马，礼贤下士，请诸葛亮出山，联合东吴，在赤壁大战中大败曹操。后来曹操每每想起刘备的出走便嗟然长叹，悔之不已。

第二十九章（一） 将欲取天下

将欲取天下，而为之者，吾见其不得已。夫天下，神器也，不可为也，不可执也。为者败之，执者失之。

是以圣人无为故无败，无执故无失。人之从事，常于几成而败之。慎终如始，则无败事。

在中国古代历史哲学中，儒道两家的思想是一致的，他们对于尧舜时代的政治制度都是很尊崇的。因为尧舜，乃至尧舜以前的皇帝，都是公天下的帝王，他们都是真正为大众服务的。随着时代的前行，这种制度、这种观念就会有所改变。因为随着生产的发展，人的欲望越来越高，私心越来越重，私心一旦提高，政治就变为家天下的制度了。老子在本章中，所讲的就是上古文化"公天下"的制度，即"无为而治"的思想。

"将欲取天下，而为之者，吾见其不得已。""将""欲"在这里都是助动词，表示做某事的意志，当"要""想"讲。"取"是割下、占有的意思。"而"是连词，当"把"讲。"其"为代词，代指想要取天下的人。"不得已"即达不到、得不到。"已"是语气词。这句话是说：一个人要想夺取天下，把它占为己有，以我看来，他是不可能得到的。为什么？因为"夫天下，神器也，不可为也，不可执也。为者败之，执者失之"。"夫天下，神器也"是说天下即神器，不是说"天下之神器"或"天下""神器"为两事。"夫"，代词，代指人或事物。"夫天下"即指天下人。"神器"，新版《辞源》"神器"条第一义项说："人为万物之灵，故称人为神器。""神器"亦指祭神之器，也称礼器，神圣不可犯。"不可为也"，"可"，助词，当"能"字讲，"为"当"有"讲；"不可执也"，"执"是把持，亦即占有之意。这句话是说：天下人即神器，是不能强力去占有的，是不能强力加以把持的。如果强力占有，就会坏事；如果强力把持,就会失去。像德国的希特勒想要吞并整个世界,最后还是失败了。中国的袁世凯与孙中山争总统,孙中山不跟他争,让给了他。可袁世凯当总统后不以"天下为公",而是以私欲为出发点,为个人的英雄思想而号令天下,复辟称帝,结果还是成为泡影,以失败告终。这说明,越是私心自用,得到快,失去也快。所以对于什么东西都不可"为""执"过分。这是老子拿历史哲学来讲的。接着老子又讲了一个大哲学原理,也是做人做事的一个大原则。

"是以圣人无为故无败,无执故无失。"这里的"无为"即第三章所说的"为无为",本章下面所说的"以持万物之自然而不敢为"。因为物理世界的万事万物随时都在变化,你要知道应变、通变,即配合变去变("为无为"),不可固执成见,冒昧去为。如果不遵循规律,贸然去为,就会失败。如孟子所讲的"揠苗助长"的故事:说宋国有一个种田的人,种下种子之后,天天去看,总感觉不到禾苗在长,心里很急,干脆帮忙把禾苗拔高一点。禾苗被他这么一拔,结果全死掉了。这个故事说明,天道自然是不以人的意志为转移的,人如强为执着妄为,就会受到天道自然的惩罚,人类历史上的许多灾难都是由于人过分执着妄为而造成的。所以魏源说:"物各有其自然性,岂可作为以害之……物有固然,不可强为;事有适当,不可复过。"(《老子本义》)这句中的四个"无"字都是表否定,当"不"字讲。"故"是副词,表示在某种条件或情况下怎么样,当"就"或"便"讲。这句话的意思是说:有道之人懂得"为者败之,执者失之"的道理,所以一切顺应自然,不强作妄为,因此就不会败事;懂得宇宙万物都在随时变化,所以不固执成见,不把持一切,而是通常达变,因此就不会有所失。老子在讲了这个人生大哲学以后,又告诉我们说:"人之从事,常于几成而败之。慎终如始,则无败事。"这里的"几"是"几乎"的意思。如果往深一层讲,可以当成"先机","先机"就是"兆头",就是说一切事物的成败,常有些前后相关的现象,当你动作的时候,它已经有象了,你自己没有智慧,是看不出来的,因此没有把握住那个"先机",结果失败了。这两句话的意思就是说:人们做事,常常开始谨慎或开始的愿望都是好的,都是为大众的,是符合于道;但在获得相当成功之后,便骄傲自满起来,忘了初心,胡作非为,结果失败了。如果和开始一样,永葆原初的那种心境,就不会失败,就永远是进步的。

"慎终如始,则无败事"可谓是一句至理名言。许多事实证明,人们做事在接近成功时的失败,都是因为不能"慎终如始"造成的。如明末李自成起义,开始时由于官兵一致,礼贤下士,纪律严明,爱护百姓,实行五年不纳粮和均田济贫等亲民惠民政策,所以深得民心,队伍迅速壮大,军事上如火如荼,势如破竹,八九年时间就消灭了明军主力,攻入了明朝首都北京,并建立了"大顺"政权。但入京后,李自成就产生了骄傲情绪,猜忌并排斥李岩等贤人。将官也经不起都市繁华生活的诱惑,日趋骄奢淫逸,鹜声色,贪财货,分居前明官宦住宅,向明官追饷,甚至霸占明官妻妾。士卒也各身怀重货,无有斗志,军心涣散,纪律松懈。吴三桂就是听说自己在北京的家属被拘才反叛的。他在绝望的情况下,沟通清军南下,打败了李自成,最后李自成兵败自杀。一场轰轰烈烈的农民起义就这样被断送了。著名史学家郭沫若曾就这段历史写了一本名为《甲申三百年祭》的书,1945年,毛泽东曾指示印发参加整风的干部学习,要求全党接受李自成的教训。在中共七届二中全会上,毛泽东又反复强调"全党务必保持谦虚谨慎、戒骄戒躁的作风;务必保持艰苦奋斗的作风"。在进京时,他又告诫中共高层领导,进京赶考要争取合格,不能做李自成。中国共产党之所以能够取得革命的胜利,最终夺取政权并巩固政权,重要原因之一就是能够慎终如始。

第二十九章（二） 夫物或行或随

夫物或行或随，或炅或吹，或强或羸，或接或堕。是以圣人去甚，去太，去奢。

是以圣人欲不欲，不贵难得之货；学不学，复众人之过；以恃万物之自然，而不敢为。

老子认为，世界上的任何事物都是相对的，有正面，就有反面；有肯定，就有否定；有支持，就有反对，这两方面都应看到。如果要避免走向反面，就必须依道而行。

"夫物或行或随，或炅或吹，或强或羸，或接或堕。"这是讲宇宙物理的相对法则。"夫"是语气词，表示要发议论，带有"我们须知""众所周知"的意味。"物"指事物、人物。"或"，代词，表示虚指，当"有的""有些"讲。"行""随"，即先、后。"炅"（jiǒng）为热，如《素问·举痛论》："寒气客于经脉之中，与炅气相薄，则脉满，满则痛不可按。""吹"即寒，今日民间还有这个用法：小孩吃饭，饭热，大人怕烫着，笼口急吹，使凉。《老子》此处是借"吹"为寒，不用"寒"字而用"吹"字，乃是为了押韵。"强"是强壮；"羸"（léi）是衰弱，《国语·周语》韦昭注："羸，弱也。""接"，通"捷"，胜利、成功之义；"堕"，毁坏、败亡的意思。这四句话是说：一切事物有的先进有的落后，有的炎热有的寒冷，有的强壮有的衰弱，有的胜利有的失败。老子认为，这两种现象都属于两个极端，不可取。因此，接下来便说："是以圣人去甚，去太，去奢。""甚""太"（同泰）"奢"三字均含有极端、过分、过盛之义。这正如元代理学家吴澄解释的那样："凡过盛必衰，衰之亡之渐也。惟不使之过盛，则可以不衰，而又何有于亡。甚也，泰也，奢也，极盛之时也。去甚者欲其常如微之时，去泰者欲其常如约之时，去奢者欲其常如俭之时，能不过盛,则可以使天下不亡矣。"(《道德真经注》)老子主张"去甚,去泰,去奢",就是告诉我们做事要取中道,不能走极端,走极端即太过分了,就会走向反面。

人之所以不守戒律而走极端,往往是同私欲相联系的。所以老子接下来又讲去欲的问题。他说:"是以圣人欲不欲,不贵难得之货;学不学,复众人之过;以恃万物之自然,而不敢为。""欲不欲",就是以不欲为欲,以消除心中意识上的欲望为欲望。其实这是个大欲望。一个人真能修到"无欲"即到了无欲的境界,一切无所求,那不就是个大欲望吗?"不贵难得之货",即不把物质看得特别重要。如果以为有钱就能享受,那只是想象罢了;穷人没有钱,不也过得很自在吗?所以精神是第一位的。"学不学",就是以不学为学,以达到最高境界即"道"的境界为学。达到"道"的境界,了解了宇宙的真相,学问已经到顶,最高最高了,不需要再有学的位阶了。最高处也是最平凡处,最平凡处也是最高处。所以,真正有学问的人好像"不学"——没有学问,大智若愚。"复众人之过","复"是反,即"反众人之过"。众人都是欲胜、欲强,而有道之人所走的路线与众人不同,取的是中道(即又不笨又不聪明得过分)。"以恃万物之自然,而不敢为。"这是讲做学问修养所达到的境界,即第三章所说的"为无为"。"以",连词,当"就"讲。"恃"(shì)即依赖、依仗。"敢"是冒昧的意思。这段话的意思是说:人们走极端往往是同欲望相联系的。因此,圣人以取消欲望为欲望,不重物质的享受,而重精神的升华;做学问修养就是为了达到最高境界(即"为无为"),达到了最高境界,便能"复众人之过",即不做得过分,非常平凡。这样,就可达到依仗万物自得天性自成长而不冒昧行事的理想了。

该章主张"去甚,去泰,去奢",反对过度、走极端,而又把克服过度同克服私欲联系起来,从其抽象意义来说,是非常合理的。实践告诉我们,片面性、绝对化的思想方法和思想意识上的私心,往往是密切联系的。可见老子的观察和思索是很深刻的。

第三十章　以道佐人主者

以道佐人主者,不以兵强于天下。其事好还:师之所处,楚棘生焉;大战之后,必有凶年。

故善者,果而已矣,不敢以取强焉。果而勿骄,果而勿矜,果而勿伐,果而不得已,是谓果而不强。

物壮则老,是谓不道,不道蚤已。

该章承上章"圣人去甚,去泰,去奢"之旨,说明用"道"来辅佐君主的人不要靠战争逞强于天下的道理,从而表明了老子的军事战争观。

"以道佐人主者,不以兵强于天下。""以",介词,当"用"或"靠""凭"讲。"佐",辅助的意思。这句话是说:用道来辅佐君主的人,不要靠武力在天下逞强。春秋时期,周室衰微,诸侯各自为政,一些强国都想争夺天下。于是出现了一批主张以兵强天下的谋士和兵家,他们辅佐本国君主,扩军强兵,以种种借口,频繁发动战争,侵略别的国家,攻城略地,强食弱小,千方百计扩大本国的版图。古人说"春秋无义战",就是说在那个时候的战争大都是非正义的战争,战争的目的都是为了扩张。所以老子针对性地指出,"以道佐人主者,不以兵强于天下"。但老子并不是反对军事,他所说的"强",只是加强自己国家的国防建设,保护人民生活的安全。如果想要侵略别人,便会失败。如发动第二次世界大战的德国和日本,就违反了老子所说的"不以兵强于天下"的这个军事哲学原则,所以最终失败了。老子之所以不主张战争,是因为"其事好还:师之所处,楚棘生焉;大战之后,必有凶年"。"其事好还"的"其"是代词,代指战争这件事。"好还","好"有"甚"义,今俗语把"甚远"还说成"好远";"还"读"悬"(xuán),有危险之义,也有迅速、立即之义。今中原一代还有好悬一语。"其事好悬",就是说战争是很危险的,对人类生活的破坏也是很快的。所以下面接着就讲战争的危害。"师之所处,楚棘生焉","师"是指军队;"处"是处所,即战争的地方。"楚棘","楚"即"荆"(jīng),即红荆,灌木;"棘"(jí),俗称棘果子,即未长成的丛生的小酸枣树。荒地生荆棘,现在还有句成语,称开荒叫"披荆斩棘"。那老子为什么用"楚"不用"荆"呢?郭沫若说:"荆是楚以外的人对于楚国的恶名,楚人自己是绝不称荆的。"(《历史人物》)韩非利用楚国资料写的《和氏》一文,把"荆山"也称为"楚山"。老子是楚国人,自应用楚语。"师之所处,荆棘生焉",就是说:只要战场在那里,那个地方就要遭到破坏,所有的庄稼及房屋顷刻就被毁灭了,人们流离失所,家园变成了荒地。"大战之后,必有凶年",即大规模的战争之后,一定会有大的灾害。"必",副词,表确定,当"一定""必定"讲。"凶",灾害。"凶年"即大灾之年。战争之后的战场会成为瘟疫流行的地方,有时还会并发干旱、洪涝等灾害。所以,真正懂得军事的人,都不敢轻言战争,都不敢贸然发动战争。这不是因为胆小怕战,而是由于仁慈,不愿也不忍看到战争带来的悲惨后果。老子在讲了战争的危害之后,接着就阐发他的军事战争观。

"故善者,果而已矣,不敢以取强焉。果而勿骄,果而勿矜,果而勿伐,果而不得已,是谓果而不强。""善者",即善于对待战争的人或高明的军事领导人。"果而已",高亨解释说:"《左传·宣公二年》:'杀敌为果。'《尔雅·释诂》:'果,胜也。''果而已'犹云胜而止也。""果而勿骄,果而勿矜,果而勿伐,果而不得已,是谓果而不强"是进一步解释"善者果而已矣,不敢以取强"的。"勿"(wù),副词,表示禁止或劝阻,当"不要"或"别"讲。"矜",夸耀、炫耀。"伐",进攻、征战。这段话的意思是说:所以善于用兵的人,在做防卫战争时,胜利了就停止,绝不冒昧以自己的兵力去逞强。胜利了不骄傲,胜利了不炫耀,胜利了不再征伐别人,战争的胜利是不得已而为之,这就叫作胜利了而不以兵逞强。"果而不强"与第三十一章联系起来看,包含着只是抗御侵略而不要侵略别国的意思。所以老子下面总结说:

"物壮则老,是谓不道,不道蚤已。""物壮则老"的"则"字,高亨说:"则当读为贼。则字从'刀'从'贝',乃古贼字,害也。""蚤"(zǎo)通"早",先秦古书多假"蚤"为早。"早已",即及早结束,亦有早亡之义。这句话的意思是说:强壮的贼害老弱的,这是不合乎道的,不合乎道必定很快衰亡。

该章是老子哲学在军事上的应用,而不是专讲军事学的。所以老子主张,用兵之道不是为了战争,而是为了保卫国家、人民安全及政治稳定。一旦发生战争,必须用兵时,也要遵循大道的原则:不过分用兵逞强,只要达到保全自身利益的目的就行了,即便是胜利了,也不要骄傲,也不要炫耀,也不要去进一步侵略别人,因为这样做不仅会引起别人的嫉恨,还会使自己放松警惕,放纵腐化,使已取得的胜利化为乌有,导致失败。所以做任何事情都要追求一个合理的度,如果过度了就会走向自己的反面。

第三十一章　夫唯兵者

夫唯兵者,不祥之器,不得已而用之。

故胜而不美。若美,必乐之。乐之者,是乐杀人也。夫乐杀人者,不可以得志于天下矣。

杀人众多,则以悲哀莅之;战胜者,则以丧礼处之。

该章是接着上章的军事哲学再加以引申。上章老子讲到"果而勿骄,果而勿伐,是谓果而不强"。此章老子进而指出,即使出于不得已而用兵,也应恬淡为上,不可将战争当作一件美事。如果将战争当作美事,就必然以战争为乐,以杀人为乐,这是非常不人道的。

"夫唯兵者,不祥之器,不得已而用之。""夫唯"是发语词连用。"兵",指兵器,即现在所说的武器,亦指战争。因为战争所使用的兵器是会杀死很多人的,所以说是不吉祥的。比如现在的核武器,杀起人来会更快,一瞬间可以毁灭人类一半人口,这就是"兵者不祥之器"。老子这句话就是说,兵器(军事)是不吉祥的,只有在不得已的时候才使用它。

"故胜而不美。若美,必乐之。乐之者,是乐杀人也。夫乐杀人者,不可以得志于天下矣。"这是承"夫唯兵者,不祥之器,不得已而用之"而言。正因为"兵"为"不祥之器","不得已而用之",所以在"用之"时,"胜而不美",即使打了胜仗,也不要把它当作美事、好事。"若美,必乐之",如果把战争当作美事,那就必然以战争为乐。"乐之者,是乐杀人也",以战争为乐的,就是以杀人为乐。第二次世界大战中的日本就是以杀人为乐。"乐杀人者,不可得志于天下矣。"以杀人为乐的,他的意志必然受挫,是不可能得到实现的。老子这里所说的"志"是什么,从该章看不清楚。若与第六十一章联系起来看,便是"大国者,天下之所流,天下之所交",即天下皆归向的意思。这也就是说,你要以杀人使天下人都归服于你,那是不可能的,是实现不了的。

"杀人众多,则以悲哀涖之;战胜者,则以丧礼处之。""涖",《说文》:"涖,临也",即对待的意思。这句话是说:如果杀人众多,要以悲哀的心情来对待他们;战争胜利了,对于死者要以丧礼的仪式来处理,即安葬好他们。对于老子的这一思想,陈鼓应评价说:"这是一种人道主义的呼声。"(《老子今注今译》)

老子反对侵略战争的思想,正是春秋时代的历史产物。春秋以来战争越打越频繁,越打越残酷,规模也越来越大。在春秋中期,就出现过"弭兵运动"。"弭"(mǐ),停止,消除。"弭兵"就是停止战争。倡导者是宋国的向戌(shù)。据《左传》记载,向戌奔走各国,结果在襄公二十七年(公元前546年)七月于宋都(今河南商丘市)开了弭兵会议,14个诸侯国签订了盟约,对禁止战争起了很大的作用。史载不被伐者,宋国65年,鲁国45年,卫国47年,曹国59年。《左传·襄公二十七年》记载了向戌弭兵活动和订立盟约的经过。其中说:"宋左师向戌和晋国的赵武很要好,同时又和楚令尹屈建也很好,因此他就想联合晋、楚两国平息诸侯之间的战争,以便以此提高自己在国际的政治声望。于是他就亲去晋国和赵武商量,而赵武又和大夫商量。韩宣子说:'战争是残害人民的祸事,是破坏各国经济的蠹虫,更是那些小国的大灾难!如今宋大夫向戌发出息兵之议,虽然大家都知道无法避免战争的发生,但是我们必须答应。假如我们不答应,那楚国必定会答应,万一楚国借此名义号召诸侯,那我们将失去盟主的资格。'因此,晋国就欣然允诺向戌的弭兵之议,于是向戌就又前往楚国游说,楚国也一口答应了。接着向戌又去齐国游说。可是齐人却认为有困难。这时陈须无说:'晋、楚两国都已经答应,我国怎可不答应。况且大家都说停止战争,而我们却不允许,如此我们必将遭受人民的怨恨,怎么能采取这种态度呢?'因此,齐国人也响应了向戌的和平主张。最后,向戌又去秦国游说,秦国也答应了。于是各国就分别通知自己的附属小国,告诉他们到宋国参加会议。"从韩宣子和陈须无等人的话中可以看出,弭兵在当时已经是人心所向,各国君主为了不失掉国内外民心,不敢反对。老子的反侵略的思想,可以说就是在这种历史背景下产生的。假如老子长于孔子15岁,召开弭兵会议之年,老子正是22岁。身为"守藏室史"的老子,对弭兵会议及其成效,当然是清楚的。老子这一反侵略战争、反"乐杀人"的思想,不仅具有历史意义,也具有现实意义。

第三十二章　道常无名

　　道常无名之朴；虽小，天下莫能臣。王侯若能守之，万物将自宾。天地相合以降甘露，人莫之令而自均。

　　始制有名，名亦既有，夫亦将知之，知之可以不殆。

　　前面几章都是讲"道"的用，说明用之于政治、军事方面的道理。本章接着又讲道的修养功夫，即守道的重要性。

　　"道常无名之朴；虽小，天下莫能臣。""常"在这里是原本、本来的意思。"名"同"明"。《释名·释言语》："名，明也，名事实使分明。""朴"，未经雕琢，纯朴自然。"朴"这一特性代表着道原始的、最初的运用。"小"是形容道体的，谓道体幽微无形，不可得见。道体至精至微，故可说是"小"。"莫"，代词，表无指，当"没有谁"讲。"臣"的本义为奴隶曲伏，这里言天下莫能使之为臣，即说道为万物之主，万物为"道"之"臣"。这句话的意思是说：道原本是不明的（与下文"始制有名"相对）、纯朴自然的；它虽然微小，天下却没有人能够臣服它。"王侯若能守之，万物将自宾。""王侯"，天子和诸侯，亦即领导人。"之"，代指道。"万物"即万方之人，"物"指的是人。"将"，副词，当"就""便"讲。"宾"，心悦诚服的意思，即"宾服"，今日民间尚有宾服一语。这句话的意思是说：王侯如果能遵守道，依道之自然纯朴的特性而行，万方之人就会心悦诚服地向你归依而来。这也是针对上章"夫乐杀人者，不可得志于天下"而言的。"天地相合以降甘露，人莫之令而自均。"这是以天道喻人道。"降"（jiàng）是从高处往下落。天气干旱，希望下一场雨，那就必须天地相合，阴阳交会，也就是地气上升，碰到高空的冷空气才会下雨。天气干旱所下的雨就叫甘露，也叫甘霖。"均"是调和的意思，如《诗·小雅·皇皇者华》："我马维骃（yīn），六辔（pèi）既均"（我骑乘着雄壮的黑白花马,六条马缰绳收放自如协调);《礼记·月令》:"均琴瑟管箫"(调节琴瑟管箫);《荀子·礼论》:"笙竽具而不和,琴瑟张而不均"(笙竽具备而不调和,琴瑟绷上弦而不加调节)。均的本义是乐声之调和、谐和,此后引申为一般的"调和""谐和"。此处则用于人事,谓人与人的调和、谐和,亦即和睦不争之意。这句话的意思是说:王侯若能遵守道,就如同天地相合,自然而然地下雨那样,不用下命令,人们就会自然而然地调和、谐和。这正是针对春秋以来,人们之间,特别是各级贵族之间的激烈斗争而发。老子是真心希望那些王侯们能按照他说的道行事,使社会息争,人们的关系和谐起来。

"始制有名,名亦既有,夫亦将知之,知之可以不殆。"这一段与上段"王侯若能守之,万物将自宾……"相应;而王侯遵守"道"的前提是必须知"道",而所以能知"道",便是对老子将道阐发的明白。"始制有名","始"是开始,"制"是规定,"有名"即老子把道阐发明白的意思,亦即第一章所说的"无,名万物之始;有,名万物之母"。"名亦既有"即既然说明白了。"夫",代词,代指王侯。"之",代指道。"殆",危险。这句话的意思是说:我已经把道是万物之始、万物之母阐发明白了,那你王侯应该知晓道并遵道而行;遵道而行,就没有什么危险了。

第三十三章　知人者智

知人者智,自知者明。胜人者有力,自胜者强。知足者富,强行者有志。

不失其所者久,死而不亡者寿。

本章是讲个人的修养和自我的建立。老子认为"知人"固然重要,但更重要的则是"知己"。一个人能够看清自己的弱点,并能战胜自己,坚定自己,就是一位强者,就能进一步提升自己的精神生命与思想生命。

"知人者智,自知者明。"所谓"知人",就是对别人能客观全面地了解。但一个人能够把别人都看清楚、了解清楚,也实属不易。其中困难就在于"人之心隐匿难见,渊深难测"(《吕氏春秋·观表》)。《庄子·列御寇》也曾引孔子的话说:"人心险于山川,难于知天。天犹有春夏秋冬日暮之期,人者厚貌深情。"《刘子·心隐篇》又对此解释说:"人者厚貌深情,不可得而知也。故有心刚而色柔,容强而质弱,貌愿而行慢,性懁(xuān)而事缓,假饰于外,以明其情,喜不必爱,怒不必憎,笑不必乐,泣不必哀,其藏情隐形,未易测也。"正因为如是,所以才会有知人识鉴的方法产生。如魏晋刘劭的《人物志》,清代曾国藩的《冰鉴》,就讲到多种"知人"识鉴的方法。也正因为"知人"不易,所以老子会说出"知人者智"的话。"知人者智",就是说能够把别人看清楚的,叫作有智慧。老子虽肯定"知人",但更强调的是"自知",所以接着说"自知者明",即能把自己认识清楚的,才算是真正的聪明。这说明"明"是超乎"智"之上的;说明"自知"比"知人"更高更重要,当然也更难。可以说,古今中外,绝大多数人都是缺乏自知之明的。为什么?因为人来到世间,受社会环境的影响,迷于私心杂念,易于重己而轻人,从而导致"嫫母窥井,自谓媚胜西施;齐桓矜德,自谓贤于尧舜"(《刘子·心隐篇》)。

由于私心杂念的支配,所以人总爱兜售自己的长处,挑剔别人的不足;总爱责备人,很难责于己。这就是人性的弱点。所以老子说"自知者明"。"胜人者有力,自胜者强"是说能够战胜别人的人,叫作有力量;能够战胜自己弱点的人,才叫作真正的强。这一句与上一句一样,老子并非一般的否定"胜人",而是主张"不争而善胜"(第七十三章);他更强调的是"自胜"。"自胜者强"的这个"强"字,是"守柔曰强"(第五十二章)之"强",而不是"坚强者死之徒"之强。在老子的观念中,"守柔""自胜"才是不会走向反面的真正的"强"。"知足者富,强行者有志。""知足者富",王弼注说:"知足自不失,故富也。"这是符合老子的原意的。《老子》第九章说"金玉满室,莫之能守",第四十四章说"多藏必厚亡"。"多藏""金玉满室"不算富;"能守""不亡"(即王弼注说的"不失")才算富。可是"藏必亡""莫之能守",怎么办呢?老子运用抽象思维,逻辑地推论出"知足者富",即知道满足则可以不失,不失则可保存已有的财富。如果不知足,就会永远跟着欲望跑,而欲望是永无止境的,所以人会永远生活在痛苦之中。春秋以来,有些剥削者互相争田争财以至损伤生命,也有些本是金玉满室的贵族而破产贫困,老子的"知足者富",也是针对这种现象而发的。"强行者有志",蒋锡昌说:"'强行'即第四十一章'上士闻道,勤而行之'之'行','有志'乃勤勉行道之意。""强行"即行道,勤勉行道的人,才是有志向的人。这同我们现在所说的,只有为共产主义奋斗终生的人,才是有志向的人的道理是一样的。

"不失其所者久,死而不亡者寿。""所"即处所、位置。"不失其所",就是老子所讲的"守柔、去欲、知足、戒矜"等,就是《中庸》里所讲的"素其位而行,不愿乎其外;素富贵而行乎富贵;素贫贱而行乎贫贱"。总之,是要人认清自己,守住本分,也就是"自知之明"。能认清自己,就晓得应该做些什么,负些什么责任,不失自己的本位,才可以长久。"死而不亡者寿","亡"即丢失、不存在;"寿"即长久。这句话用世俗的观念来说,就是有所成就的人,虽然死了,但他的道德精神永远存在,永远影响后人。比如老子本人虽然死了,但他的《道德经》却流传下来,他的学术思想永远影响着人类世界。如果用佛家的话来说,就是身体虽然没了,但生命的本能却永远存在。所以王弼注说:"身没而道犹存。"这大概就是"死而不亡者寿"的含义。

该章也可以说是对上章"道常无名之朴"的阐发。因为"朴"所讲的是中道观。"知人者智,自知者明;胜人者有力,自胜者强;知足者富,强行者有志"都是对等的。这就是中庸的道理。"道"虽小,很细微,但很朴实,很本分,如果能做到的话,"万物将自宾",万物就由你做主而向你归服了。

第三十四章　大道汜兮

大道汜兮,其可左右。

万物恃之以生而不辞,功成而不有。衣被万物而不为主,可名于小矣,万物归焉而不知主,可名于大矣。

是以圣人能成其大也,以其冬不为大,故能成其大。

该章是老子对于"道"的体用、成效再进一步加以说明。

"大道汜兮,其可左右。""汜"(fàn),《广雅·释诂》:"汜,博也。"《释言》:"汜,普也。""汜"即广泛、普遍的意思。"其",代指道。"可",肯定的意思,当"却"讲。这句话的意思是说:道虽然看不见、摸不着,但它却博大、普遍,左之右之,无所不在。这是先讲"道"的普遍性,接着下文再讲"道"不为主的特性。

"万物恃之以生而不辞,功成而不有。""恃"即依靠、依赖。"之"代指道。"而"转折连词,当"却"或"但"讲。"辞"通"司",有管理、干涉的意思。"不有"即不据为己有。这句话的意思是说:万物依赖道而生,但道不去干涉它;培育万物成功了,但不去占有它。就我们对孩子的教育来说,这句话也是颇有启发的。"衣被万物而不为主,可名于小矣;万物归焉而不知主,可名于大矣。""衣被"(yī pī)即覆盖、覆育,像穿衣服一样庇护着。"可名于小",王弼注说:"万物皆由'道'而生,既生而不知所由。万物各得其所,若'道'无施于物,故名于小。""名"是名号、别称。"焉"是介词兼代词,当"那里"讲。"归焉"即归到道那里。这两句话是申说"万物恃之以生而不辞,功成而不有"之意的,说道虽覆盖了万物,而不自以为是万物的主宰,可称之为小;万物最后又回归到它那里,它又容纳了万物,而万物又不知晓谁是它的主宰,可称之为大。

"是以圣人能成其大也,以其冬不为大,故能成其大。""以",介词,表示引进动作行为的原因或理由,当"因为""由于"讲。"冬"通"终"。这句话是说:有道的圣人之所以能成就其伟大,是因为他效法道,而自始至终都不自大,所以能成其伟大。

该章主要是讲道"不为主"的特性。我们知道了"道"的这一特性,就应该明白怎样去做人做事。一个人要想干出一番事业,必须要有恢宏的气度、博大的胸怀,越是不自大,越能成其大。这一道理从曾国藩与左宗棠的关系上可见一斑。

曾国藩为人笃诚,语言迟讷;左宗棠(字季高)恃才傲物,自称"今亮",语言尖锐,锋芒毕露。曾、左虽非同僚,却同在湖南,常有龃龉(jǔ yǔ)。有一次,曾国藩见左宗棠为他的小妾洗脚,笑着说:"替如夫人洗足。"左宗棠以牙还牙,立即讽刺说:"赐同进士出身。"还有一次,曾国藩幽默地对左宗棠说:"季子才高,与吾意见常相左。"把"左季高"三字巧妙地嵌了进去。左也绝不示弱,说:"藩侯当国,问他经济又何曾!"语涉鄙夷,也把"曾国藩"三字喻尽。

尽管左宗棠就像世人所评价的那样,"曾公眼中有左宗棠,左公眼中无曾国藩也",但曾国藩宽宏大量,从来都不与其计较。提起曾国藩与左宗棠的关系,人们可能很少会想起曾国藩对左宗棠的全力相助。

在左宗棠最困难的时候,曾国藩揽左宗棠入幕府,以帮助他。曾国藩上报左宗棠接济军饷有功,朝廷任命左宗棠为兵部郎中。而左宗棠性情刚硬,又得罪了不少人,在湖南"久专军事,忌者尤众",于是碰上了件事,樊燮(xiè)是永州镇总兵,其私役兵弁(biàn),挪用公款。左宗棠因为此事代巡抚骆秉章拟奏折,请将樊燮撤职查办。谁知樊燮受人怂恿,向湖广总督宫文告左宗棠。宫文竟将这案子报到朝廷,朝廷命钱宝清审讯。咸丰帝甚至密令宫文,"左宗棠有不法事情,可就地正法"。此事,京城内外闻之者莫不震惊。京中官员如侍读学士潘祖荫,与左素不相识,也上疏痛陈"天下不可一日无湖南,湖南不可一日无左宗棠"。骆秉章与湖北巡抚胡林翼也上疏力辩其诬。胡林翼的奏折中且有"名满天下,谤亦随之"的话。肃顺也趁机以人才难得进言。在这种情况下,咸丰帝才有"弃瑕录用"的旨意。宫文接旨后,才不再催左宗棠对簿,草草了结此案。

这时曾国藩在宿松驻军,胡林翼在英山驻军,商议想要分三路进攻安庆。左宗棠来到曾国藩的营地暂避锋芒,曾国藩热情地接待了他,并向他伸出援助之手。清廷接到曾国藩保荐左宗棠的奏章,就谕令左宗棠"以四品京堂候补,随同曾国藩襄办军务"。左宗棠因而正式成了曾国藩的幕僚之一。此后,不论左宗棠在曾国藩幕府中,还是统兵出外打仗,曾国藩对他总是爱护备至,极力推崇。咸丰十一年,浙江巡抚王有龄殉职,曾国藩就保举左宗棠接任浙江巡抚。曾在奏章中写到"以臣遥制浙军,尚隔越于千里之外,不若以左宗棠专为浙省,其才实可独当一面"。到了同治二年,曾国藩又保举左宗棠为闽浙总督,仍署理浙江事务,从此左就与曾国藩平起平坐了。

  三年之中,左宗棠从被人诬告、走投无路一跃而为封疆大吏,这一日千里的仕途,固然有赖于他的才能与战功,但也离不开曾国藩的保举。左宗棠打了一次胜仗,曾国藩就保举一次,如此不断地报功保举,恐怕也只有具有超人气度并能善思的曾国藩才能做得到。所以左宗棠在挽曾国藩的联中写道:"谋国之中,知人之明,自愧不如元辅。"

第三十五章　执大象

执大象,天下往;往而不害,安平太。

乐与饵,过客止;道之出言,淡乎其无味,视之不足见,听之不足闻,用之不可既。

该章接前章继续讲道的特征及其作用。第一段是总述,第二段是对第一段的阐释。

"执大象,天下往;往而不害,安平太。""执"是掌握、抓住的意思。"大象"即大道。为什么用"象"不用"道"？唐成玄英说:"大象,犹大道之法象也。"大象就是大道所呈现出来的法则。这个法则用王弼的话说,就是"不温不凉,不宫不商,不炎不寒";用子思的话说,就是"中和"。正因为"道"不温不凉,不宫不商,不炎不寒,所以能"包统万物,无所犯伤"(王弼语)。正因为"道"有此特征,所以老子教我们要懂得这个大法则,掌握这个大法则。人们如果能按照这个法则处人处事,那么在往来中就会互不伤害,于是天下太平。反之,如有偏有倚,有炎有寒,就必有所取舍,有所倾斜。有取舍,有倾斜,就会造成愤怨,产生差别,天下就不会太平。"安"是连词,表示前后相承,当"于是""就"或"便"讲。"平太"即"太平","太"就是原始的那一点,也就是儒家所说的,永远在人生的本分上。"平"是平和,没有波动,亦即安宁。

"乐与饵,过客止;道之出言,淡乎其无味,视之不足见,听之不足闻,用之不可既。"这是老子以道同"乐与饵"对比说明道的特性,期望读者摆脱俗人之见去认识道。"乐"即音乐,"饵"指美食,亦即第十二章所说的"五音"与"五味"。世界上一切物质的东西,只要使人感到舒服快乐的,人人都会受到诱惑。音乐与美食也一样,凡好听的、好吃的在那里,过客经过时就会停下来听一听、看一看。但对于道就不一样了,"道之出言,淡乎其无味,视之不足见,听之不足闻,用之不可既"。因为"道"这个东西,讲起来淡然无味,眼睛看不见,耳朵听不到,讲了半天仍是空话,听的人仍然不晓得"道"是什么样子,所以修也修不成。有人说,修道用功半辈子,成果在哪里也不知道。想修道能够长生不死,结果还是死了。所以"道"究竟在哪里,搞不清楚。为什么搞不清楚,因为大家不知道"执大象"这个大原则,忘记了它的用。"用之不可既",就是说道虽视之不可见,听之不得闻,但用起来,却是不可穷尽的。"既"即"尽","不可既",即不可穷尽。其作用便是开头所说的"执大象,天下往;往而不害,安平太"。这"大道"所呈现出来的"象"就是中和。中和就是本分,就是平淡。美乐厚饵虽荡人心神,爽人口味,但也必有所害,唯有淡乎中和方可养人。所以魏源在《老子本义》中说:"唯无浓酽之趣者,故亦无倾危之患……故无味之味是为至味,终身甘之而不厌;希声之声是为大音,终身听之而不烦,无象之象是为大象,终身执以用之而无害,推之蛮貊而可行,放乎四海而皆准,所谓天下可往者。"

第三十六章　将欲翕之

将欲翕之,必固张之;将欲弱之,必固强之;将欲废之,必固举之;将欲夺之,必固与之;是谓微明。

柔之胜刚,弱之胜强,是以兵强则灭,木强则折。故刚强处下,柔弱处上。

鱼不可脱于渊,邦之利器,不可以示人。

该章也是容易被误解的一章,说《老子》这本书是阴谋之道,天下的大计谋、大谋略,一切的心机手段,都由此而来。这一认识的偏差出就出在老子是用"将欲""必固"的语言来表达的,这种省略了主语的语言配置很容易被人理解为是一种"将要削弱他,必先增强他;将要夺取他,必先给予他"的主体行为,于是有些人就认为这是老子说的一种权术。其实,该章是紧接上章,继续讲"执大象"的正面道理,要人们看通自然的因果律。所以,明代的释德清说:"此言物势之自然而人不能察,天下之物,势极则反。譬夫日之将昃(zè),必盛赫;月之将缺,必极盈;灯之将灭,必炽明。斯皆物势之自然也。故固张者,翕之象也;固强者,弱之萌也;固兴者,废之机也;固予者,夺之兆也。天时人事,物理自然。"(《老子道德经解》)

"将欲翕之,必固张之。""将",副词,表示行为或情况在不久以后发生,当"快"讲。"欲",助动词,当"要"讲。"翕"(xī),收敛、收缩、聚合。"之",代词,代指事物。此代词的用法,即马建忠所说的第四种:"有代字而无前词者,则以所指者为共知之事理,读者可默会耳。"(《马氏文通》卷二)"固"通"姑",姑且、暂且。"张",扩张。这句话的意思是说:自然界的一切事物当它快要收缩的时候,它就会暂且放大。如花快要谢的时候,就特别好看;太阳快要落的时候,其光芒也最漂亮。这也就是说,当花开到最盛最美的时候,就是它即将萎谢的时候;当太阳光芒最漂亮、最好看的时候,就是它快要落下的时候。这就是"将欲翕之,必固张之"的道理,即将要收缩的东西,你先看到的是它的张大。所以人生要懂得这个"大象"的道理。"将欲弱之,必固强之",世事人事也一样,它将要衰弱的时候,你看到的却是强大。比如历史上的罗马帝国最鼎盛的时代、最强大的时候,也就是罗马开始衰弱的时候。所以历史上往往最光荣的时代,强大到极点时,也就是另一个衰亡局面的开始。"将欲废之,必固举之",当上天要毁灭这个东西的时候,反而先使它更好。有些人做坏事,却发了大财,有些人一辈子做好事,却又穷又苦。像这样的埋怨许多人都有,这其中的道理,中国古书上有一句话叫"夫将厚其福而报之"。有时候,上天给你最大的福报,使你发财,使你得意,却使你快一点结束。因为,你得意忘形了,好福报使你昏了头,自然很快结束。"将欲夺之,必固与之",当上天将要夺取你的时候,一定会先给予你。这也就是说,当你得意的时候,失意也就快来临了。比如今天精神特别好,又逢大热天,多吃了一些冰淇淋,到了明天,或者就伤风了,又碰上感冒流行,结果就住进了医院。这都是"将欲夺之,必固与之","将欲弱之,必固强之"的道理。如果我们懂得了这个道理,就会了解老子在这里所说的"是谓微明"。"微"是隐藏、不显露,"明"是明白。能从事物不太显露的地方,看出发展的道理来,就是"微明"。所以范应元说:"张之、强之、举之、与(予)之,已有翕之、弱之、废之、取之之几伏在其中矣。几虽出微而事已明。故曰:'是谓微明'。"(《老子道德经古本集注》)范应元所说的"几",就是"征兆",就是"兆头"。没有智慧的人,只看到眼前的现象,只看到好的一面,而看不到坏的一面。其中的原因,都是因为不懂因果循环的定律。

"柔之胜刚,弱之胜强,是以兵强则灭,木强则折。"这是承上文而来,从上文概括出柔弱和刚强,做进一步论述,说明强弱之因果关系的原理。"柔之胜刚,弱之胜强"中的两个"之"字都当"则"字讲。意思是:柔能胜刚,弱能胜强。一般人解释老子的"柔"好像水一样,其实不是如此,"柔"是"和平""平和"的原理。老子强调用"柔",也就是用"和平"。"是以兵强则灭,木强则折",这是以"兵""木"为例,对"柔之胜刚,弱之胜强"两句的阐释和补充,也是与"将欲弱之,必固强之"等句相呼应。意思是:用兵逞强就会遭受灭亡,树木太强硬的话就会容易断折。于是,老子合乎逻辑地引出结论说:"故刚强处下,柔弱处上。"所以强大的东西常处于下,柔软的东西常处于上。世界上什么东西最强大？地球！什么东西最柔软？生物！地球再强大、再硬，还是被生物踏在脚下。建造一座桥梁或一幢楼房，它最牢固、最坚硬的部分在哪里？在下面的地基。所以说"刚强处下"。这都是讲强弱之势的原理。我们读老子的文章，千万不要陶醉在美妙的文学境界，而忽略其道理所在。道家的文化与佛家的文化一样，其原理都是说明因果关系的。

"鱼不可脱于渊，邦之利器不可以示人。"这是再次述说守"柔"即本分的重要。"渊"即深水，鱼不守本分跃出水面就会死亡。"利器"，有几种说法，一说利器指权道（河上公语），一说利器指责罚（韩非语），一说利器指圣智仁义巧利（范应元语）。按本章"利器"应指权柄军力。"示"，炫耀。这句话的意思是说：鱼儿不可离开深渊，国家的利器不可以随便耀示于人。

第三十七章 道常无为而无不为

道常无为而无不为,王侯若能守之,万物将自化。化而欲作,吾将镇之以无名之朴。镇之以无名之朴,夫将无欲。无欲以静,天下将自正。

该章可以说是上经的一个结论。老子提示出理想的社会政治是"无为而自正"。

"道常无为而无不为",冯友兰解释说:"老子以为,从道分出万物,并不是由于'道'的有目的、有意识的作为;道是无目的无意识的。他称这样的程序为'无为',他说'道常无为而无不为';就其生万物说,'道'是'无不为',就其无目的无意识说,'道'是'无为'。"(《中国哲学史新编》)张岱年说:"道是自然的,故常无为;道生成一切,故又无不为。"(《中国哲学史大纲》)其实,"道常无为而无不为"是对道本质及其功用的一个说明。意思是,道的本质是无为,不是为了谁,而是无所不为,处处起作用,宇宙万有的生命都是它的作用。这是老子教我们要懂得宇宙间的这个道理,要学会应用这个道理。第一,凡事要晓得预先安排,要有先见之明,对于未来可能出现问题的地方,须尽可能地做好防范措施,使问题不致发生,或问题发生时,必须要有处置的措施。有远见,有计划,事先准备妥当,临时就不会慌乱。这里讲一个陶侃运砖的故事。陶侃(259—334)是东晋名将,江西都昌人,曾任荆州刺史。他虽为高官,但几十岁的年纪,仍然每天劳动去搬砖头。晚上把外面的砖头搬进房子里,早上又搬出去。有人问他这样做是为了什么,他说,一个人不练习劳动,一旦天下有事,体能就应付不了。因为他早已看到天下会有变化,虽然年纪大了,在这种地位上,也需要有好的体能,如果平常劳动惯了,临时就能应付变乱。后来由于时局的变动,他又管长江以南的军事防务,这时需要建立水军,他曾主持造船,造船时他命部下将木屑和竹头全部收集起来,众人不知为什么。后逢大雪,天晴雪融,道路泥泞,木屑正好用来铺地。后来东晋另一位名将桓温任荆州刺史。桓温伐蜀大造船,又将陶侃所贮的竹头劈开,做成钉子,船很快就造出来了。这就是"无为而无不为"的道理。所以《增广贤文》中说"有意栽花花不发,无心插柳柳成荫"。第二,我们为人做事,特别是做领导人的,要晓得全面,不能有所偏执,只有这样人家才能服你。所以,道家的真正"无为而治"与"无为之道",是"无所不为"的。"王侯若能守之,万物将自化。"这是讲理论的应用。"万物"在这里是指人事、社会事物,不是指物体。"守"是遵守、奉行。"之"是代词,代指道。"自"即自动;"化"即归化。"归化"就是归顺、归附。如《三国志·邓艾传》:"并作舟船,豫顺流之事,然后发使告以利害,吴必归化,可不征而定也。"这句话的意思是说:做王侯的人或做大事的人,能够奉行这个理论(全面地为大众服务),那么万方之人自然就会被感化,自然归向于你,跟着你一起走。这也是在讲"柔能胜刚"的道理。老子在讲了这个道理之后,又似乎感到社会中的"无为"不同于自然界的"无为",有意识的人不会像无意识的物那样自生自灭,有意识的人会极力自我变化发展,会衍生欲望。所以又接着说:"化而欲作,吾将镇之以无名之朴。"意思是:万民归化之后,他们的私欲如再萌发,我们就用"道"的纯真朴实来教育他们、安定他们。这里的"欲"即贪欲;"作"即兴起。"吾""之"二字均为第三人称代词,"吾"代指我们;"之"代指他们。"镇",《广雅·释诂》曰:"镇,安也。""镇"即安定的意思。"以"介词,当"用"讲。"无名"是指不显现的道。"镇之以无名之朴,夫将无欲。"这是说:用纯真朴实的道来教育他们、安定他们,就会使他们想产生欲望而不能产生了。这里的"夫"不是发语词,而是代词,代指人。"无欲以静,天下将自正。"这是结论。意思是:没有贪欲之心就自然宁静,人人朴素宁静,那天下的风气就纯正了。这也就是说,做领导人的首先是自己能够清静,自己做到了,那么"天下将自正",社会就进入正道,就安定了。

  该章和第三十二章的基本思想是相通的,只是角度不同。第三十二章说"道常无名之朴",主要是突出道不显现而"朴素"的特性,此章主要是突出道的作用是"无为而无不为"的特性。"无为而无不为"不仅反映了老子哲学的思辨特点,它也是老子政治哲学的根本原则。老子的主张就是要通过"无为"的手段达到天下大治。

第三十八章　上德不德

上德不德,是以有德;下德不失德,是以无德。上德无为而无不为,下德为之而有不为。

上仁为之,而无以为;上义为之,而有以为;上礼为之,而莫之应,则攘臂而扔之。

故失道而失德,失德而后仁,失礼而后义,失义而后礼。

夫礼者忠信之薄,而乱之首;前识者道之华,而愚之始。是以大丈夫处其厚,不居其薄,处其实,不居其华。故去彼,取此。

自第三十八章开始,是《老子》下篇,也称"下经"。上经主要是讲"道体",讲"道"的本质、特性;"下经"主要是讲"德",讲"道"的用。在古代文学上"德"解释为"得",好像一个东西得到手里,所以说"德者,得也"。古代"道"和"德"是分开用的,一个字就是一个概念,到魏晋以后才把这两个字合在一起,称为"道德"。道是内心,是根本,德是表现于外的行为或结果。

"上德不德,是以有德,下德不失德,是以无德。上德无为而无不为,下德为之而有不为"是全章的总原则,其下三段都是由这个总原则推演出来的。《韩非子·解老》说:"德者内也;得者外也。上德不德,言其神不淫于外也。"由此可知"上德不德"的后一个"德"字是假借为"得"。"上德"之"德"字即品德之德。"上德"即最高、最上的品德,具有这种品德也就是符合道。所以元代理学家吴澄说"近道者为上德"。"不德"即不得,照韩非的解释，就是不去追求获得外物，不为外物所诱惑。如第十二章所说"五色令人目盲，五音令人耳聋，驰骋田猎令人心狂，难得之货令人行妨"，这些都是追求外物，为外物所诱惑的例子，如此"淫"（游动的意思）于外，当然是违背道的，违背道就是"无德"了。与此相反，则是"有德"。"上德不德，是以有德"，就是说，具有上等品德的人，不游于外，不为外物所引诱，所以能保持原有的品德。"下德不失德，是以无德"，是说具有下等品德的人不肯失掉外物而去追求有所得，结果淫于"五色""五音""五味"之类，所以就是"无德"了。"无德"就是与"道"的品德相反，也就是反映不出道的品德。"上德无为，而无不为，下德为之，而有不为"，这是就治家（"大夫有家"）、治国（"诸侯有国"）、治天下说的。具有上等品德之人，在"治家、治国、治天下"上，是采取"无为"的方针，是依道而行，依道而行就能够全面。与此相反的"下德"之人，治家、治国、治天下则采取"有为"的方针，他们有为就有所不为了。因为他们有分别，有私念；有分别，有私念，就不能全面，不能全面也就不能大公了。

"上仁为之，而无以为，上义为之而有以为，上礼为之，而莫之应，则攘臂而扔之。"这是就社会道德逐渐退步而说的。《老子》第十八章说"大道废有仁义"，上德社会的政治制度被破坏之后，人们自然而有的真仁义也随之被破坏，于是号召仁义的呼声就起来了。该段中的三个"上"与"上德"之上的"上"不同，它不是上下之上，而是崇尚、提倡的意思。因为"德"有"上德""下德"之分，而"仁""义""礼"则无"下仁""下义""下礼"之说。《韩非子·解老》说："仁者，谓其中心欣然爱人也，其喜人之有福而恶人之有祸也，生心之所不能已，非求其报也。故曰'上仁为之，而无以为'。""上仁"之为，就是没有求其报答的目的之为。这已经是属于"下德"了，但在"下德"中还是上乘的，因为这种为虽然也是多事，但还不至于引起天下大乱。《解老》又说："义者，谓其宜也。宜而为之，故口：'上义为之，而有不为'也。""上义"之为，就不是不"求其报"了，而是考虑利害得失了，这样就会引起人们的竞争之心，引出乱子来。所以，这是等而下之的了。"上礼"之为，则是最末等的。"莫之应"，是"莫应之"的倒文，古人为押韵常用倒字法，即倒字为句。"攘臂"，即卷袖出臂，表示决心和激动之情。"扔"是牵引、拉，即强使人就范之意。"上礼为之而莫之应，则攘臂而扔之"，是说那些以礼为治的政治活动家们，号召尊礼、守礼而没有人响应他，没有人理睬他，就激动地卷袖出臂强使人们就礼。在春秋之际,乱礼、僭(jiàn)礼的事情已经到了非常严重的地步。就乱礼来说,"父纳子妻","兄妹乱伦",乃至"子杀父,臣弑君",层出不穷。就僭礼来说,各国诸侯僭用天子礼,大夫僭用国君礼以至天子礼,比比皆是。例如,按照周礼,只有周天子祭祖才能用《雍》这首歌,可是季氏也让乐队演奏着《雍》乐、唱着"助祭的是诸侯,天子严肃静穆地在那主祭"的歌词,祭起祖来(见《论语·八佾》)。祭祖权就是神权,而夺取神权也就是夺取政权或者是夺取政权的先声。老子这段话正是针对这种政治现象而发的。这段话的意思是说:上德社会即尧舜时代已经不存在了,社会普遍"化而欲作",所以不能不为而成,于是纷纷"有为"。提倡仁的人极力使人宏普博施,虽然"无所偏",但很难实施;于是有人就提倡义,义就有所偏了,虽偏,但人们还是不能笃诚,于是就有人号召守礼、复礼,当没有人响应、没人理睬时,就捋袖出臂,愤慨地强使人就礼。

老子在讲了上述政治现象后,就抽象地概括说:"故失道而失德,失德而后仁,失仁而后义,失义而后礼。"老子认为在"上德"之世,即"无为而无不为"之世过后,经历了"上仁""上义""上礼"三个时期。至于老子心目中,历史上哪个时期是"上仁",哪个时期是"上义",则难以推断。"上礼"时期即是老子的当世——春秋后期。那时正是出现"上礼为之而莫之应,则攘臂而扔之"这种现象的时期。这一段从文字上看虽然很浅,但其意义却颇深。老子讲了德、仁、义、礼四个阶段,那这四个阶段究竟是想说些什么呢?严格说来,老子是在感叹人类社会的退步。为什么这样说呢?因为无论是站在东方道德文化的立场还是站在西方宗教文化的立场来看,人类不但没有进步,而且是退步了。也就是说,物质文明虽然发展了、进步了,而精神文明却退步了、衰弱了。"上仁""上义""上礼"就是讲世道精神的逐步衰降。正因为衰降,所以才提倡仁、义、礼。假使我们不留意去读,就会认为老子在反对"仁""义""礼",就会觉得这些话没有什么道理。

"夫礼者忠信之薄,而乱之首;前识者道之华,而愚之始。"我们看人类社会,整个世界科学文明的发展,在一些发达国家,教育也跟着普及了。照理说,教育越普及,人们应该越好,可是实事上天下思想反而越乱,社会上的犯罪行为越多。反过来看,在大山深处,那些乡野之人没有受过教育,他们却不敢犯罪,行为也比较朴实。所以说,人们缺乏忠信才需要"礼"。"礼"不只是我们今天所说的礼貌,也包括法制。"夫礼者,忠信之薄而乱之首",

这是承上句"失义而后礼"而言,也是承"上礼为之而莫之应,则攘臂而扔之"而言,说礼这个东西是忠信之薄,即忠信衰败的表现,正因为忠信的衰败,所以才提倡礼,提倡法制。忠信的衰败于是产生诈伪,诈伪多了,就成为天下不稳定的根源。这句中的"薄"是衰败、衰微的意思;"首"是根据、根源。"前识者道之华,而愚之始。""前识者",即前面的认识。"愚之始",即邪伪的开始。这是复承上文"故失道而失德,失德而后仁,失仁而后礼"三句而言,也是承"上义为之而有以为"而言,说那些"以智治国""上仁""上义",是道的虚化外表,从失道之后就开始产生了邪伪。"上仁为之而无以为",欣然爱人,对人办有益的事,而非求其报,但是为之则有不为,不可能平衡地普遍地爱及一切人,因此就会产生争竞之心。"上义"更是等而下之的。"上义"之为察其所宜,计其利害得失,则更会促使萌生邪伪之念(也就是"以智治国,"结果是"智慧出,有大人为"),所以说"上仁""上义"是邪伪之始。但比起"上礼"还是上乘的,所以又说它是"道之华",而"上礼"是连"道之华"也够不上。这说明自尧舜"无为而无不为"的时代之后,世道精神逐步衰降,统治者已经不能用道来治国了,不能全面地为人们服务了。而是以智治国,实行有为政治,即有分别了、不全面了。所以老子接着说:"是以大丈夫处其厚,不居其薄,处其实,不居其华,故去彼取此。"什么是大丈夫?大丈夫就是有志气的人,亦即有道之人。这里之所以用"大丈夫"而不用"圣人"或"有道之人",主要是突出其志气。"处其厚,不居其薄。""厚"即淳朴忠厚,这是"上德无为而无不为"的结果。"薄"即忠信之薄,即邪伪,引起大乱,这是"上礼"为之的结果。这句话是说:大丈夫要始终处于道的境界,摒弃有为政治,而实行"上德"的"无为而治"。"处其实,不居其华。""实"即道,亦即"上德"。"华"即"道之华",即道的外表,亦即"上仁""上义"之为。这句话是说:大丈夫要始终处于"上德"的境界,而不处于尚仁、尚义的境界。前一句是就方针而言,这一句是就思想而言。"故去彼取此",乃重复言之,以示重要。"彼"指"薄""华","此"指"厚""实"。老子心目中的蓝图,即"上德"的"无为而治"的淳朴敦厚时代。老子认为,"上德"的"无为而治"过后,进入了"上仁""上义""上礼"的有为政治的争竞时代,而后还要回到"上德"的"无为而治"时代,即他的理想国。老子的理想国是什么呢?就是第八十章所说的"小国寡民"。

第三十九章(一)　昔之得一者

昔之得一者：天得一以清；地得一以宁；神得一以灵；谷得一以盈；万物得一以生；侯王得一以为天下贞。其致之，一也。

天无以清将恐裂；地无以宁将恐发；神无以灵将恐歇；谷无以盈将恐竭；万物无以生将恐灭；侯王无以为贞将恐蹶。

老子认为人类社会的发展还要回归到"上德"这个时代。其原理就是"反者道之动"。有了这个"道"作根打底，即使施仁、行义、用礼，这"仁"也会厚，"义"也会正，"礼"也会清；反之无这个"道"作根打底，这施仁、行义、用礼也会施歪、行邪、用坏。这就是王弼说的："仁德之厚，非用仁之所能也；行义之正，非用义之所成也；礼敬之请，非用礼之所济也。"所以老子紧接着在这一章指出，只有"得一"，这个社会的天才清，地才宁，人才谐。

本章共分两段。第一段是从正面说明"得一"的作用，第二段是从反面讲如不"得一"会有的种种结果。

"昔之得一者"，是说古代得道的。"昔"，久、久远。"得一"，即得道，"一"指的是道。高亨说："一者道也，本章诸一字即道之别名也。"老子为什么又给道起个别名叫做"一"呢？《淮南子·原道训》说："所谓一者，无匹合天下者也。""无匹合"即独立无偶。老子的"道"自本自根，不生不灭，无边无际，独立而不改，永远如斯，是天下第一因，自然是独立无偶的。老子为了突出道之独立无偶这个特性，故又称之为"一"。"昔之得一者"是个总括，下面分别说明天、地、神、谷、万物、侯王"得一"的巨大作用。

"天得一以清。""清"是作为天之所以为天的特性而言的；无此特性则不称其为天。这大概是古人直观观察到天的清朗是正常情况,因而把清作为天的根本特性。这句话是说:天得到"一"(即道),因而清明。也就是说,天之所以为天,是由道决定的,即道赋予天的本性就是清。此段中的几个"以"字都是连词,表示结果,"因而"的意思。"地得一以宁。"古人从直观感受认为地是宁的,即不动的,因而把它作为地之所以为地的根本特性,失此特性就不称其为地了。这句话是说:地得到"一",因而安宁。"神得一以灵。"神是什么?神就是人生本来的精神、意识。"灵"是灵敏、灵通。人只要精神专一,就灵敏了,灵敏就通达了。现代成语"神通广大"就是这个意思。这句话是说:精神得到"一",才能灵通。如果精神外驰,就不会灵敏,就不可能洞明事理。"谷得一以盈",是说盈为谷的特性,失此特性,就干涸了,就不成其为谷了,而谷之所以为谷是由道决定的。所以真正的空洞,就有充满一切的功能,有无比的价值。"万物得一以生",是说天地间的万物就是因得到道的功能而生生不息的。生是万物的根本特性,而万物之所以为万物,即所以生长,乃是由道决定的。这里的"万物"是与天、地、谷并列而言,当指生物。老子所讲的这天、地、谷、万物把自然界全包括了(山陵包括在地中,谷代表川谷江海,天包括日月星辰),加上"神得一以灵",同社会人事对比而言,就是整个客观世界了。而老子著书主要是导世,所以接着"天""地""神""谷""万物"后,就专讲人事社会,即"侯王得一以为天下贞"。所以陈鼓应说:本章的重点是讲侯王的得"道"。"侯王得一以为天下贞"的"贞"字,是"正"的假借字,即公正无私的意思。这句话是说:侯王之所以为侯王,之所以能公正处理天下事,是因为心中有道。所以公正是侯王的根本特性,失其特性,就不配做侯王。"其致之一也"是对前文的总结。"其",代指天、地、神、谷、万物、侯王。"致",求致、达到。意思是:它们(指六者)的本质都是由"一"即道决定的。也就是说,他们的这个特性都是由道所赋予的。这一道理,前文是包括的,只不过最后由隐推到显,再加以明确而已。

"天无以清将恐裂;地无以宁将恐发;神无以灵将恐歇;谷无以盈将恐竭;万物无以生将恐灭;侯王无以为贞将恐蹶。"这是从反面讲,天、地、神、谷、万物、侯王如不"得一"亦即失去特性会有的种种结果。"天无以清将恐裂","无"是副词,当"不"讲;"以"是助词,当"能"讲;"恐"是代表说话的口气,不是指有所怀疑。这句话是说:天得不到"一"(即道的功能),不能清明,恐怕就要破裂。道赋予太空的特性是清朗的,人类现在用自己的聪明才智、科学发明扰乱太空,太空还有力量拨转回来。如果扰乱太空过分厉害的话,人类也只有毁灭自己了。现在出现的雾霾天气就是一个征兆。"地无以宁将恐发","发"是"废"的假借字,即地陷之义。我们生活居住的这个大地,本来应该是平静安宁的,可是地球不断遭到人类的侵入,挖石油,采煤矿等等,使"地无以宁",大地不能安宁,恐怕难免发生地震、洪水等自然灾害。"神无以灵将恐歇","歇"(xiē),停止。人们的思想不能天天用个不停,也要做到清静。只有这样,智慧才会出来,才会灵敏。尤其现在工商业发达的时代,大家忙碌得喘不过气来,如果精神每天不收敛一下,得不到道的功能,不能及时充电,昏头昏脑,那么恐怕就要完竭了。"谷无以盈将恐竭,万物无以生将恐灭",是说空灵中充满着功能,正因为如此,这个宇宙才生生不息,如果没有功能充盈,万物就不会再生,不再生恐怕一切都灭绝了。"侯王无以为贞将恐蹶","蹶"(jué)即颠覆、垮台。如果做侯王的不能保持清正,不能全面地为人们服务,恐怕就会被赶下台。从这里我们可以看出,老子讲问题总是从根本上去讲,而且说的都是大实话。特别是最后一句,对做领导的人不无启发。

第三十九章(二)　虽贵必以贱为本

虽贵,必以贱为本;虽高,必以下为基。是以侯王自称孤寡、不穀。此其以贱为本也！非与？人之所恶,唯孤寡、不穀,而侯王以自称,故致数誉无誉;故物或益之而损,或损之而益,不欲琭琭如玉,珞珞如石。

"虽贵,必以贱为本;虽高,必以下为基。""贵"是高贵,"贱(jiàn)"是贫贱。人为什么会高贵起来？比如一个农村出身的人,家里很穷,自己两手空空来到城市打拼,努力奋斗了十年、二十几年后,当上了企业家,变成了富翁,这就是由富而贵。所以,富和贵往往是连在一起的,富了自然贵。但你必须知道,这个贵是在贫贱的基础上经过不断努力而成就的。就像几十层高的大楼,虽然高大,但也是从平地泥土中开始建造出来的。所以"贵以贱为本",人不可忘本。"高以下为基",没有下面的基础就不会有上面的崇高。这是一个原则、一条戒律。如果做人做事违反了这个基本戒条,就会造成错误,就会导致失败。这就是"无"之以为用,这就是天地之常理。中国的有道之人,从上古以来就懂得这个道理。所以老子接着就以古代的侯王为例说明这个道理

"是以侯王自称孤寡、不穀。""孤""寡""不穀"都是侯王的谦称。孤云孤独,寡云少德,不穀有不善之意。所不同的是,据《左传》来说,南方的侯王多自称"不穀",北方的侯王多自称"寡",其他某些封国的国君则自称"孤"。这句话是说:古代的帝王都自称说,我太浅薄了,我自己德行不够。如商朝的开国君主子履(即商汤)就说过:"朕躬有罪,无以万方;万方有罪,罪在朕躬。"意思是,我自己有过错,不要让老百姓担,如果老百姓有过错,那都是我的过错,是我这个当领导的没当好。由此可以看出古代帝王的谦

虚。老子说:"此其以贱为本也? 非与?"这些上古帝王至诚的自称孤、寡、不穀,不就是以贱为本吗? 不是吗?"人之所恶,唯孤寡、不穀,而侯王以自称。""恶"(wù)即厌恶、讨厌,人们所厌恶所讨厌的就是"孤寡""不穀"(即德行不够),但是侯王却用它称呼自己。那侯王为什么以人们所厌恶的"孤寡""不穀"自称呢? 下面接着说出其道理:"故致数誉无誉。""故",连词,表示结果或者结论,当"所以""因此"讲。"致",求、达到。"数",屡次、频繁。"誉"即荣誉。"故致数誉无誉"是说,所以频繁地追求荣誉,结果反而没有荣誉。自吹自擂不仅惹人讨厌,而且还会败坏声誉。"故物或益之而损,或损之而益",这是再次概括说明上面的道理。"物"在这里是指事情而言,不是指物体而言,"或"用作状语,当"有时"讲。这句话是说:所以事情常常是这样的,有时你增益它反而减损了它("故致数誉无誉"便是"益之而损"之一例),你减损它反而增益了它(以"孤寡""不穀"自称反而得到美誉,便是"损之而益"之一例)。从逻辑上来说,这也是老子从个别推出一般。"不欲碌碌如玉,珞珞如石。""碌碌"(lù lù),是形容玉的圆润漂亮;"珞珞"(luò luò),是形容石头坚硬朴实。意思是说:不要把自己看成像珍贵的宝玉,而要把自己看成像被别人厌恶而低贱的石头。这句话也是对"致誉无誉"所做的进一步的抽象概括。上句概括为"或益之而损,或损之而益",是就客观必然性而说的;这一句是就主观态度而言的,即主观态度应如何呢? 那就是不要碌碌如玉,而要珞珞如石,即不仅在名誉之类的问题上不"致数誉",而且要像珞珞之石那样,处贱处下,守雌守黑。玉是石头中的精华,把它雕成美丽的饰物,又高贵又值钱,但却是废物一个,既不能拿来盖房子,又不能用它修桥铺路,没有什么用处。所以人们不要只图表面上的华丽,而应保持原始本来的朴素,能保持原本的朴素,那才是真正的自我。

这一章是讲道之用的。"道"是宇宙的本体,是万物存在的基础,是生命的源泉。所以老子告诉我们,做人做事,要从"道"这一"无"之以为用的原则出发,要知道"处下""居后""谦卑",即"贵以贱为本,高以下为基"。知道尊贵而保持卑下,不显尊贵之名;知道高大而处下,不显高傲之大,这样处世就会利而无害。如果刻意求尊贵,以尊贵自居,发展到极端,就会走向反面。所以说"得一"就是得到道的无名柔弱的功能。

第四十章　反者道之动

反者道之动,弱者道之用。天下之物生于有,有生于无。

本章是继前章用简省的文字表述"道"的运动规律及其作用,从而说明万物间有无相生的道理。

"反者道之动,弱者道之用。"陈鼓应《老子今注今译》说:"在这里'反'字是有歧义的:它可以做相反讲,又可以作返回讲(反与返通)。但在老子哲学中,这两种意义都被蕴涵了,它蕴涵了两个观念:相反对立与返本复初,这两个观念在老子哲学中都很重视。老子认为自然界中事物的运动和变化莫不依循着某些规律,其中的一个总规律就是'反':事物向相反的运动发展;同时事物的运动发展总要返回到原来的基础状态。""反"有相反、返回两义,但在这里应作相反解,与"玄德深矣远矣,与物反矣"(第六十八章)的"反"字用法一样。这句话的意思是说:向着自身相反的方向发展,是道的运动;保持着柔弱的状态,是道的运用。这也就是说,事物必然走向自己的反面(一个人一出生,就是在向自己的反面——衰老转化),这是道的运动规律,亦即道的作用。如果不让事物走向反面或延缓走向反面,那就须用"弱",而"弱"也是事物走向反面的主动力。"道之动"和"道之用"是一个意思,都是说的道的支配作用。"为者败之,执者失之"(第二十九章);"祸兮福之所倚,福兮祸之所伏"(第五十八章);"人之生也柔弱,其死也刚强;草木之生也柔弱,其死也枯槁;故刚强者死之徒,柔弱者生之徒"(第七十六章);"柔弱胜刚强"(第三十六章)等等,都是对于"反者道之动,弱者道之用"的具体解说。"反者道之动,弱者道之用"这个命题是老子辩证法的集中概括,也是老子哲学的主导思想。因为在老子哲学的整个体系中,他的道是产生宇宙万物的总根源,所以老子的辩证观念,主要表现在他所说的"反者道之动"的"反"上。

老子立言在于导世,"反者道动"的提出,为的是用"反"("返")。表现在用"返"上,蒋锡昌《老子校诂》说:"宇宙历史演进愈久,则民智愈进,奸伪愈多,故去真亦愈远也。"就在人们离真愈远之时,老子以为"应自有为返至无为,自复杂返至简单,自巧智返至愚朴,自多欲返至寡欲,自文明返至鄙野",所以老子有"小国寡民"的说法。

用"返"还包括迷失于五花八门、千奇百怪现象中的人要返求诸己,回头自省,返朴无欲,虚静如婴儿般。

在用"反"上,首先是行事欲反。鉴于常人"欲先",老子却"后其身而身先"(第七章),鉴于常人经情直行,老子却"将欲取之必固予之"。吴澄说:"老子言反者道之动,又谓玄德深矣远矣,于物反矣,其道大抵与世俗之见相反,故借此数者相反之事为譬,而归于柔弱胜刚强之旨。"(《道德真经注》)

其次是观念欲反。即如《淮南子·道应训》中提到的,为了防止别人妒之、恶之、怨之,自己就"吾爵益高,吾志益下;吾官益大;吾心益小;吾禄益厚;吾施益博"。所以老子说:"贵以贱为本,高以下为基。"这种观念欲反还表现为:"夫存者不以存为存,以其不忘亡也;安者不以安为安,以其不忘危也。故保其存者亡,不忘亡者存;安其位者危,不忘危者安。"(王弼《老子指略》)

老子这种用"反"服从于"道"的"卑谦""处下"原则,与世俗取向相反。如高与下,必取下;贵与贱,必取贱;柔与刚,必取柔;弱与强,必取弱。于是这"用弱"也成必然。这用"弱"又与老子观察自然水弱善胜,欲法自然必用其"弱"有关。而它("弱")直接标以虚荣静默退让,并辅之以仁慈,于是这样不伤于物,不伤于物则无往而不入,故虽"弱"却未必"弱"。所以老子说"柔弱胜刚强",即任何事物都是弱的方面胜于强的方面。

"天下之物生于有,有生于无。"这是再加以概括。"无"即道。我们普通人看天下万物,生生不息,一代一代的生都是生于"有"。那"有"是从哪里来的?"有生于无",是"从无来的","无"能生万有。所以,这就是用"弱"的理论根据。"弱",并不是我们现在所说的软弱,而是刚强活动的变相,不显于外或看不到的意思。

第四十一章　上士闻道

上士闻道,勤而行之。中士闻道,若存若亡。下士闻道,大而笑之;不笑不足以为道。

故《建言》有之:"明道若昧;进道若退;夷道若颣。"故上德若谷;广德若不足;建德若偷;质德若渝。大白若辱;大方无隅;大器晚成;大音希声;大象无形;大道无名。夫唯道善始且善成。

上章讲"反者道之动",本章接着就讲这种相反之事,所以吴澄说:"此详言上章反者道之动也……建言有之以下十三事,皆道之与物相反者也。"这十三事就是自"明道若昧"至"大道无名"的十三句古代成语。

本章共分两段:第一段是讲三种层次的人士对闻道的反应和态度;第二段是说明道的哲理深远,与物相反。正因为与物相反,所以才不被"下士"所理解,才会"大而笑之"。

"上士闻道,勤而行之"的"士",在西周是专指武士,到春秋时期出现了文士,这里是指文士,即知识分子。"而"在这里当"能"讲(见裴学海《古书虚字集释》卷七"而能"条)。这句话是说:上等的士人听了道的言论,能努力地去实行。这说明其悟性高,就像禅宗释迦拈花,不用说话,大迦叶尊者就开悟了。"中士闻道,若存若亡。""亡"同"无",中等的士人听了道的言论,半信半疑,好像存在,又好像不存在,稀里糊涂,搞不清楚。可以说,世界上像"中士"这一类的人非常多。"下士闻道,大而笑之,不笑,不足以为道。"这句中的"而"字当"故"讲,为"申事之词"(见同上书同条),"为"当"是"讲。意思是说:下等的士人听了道的言论,则因为你说的道太大,什么都不像,所以被嘲笑;如果不被他们嘲笑,那就不是道了。南宋范应元说:

"殊不知实运于虚,有生于无,虚无自然正是道之体;柔弱贱下正是道之用也,故不笑,不足以为道。"因为世界上最高的东西大家很难理解,最世俗的东西反而最喜欢。下面是从正反两方面说明道与物相反的道理。

"故《建言》有之:'明道若昧;进道若退,夷道若纇'。"这个"故"字,不是指因果关系,而是发语词,如同"夫"字。《建言》是书名。高亨说:"'建言'殆老子所称书名也。《庄子·人间世》引《法言》,《鹖冠子·天权篇》引《逸言》,《鬼谷子·谋篇》引《阴言》,《汉书·艺文志》有《谰言》。可见名书曰言,古人之通例也。""故《建言》有之",是说《建言》中有这样的话。"明道若昧",是说光明的道路好像暗昧。这个"道"是指道路,不是指宇宙本体。"昧"也不是完全黑暗,而是有点模糊、有点不明,也就是我们今天所说的"天亮之前,有一段黑暗",亦即黎明。这种"昧"是自然的物理现象。现在发现太空中有黑洞,所有宇宙的光明一进入黑洞就变黑了。这个黑洞里面到底是什么东西,不知道。因此怀疑整个宇宙是否是从黑洞中放出来的。这是西方人的发现。可我们的老祖宗早就知道了,黑暗才是真正大光明的根本。"进道若退",前进的道路好像后退。这也就是说,你学任何一样东西,做任何一件事情,进步到一定程度,成功快要出现的时候,反而觉得是在退步。比如写毛笔字,开始时越写越觉得有味道,越写越觉得漂亮,但到最后越写越觉得难看,于是就不想练下去了。其实,觉得写的字难看的时候,正是你书法上进步的时候。"进道若退"说的就是这个道理。"夷道若纇",亦同此理。"夷"即平坦;纇(lèi),即不平。平坦之路好像崎岖不平。可以说,世界上没有绝对平坦的路。老子引用《建言》中的这三句话,主要是说明看问题要从现象上看到本质,看到本源,所以接着就从"上德"说到"大道",说到"夫唯道善始且善成"。

"故上德若谷"。这个"故"是连词,承上文,表结论。"谷",马叙伦说:"各本作'谷',俗之省也。言高上之德反如流俗,即和光同尘之义。"高亨说:"上为其高,谷喻其下。"这句话是说,所以具有高尚品德的人如同一般人一样,你看不出来他特殊。"广德若不足",是说具有宽广品德的人,好像不足。一个德性好的人广博宽大,普遍照应万方,反而觉得不够。"建德若偷","建"同"健",《释名·释言语》曰:"建,健也,能有所建为也。""偷",高亨说:"偷借为懦。《说文》:'懦,弱也'。建德若偷,犹言强德若弱耳。偷与懦古通用。"这是说,具有刚健之德的人,表面上看好像胆小怕事,其实内心的刚你看不出来。"质德若渝","质"是充实,"渝"(yú)是空虚。这是说,具有充实之德的人,表面上看好像是空虚。这四句所谓的"德"可以说是得道之人的品德,同时也是道本身的品德,也可以说是老子对自己的写照。

"大白若辱;大方无隅;大器晚成;大音希声;大象无形;大道无名。夫唯道善始且善成。"这是讲道在属性上的特点,说明道与世俗事物的不同,同时也是以物理来讲人生。"大白若辱",是说最白的东西却像黑的。"白"即清白,"辱"即污黑。我们读历史就会发现,有些人一辈子受冤枉,生前没有办法洗雪。比如宋代的岳飞,如今我们知道他是忠臣,可是在岳飞这件冤案发生之际,他硬是被处死了。在那个时候,他虽蒙不白之冤,但万代千秋之后,他不仅成为清清白白的一个人,而且成为神。这就是"大白若辱"。"大方无隅",是说最方的东西却没有四角。"隅"(yú),即方角。在这个地球上,你认为有东西南北四方,即所谓"天圆地方"。其实地球是圆的,根本没有四角,太空更是如此。所谓东西南北是人为的,是人类自己假定的。所以说,你看上去大地是方的,但它却没有四角。这也是个比喻,比喻人的处人为事,既坚持原则(方),又不僵硬(没有棱角)。"大白若辱"也是比喻,比喻人的品德,既洁身自好,又遇事随俗。"大器晚成"也是说人的,说有大成就的人,总是比较晚的成就他的事业。历史上大器晚成的人很多,据说比较有名的有十位。这十位是:姜尚、屈原、勾践、吴承恩、黄忠、重耳、慕容垂、刘邦、苏洵、齐白石。譬如姜尚,年轻时曾在商都朝歌(今河南淇县)宰牛卖肉,后又到孟津卖酒。他虽贫寒,但胸怀大志,勤奋学习,始终不断地研究、探讨治国兴邦之道,以期有朝一日能大展宏图,为国效力。直到暮年,才遇到了施展才华之机。姜尚在辅佐周文王期间,为强周灭商制定了一系列正确的内外政策。周文王死后,武王姬发继位,拜姜尚为国师,尊称尚父。姜尚继续辅佐周国朝政。武王十一年,武王举兵伐纣,在牧野大获全胜。周朝建立后,姜尚因灭商有功,被封于齐,都城营丘(今山东临淄)。齐白石这位在近代中国画坛享有盛名的艺术大师也是起步较晚,他从小家境贫困,世代务农,仅在几岁前随外祖父读过一段私塾。他砍柴、放牛、种田,什么活都干过,12岁学木匠,15岁学雕花木工,挣钱养家,27岁开始学画画。这个时候所有人恐怕连他自己也不会想到,日后会成为一代大师,获得一连串的荣誉。"大音希声",是说最大的声音却令人听不到。现代科学研究证明,人耳能听到的声音的频率为20~20000赫兹,超过20000赫兹的振动波叫超声波,人耳就听不到了。其实在太空中,银河系统昼夜都有声音,而且声音无比大,只是人类听不见,尤其到了高山顶上,会感觉一点声音都没有,所以觉得宇宙是宁静的。这句话既是讲自然的物理现象,也是用来比喻人事;譬如某种言论,某种法令,办某件事情,声势浩大,那就不是最强大的。最强大的并不张扬,没有什么动静,悄悄地在起作用。"大象无形,大道无名",这两句是直接就道而言的。"大象无形"与第十四章"无状之状,无象之象"相同,是说道之象——"大象"是没有形迹的。比如说虚空,一般人绝不会承认有虚空,但是,虚空是有的,只不过我们看不到而已。我们眼睛所看到的虚空,不是虚空,而是天空,那只是个空间。"大道无名",并不是说大道没有名字,老子已经给"道"起了个名字叫作"无"。这个"名"同"明",是明显的意思。这是说:大道的功能你是看不见的,要在人世间一切的作用上去体会的。"夫唯道善始且善成",是老子提出的希望,也是教我们体"道"的路径。"夫唯"是语气词连用,表示希望。"善始且善成","善"是善于,"始"是初始,即"道体"。"且",副词,表示在短暂的时间内,当姑且、暂且讲;"成"即成功、成效。意思是:要善于透过道的作用、道的现象去认识这个道"体",这样才可以看出它的成效来。所以,要修道,就必须先了解这个"道",而要了解这个"道",就必须在象与用上去找,光是找"道体"是找不到的,因为"体"是透过相与用而表现出来的。

老子说"上士闻道,勤而行之,中士闻道,若存若亡",我们既然想学老子,想做上士,那么如何做呢?那就是先把老子从"明道若昧,进道若退……(到)大象无形,大道无名"这些道理都懂了,并在做人做事上,在很平实的人生中努力践行,才会体会到这个形而上不可知、不可见的"道"。如果是这样,那你就修成功了。假使你不在行为上去修持,你想直接了解形而上的"道",那是做不到的,也是不可能的。

该章包含了相当深刻的辩证法思想,我们可以从中得到有益的启发。如"明道若昧,进道若退,夷道若颣"就是很深刻的:光明的道路在某个时期里,甚至在事情的结局未揭晓以前的整个期间,它若昏若暗,否则人们认识光明之路就不会有困难了;前进的道路没有笔直的,在总方向上他是前进的路,但有局部的倒退和曲折,就局部看前进的路犹如后退;世间没有绝对平坦的路,总体来说是平坦之路,却有崎岖,或有局部的似乎难以通过的险阻。这的确是人们在认识和行动上的重大困难。就讲"德"的四句来说,对于修养和认识人也都是有益的:有上德者,其表现形式并不突兀超群,似乎和俗人差不多;有广德者,其表现形式并无盛满气象,却好像不足;有刚健之德者,却好像懦弱;有充实之德者,却好像空虚。我们的修养,切忌在形式上超群出众,盛满盈溢。对识人,也要从其表现形式看其实质。"大白若辱""大方无隅"也是这样。识人处世都要懂得"大白若辱"的道理,不为表面之"辱"所迷惑;但我们却要反对借口"大白若辱"而同流合污。"大方无隅"也是很辩证的,讲原则不必有棱角刺人,所以我们讲"方而不扼";但这又容易走到放弃原则,所以我们又讲"圆而不滚"。后来有些学老子的人,往往由"大白若辱"而同流合污,由"大方无隅"而圆滑奸伪。"大器晚成"也是对的,后世常有人以此品评才质。但不能一律看待,既有"大器晚成"者,又有"早慧"者。"善始且善成",从另一个角度来讲,也是很深刻的。世上之事,常常是善始无善终,半途而废、功亏一篑是常有的事。

第四十二章　道生一

道生一，一生二，二生三，三生万物。万物负阴而抱阳，冲气以为和。

本章是承上章讲"道"之现象后讲道生万物及其调和作用。

"道生一，一生二，二生三，三生万物。"对于这句话的解释历来都把这个"生"字当成"生育"讲，说道生出一，一又生出二，二又生出三，三又生出了万物。这样解释看起来很有逻辑性，其实是不对的。这个"生"字，在这里是"固有""本来"的意思（见《汉语大字典》释"生"条）。"道生一"是说道本身就是一，"一"就是道。《老子》第十四章说"视之不见名曰'夷'；听之不闻名曰'希'；搏之不得名曰'微'。此三者不可致诘，故混而为一"。所以说"一"就是道。"一生二"，是说"一"本身就是两个，也就是正反两面，正反两面的代号就是阴阳。所以，《易经·系辞》里说"易有太极，是生两仪"。"太极"就是"道"，"两仪"就是阴阳。我们今天所看到的"太极图"，那不是太极图，那是"阴阳图"。"三生万物"，是说阴阳本身也在变，而推动它变化的那个力量就是"三"，所以说"三生万物"。天地万物都是由这"三者"成就的，都是由三个三个而来的。这就是《易经》伏羲氏先天八卦，为什么只画三爻，而不画四爻的原因和道理。后天的六十四卦变成六爻，六只是它的用。而先天的三爻则是代表了生成，这是数理的次序。万物的变化有三，由此产生了生生不息。有人说这和辩证法相同，其实是由于这个原理才产生了辩证法的"正、反、合"三者的观念。

"万物负阴而抱阳，冲气以为和。"这句话既是对上面一句话的注解，也是对三者之间关系的说明。"万物负阴而抱阳"，"负"是承载，"抱"是依存，也可以说是背上背着、怀中抱着。意思是：天地万物及人类社会都包含着阴与阳两个方面，它们是相互依存、相互渗透的。阴与阳的统一乃是一切事物的固有属性。认为只有阴而无阳或只有阳而无阴,就如同认为只有上而无下或只有下而无上一样,是不能成立的。这就是"道生一,一生二",它又分为两股力量的作用。"二生三",另外还有一个东西,光是阴阳两股力量,没有一股中间力量去调和是不行的,这个调和的力量就是"冲气",所以说"冲气以为和"。"冲",《说文》曰"冲,涌也",即涌动、激荡的意思。"气",指的是能量。能量就是道,它充满整个宇宙。所以《老子》第四章说"道盅(冲)而用之,又不盈"。具有强大能量的道,是事物实现和谐的内在动力。前面讲过"故物或损之而益,或益之而损",花草果木长到某一繁茂情况时,就要落花落叶,得到休整,这是"损之而益"。如果得不到休整,来年不但开不出好花,结不出好果,还会把它累死。这就是"益之而损"。所以要"冲气以为和",使阴阳调和,损益适当,才能欣欣向荣。这里老子就是告诉我们:他处世的原则方法,就在这个原理之中。老子的这一思想就是后来儒家所说的"中庸",也就是我们现在所说的"双赢"。

这一章全部无韵。这在《老子》书中是个别的。但读起来仍有节奏感,顺嘴上口,所以它也是诗,并且诗意颇深。

第四十三章　天下之至柔

天下之至柔,驰骋于天下之至坚。无有,入于无间。吾是以知无为之有益也。不言之教,无为之益,天下希及之矣。

本章进一步讲道的作用,共分两层:一层是"至柔",一层是"无为"。"天下之至柔,驰骋于天下之至坚。"这也正是第七十八章"天下柔弱莫过于水,而攻坚,莫之能先"之义。"至"是副词,表示极高程度,当"最"讲。唐成玄英解释说:"至柔,水也;至坚,金也;驰骋,攻击贯穿之义也。"驰骋的本义是马奔疾速,后来用之形容迅速之貌,如"风驰电掣"。这里不用"贯穿"而用驰骋,主要是突出至柔之水"贯穿"至坚之石的疾速,以别于水滴石穿的现象。这句话的意思是说:天下最柔的东西,能在天下最坚硬的东西中穿来穿去。"无有,入于无间",这是对上文的抽象,并从而引出下文"吾是以知无为之有益也"。"无有"即空,即看不见形象的东西。这个东西就是"道",因为"道"是一种能量,所以看不见。"无间",即没有间隙、没有间隔。比如一堵墙壁,看上去是阻碍了空间,但只要挖一个洞就有虚空。如果不挖,那虚空也仍然包围着墙壁。大山也是如此。虚空这个东西是无孔不入的。这句话的意思就是说:这个看不见的力量能渗透穿越没有间隙的东西。"吾是以知无为之有益也"是说:我就是从"天下之至柔,驰骋于天下之至坚"得知"无"之作为的好处的。"益",益处、好处。关于"无有,入于无间"与"吾是以知无为之有益也"之间的逻辑联系,王弼注说:"虚无柔弱,无所不通,无有不可穷,至柔不可折;以此推之,故知'无为之有益也'。"从这里我们可以看出,在老子哲学中,其柔弱胜刚强是同无为联系在一起的;也可以说其无为的特点之一就是柔,以柔对刚,反对以刚对刚,反对硬碰硬。

"不言之教,无为之益,天下希及之矣。"这是老子对天下之人不懂无为的好处的感叹！意思是:"不言之教""无为之益",天下之人没有知道的,没有人能身体力行。"及",《说文》:"及,逮也。"用今语说就是跟上的意思,也可以说达到。"及"在这里当包括"知"和"行"两方面,和第七十章"吾言甚易知,甚易行;天下莫能知,莫能行"是一致的。

本章所包含的辩证思想也是很丰富的。第一,在中国思想史上,老子是第一个提出"行不言之教"的,后来人们称之为"身教",这对教育是一个积极贡献。例如道德教育,"身教"即教育者自己的模范行为是非常重要的,在这个基础上,言教才能起作用。如果自己起不到模范作用,那"言教"就不会有很好的效果。再如劳动技能训练,教育者如果不能操作示范,只是就理论而理论,就不会有什么成效。第二,由此推向人生社会,你要"驰骋天下之至柔",就必须守柔用弱。反过来,你要不被驰骋驱使,就不能有隙;因为有隙,他人就会乘隙,或激起怒,或投其所好,因而为他人所驱使。唐朝宪宗、文宗时的宦官仇士良就将这一理论用至极歪,他依仗自己的权势,对其党徒说:"天子不可令闲,日以奢靡娱其耳目,无暇更及他事。"意思是:不可使天子闲着,要让他每日沉浸于灯红酒绿之中,这样他就没有空读书亲儒生,无法上朝理政。天子无法上朝理政,仇士良就可保持权势。反过来说,天子也因为有这奢靡娱乐之间隙才会造成这种唐朝宦官之祸的。所以,要想不被别人驱使,就必须无间无隙。

第四十四章 名与身孰亲

名与身孰亲？身与货孰多？得与亡孰病？

是故甚爱必大费；多藏必厚亡。知足不辱，知止不殆，可以长久。

本章是讲道在人生观上的应用。所谓人生观，就是对人生的看法，也就是对于人类生存的目的、价值和意义的看法，即人活着为了什么。社会各阶层的人，都有其人生观。"人过留名，雁过留声"，是为名的人生观；"人为财死，鸟为食亡"是为利的人生观；以追求享受为目的人生观，便是享乐主义的人生观；"三十亩地一头牛，老婆娃娃热炕头"，是封建社会的农民的人生观；全心全意为人民服务，为实现共产主义而奋斗则是共产党人的人生观。而老子的人生观，用他自己的话来说就是"长久"。由此看来，老子的人生观是同他的整个哲学体系连在一起的。

"名与身孰亲？""名"，指名誉、名利。"身"，不是指身体或肉体，而是指生命。"孰"为代词，表疑问，其中往往带有选择的意思，可以代替或指示人，也可以代替或指示物。"孰"用作主语，如果前面没有先行词，可释为"谁"或什么；如果前面有先行词，可释为"哪个"，这里前面有先行词，当"哪个"讲。"亲"，是"爱"的意思，也可说"亲近"。这句话是说：名利与生命比起来哪个更可爱？"身与货孰多？""货"，指财物。"多"在这里不是多少的"多"，而是贵重、重要的意思。这句话是说：生命与财产比起来哪个更重要？"得与亡孰病？""得"是得到。"亡"是丢失、失去。"病"是害、损害。这句话是综合前面两句而言，意思是：得到名利和财物而丧失生命，与保全生命而丧失名利和财物，哪一个更有害？老子虽没有明确说哪个对哪个不对,但从这几句话发问的口气来看,言下之意是说生命比名利、财物贵重得多。他是在告诫人们不要去争身外的名利和财物。这个道理,后来的庄子在《让王篇》中引用说:韩国和魏国相互进犯对方的土地。魏国的子华子去见韩国的昭僖侯,看见昭僖侯面带忧色。子华子说:"现在如果让天下人在你面前写个誓约,誓约写道:'左手夺取天下就砍掉右手,右手夺取天下就砍掉左手,然而得到它的人就可以得到天下。'你愿意去夺取它吗?"昭僖侯说:"我不夺取。"子华子说:"很好。由此看来,两臂比天下重要,身体又比两臂重要。韩国和天下相比,当然又远远轻于天下了。现在你所争夺的那点土地,和韩国相比,又远远地轻于韩国。你何必苦苦地忧愁伤身,仅仅为得不到土地而忧虑呢?"昭僖侯说:"好啊!教导我的人多了,可从来没有听到过这样的话。"子华子可以称得上是懂得轻重了。这就是历史上有名的"名与身孰亲"的故事。后来禅宗大师栯堂禅师的名句:"天下由来轻两臂,世间何苦重连城",就是由此而来。

"是故甚爱必大费,多藏必厚亡。"这是老子进一步告诉我们,要懂得生命的重要。"甚爱"即过分的爱。"费"即耗损、破费。"甚爱必大费",是说你对一样东西爱得发疯,最后你所爱的丢得愈多。这就是爱别离苦,即佛教所说的"八苦"(生苦、老苦、病苦、死苦、爱别离苦、怨憎会苦、求不得苦、五阴炽盛苦)之一。"多藏必厚亡",意即多积蓄财物就必然多丧失。"多藏"是指多积蓄财物,"厚"是多,"亡"是丧失。你所藏的东西不管有多少,最后都是为别人所藏。比如乾隆朝的和珅是大家都知道的大贪官。他利用职权,横征暴敛,积累了不少钱财。嘉庆四年正月初三,乾隆帝寿终正寝,嘉庆皇帝便于正月初八宣读遗诏,正式逮捕了和珅。当查抄者把查抄和珅家的清单拿来时,众人看了无不吃惊。籍没入官的家产总数,可抵后来甲午战争、庚子战争两次赔款的总额。曾有人计算,乾隆时,清廷每年的收入为7000万两白银,和珅秉政20年,他的全部家产竟有8亿两之多,比清廷10年收入的总和还要多。和珅死后,家产也被籍没了。当时民间流传着这样一句话:"和珅跌倒,嘉庆吃饱。"因此,老子下面教我们一个了解人生的道理:人生什么是福?这就是"知足不辱,知止不殆,可以长久"。意思是知道满足,就不会蒙受耻辱;知道适可而止,就不会有危险;这样就可以安全而长久。"知足"和"知止"虽关系密切,但二者还是有所区别。以主客体的关系来说,"知足"的主体处于被动状态,比如别人给东西,到了一定数量,你说

"够了,我知足了",自己知足了就不会蒙受耻辱。"知止"的主体是主动的,是主体自身设定的一个到此为止的界限,对向外之物的追求到此为止,设定了这样的界限,就不会有什么危险了。"知足"是客体对主体作用而产生的行为,"知止"是主体自身产生的行为。此两者虽都表示一定的限度,但"知足"的限度带有一定的弹性,"知止"则是刚性的。"知足"是针对人的欲望而言,要求不可不断扩大欲望直至贪得无厌,那是罪、祸、咎的根源。但欲无止境,满足了一定欲望后,可能又会产生更高的欲求。"知止"则是设定不可逾越的界限,不越雷池一步,这样才可以安全长久。

这一章也是在讲"冲气以为和"的"中和"道理,也就是子思在《中庸》里所说的"致中和"。下面两章是把这两章道理再加以发挥。

第四十五章　大成若缺

大成若缺，其用不敝；大盈若盅，其用不穷。大直若诎，大巧若拙，大辩若讷，大赢若绌。

寒胜趮，静胜热，知清知静，为天下正。

"大成若缺，其用不敝。""大成"有两种解释，一是圆满，二是获得了极大的成就或成功。"缺"，缺陷、欠缺。"敝"（bì），衰竭、衰败。这句话是说：最完满的东西好像都存在着缺陷，有点缺陷反而它的作用永远不会衰竭。清代中兴名臣曾国藩到晚年还把自己的书房叫作"求阙斋"，意即求一点缺陷，不能把自己搞得太圆满，因为满招损。"大盈若盅，其用不穷。""大盈"就是大满。真正的充盈，如瀑布一样，不停地从山上流下来，天天都盈满流动，这就是"盅"的作用；你看上去流动后好像是空了，但它的作用却不会穷尽。所以说，真正的充满要使它流动，只有流动，作用才会无穷。如果把现在的东西永远保住不动，认为是属于自己的，那就会犯前面所说的"大费"的毛病，结果一定是"厚亡"。财富如此，权力也一样。一切东西都不能用之于私，如果用之于私，那就完了。"大直若诎"，"诎"（qū），弯曲。在我们这个世界上是没有直线的。你到太空去看，有些星球是横条的，有些是三条的，有些是椭圆的，只有地球是圆的。因为地球是圆的，所以是圆卷曲线而没有直线。"大直若诎"就是说最直的东西好像是弯曲的。懂了这个道理，就懂了人生的道理，人生没有笔直的，所谓直不过是人们的假定而已，诎就是直。"大巧若拙"（zhuō），意思是：真正好的东西，看上去并不那么巧妙，而是比较笨拙。如现在手工制作的东西，看起来比较粗糙，其实最能反映制作者的灵巧。科技手段制作的东西，看起来精细，但并不巧妙。这就是"大巧若拙"。"大辩若讷"，"讷"（nè），语言迟钝，不善于讲话。这句话是说：

真正会讲话的人,好像笨笨的,一句话都讲不出来。口若悬河,滔滔不绝,似乎是善辩,但那是"小辩"。真正的"大辩"则不然,很少说话,好像口讷,但话虽少,却能一语中的,说到关键处,说到点子上。运用"大辩若讷"的在历史上有个人,这个人就是赵匡胤。赵匡胤当了皇帝以后,江南的南唐后主李煜还没有投降。李煜的文学修养很高,诗词歌赋样样都好,他下面的大臣也是如此。赵匡胤如果与他们相比肯定比不上。有一天李煜派宰相徐炫出使北宋,赵匡胤听说这位宰相学问很高,就特召开一次御前会议,研究派哪一位饱学之士来接待这位来自南唐的使臣。可是研究了半天,却找不出一个人来。最后赵匡胤灵机一动,就从自己的卫士中找了一位相貌堂堂、一个大字也不识的人,来担当接待任务。徐炫到后,为了表露自己的才华,对天文、地理、国际、政治高谈阔论。可是这位接待大臣,什么都不懂,只说请上坐,请喝茶,如此搞了三天。徐炫心里想,赵匡胤手下的人学问太高了,我说了半天他都不置可否,既没有赞叹认可,也没有什么反对意见,赵匡胤真是莫测高深,看来只有服从了。这就是赵匡胤的高明,以木讷对智聪,事情就成功了。"大赢若绌","赢",可当"剩余"解,也可当"得利""获利"解;"绌"(chù),可当"不足"解,也可当"减损""亏本"解。意思是:最丰裕的好像不足。这句话如果用到做生意上,那就是最大的赢利好像亏本,即做生意赚钱不要贪多,要慢慢赚,看似少,但能长久,这就是最大的赢利,如果一下子赚够了,那下次就没有人和你做生意了。

"寒胜趯,静胜热,知清知静,为天下正"是这一章的结论。"趯"通"燥",燥热、干燥。冬天的时候,气温降到零下,太阳的热能就起不到太大的作用,只是稍微温暖一点而已。这就是寒胜趯,即寒的方面胜于趯的方面。反过来就是"趯胜寒",夏天的气温,会把冰冷的寒气化掉。"静胜热",我们平时常说的一句话叫"心静自然凉",一静下去就不会热了。反过来,就是"热胜静",我们平时也有这样的感觉,心里不静,一着急手心就会出汗。这都是两边的观念,都是相对的,都是正反相合的。"知清知静,为天下正",这是推及人事。"知"在这里不是"知道""了解"的意思,而是"主持""掌管"的意思。此处的"知"和《易传》"乾知大始,坤作成物"之"知"一样,都是"主"的意思。后世的"知县""知府"之"知"也是这个意思。"静"是特指自然(天地)的处世境界,亦即无为的境界。达到无为的境界内心就安静了,就与道的特性同一了。有此境界,做事就会不偏不斜。"为"在这里作动词,当"使"讲。"正"是整治、治理的意思。这句话是说:当领导人的,只有以清净为主(亦即依道为主),才能使天下治理得好。

本章所包含的辩证思想也是很丰富的,它涉及了假象与本质的辩证关系。无论自然界还是人类社会,都有这样一种类型,其表现形式与其本质恰好相反,我们把这类事物的表现形式叫作假象,而假象也是表现本质的。假象可以迷惑人,也可以成为认识事物本质的导向。而在认识论的发展史上,揭露表现形式与本质相反的辩证关系是很有意义的。老子在中国哲学史上首先涉及了这个问题,提出"大成若缺""大盈若盅""大直若诎""大巧若拙""大辩若讷""大赢若绌"等一系列表现形式和本质相反的带有规律性的范畴。应该说,这是老子对认识论的一个很大的贡献。在中国哲学史上,哲学家们对这个问题研究的很多,如"大智若愚""大奸似忠""大诈似信"这些颇有意义的观点,就直接渊源于老子,其辩证思想也更为深刻。"似忠"是"大奸"的必有特征,而且是本质特征,否则便成不了"大奸",骗不了聪明人,坏不了大事。同样,"似信"是"大诈"的必有特征,也是本质特征,否则便不能成为"大诈"。识别大奸大恶最难,所以古人有诗叹曰:"周公东贬流言日,王莽谦恭下士时,假使当年身便死,一身真伪有谁知。"好在老子为我们提供了一种认识人的方法,那就是:其人"若愚",但无其他特别的愚状憨态,那么该人说不定是个"大智者";其人"似忠",就要防止他是个"大奸者";其人"似信",就要防止他是个"大骗子";其人"色柔",说不定是个"心刚者";其人"外勇",说不定是个"内怯者";其人"温良谦恭",说不定是个"为诈作奸者"……诸如此类,在识人时做多方面的考察思考,那么对人的认识也就八九不离十,即使王莽谦恭时,也能识他个真伪,不致造成以后的结局。

第四十六章　天下有道

天下有道，却走马以粪耰；天下无道，戎马生于郊。罪莫大于多欲，祸莫大于不知足，咎莫憯于欲得。故知足之足，常足矣。

本章是从历史哲学的角度讲对人生的认识。

"天下有道，却走马以粪耰；天下无道，戎马生于郊。"这是讲历史哲学或历史规律。文中的两个"道"字，不是指宇宙本体之道，而是指人文文化或规律性的道。"却走马以粪耰"的"却"是驱使的意思。高亨说："却犹驱也。""粪"是"播"的假借字。"耰"（yòu）是古代平整土地所用的农具。《说文》："耰，摩田器也"，即播种后用耰平土盖上种子。20世纪70年代在中原一带还有这种农具，俗称"碾子"。"粪耰"，在这里泛指耕种。"天下有道，却走马以粪耰"，意思是说：在国家政治清明的时候，人们驱使着战马来耕种土地。这说明和平年代，人、物相安，各尽其事。"天下无道，戎马生于郊。""戎马"即战马。"郊"，按照周朝制度，离城五十里为近郊，百里为远郊，此处泛指野外，亦即战场。据《韩非子·解老》说："因长期战争，可征用上战场的公马不够用，就连怀孕的母马也被征用上战场，以致母马在战场上生下小马。"这句话的意思是说：在国家政治混浊的时代，战争频发，就连怀孕的母马也要上阵，以致母马在战场上生下马驹。这说明天下无道的时候，人类的欲望跟着也起来了，都想占有，思想的错误造成了战争。战争不仅给人类带来灾难，也给所有的"物"带来灾难。所以老子接着说："罪莫大于多欲，祸莫大于不知足，咎莫憯于欲得。""莫"，代词，表示无指，排除一切对象，当"没有谁""没有什么"讲；"于"，介词，引进比较的对象，当"比"讲；"欲"，欲望、欲念；"咎"（jiù），灾害、灾祸；"憯"（cǎn），痛、惨痛。这三句直达心源,都是在责一个"欲"字,因为欲会造成"罪恶""祸患""灾难"。文中的"多欲""不知足""欲得"都是说人的欲心不能停止,并没有什么差异。这三句话的意思是说:罪恶没有比私欲更严重的了,祸患没有比不知足更大的了,灾殃没有比贪得无厌更惨痛的了。因此,老子得出结论说:"故知足之足,常足矣。"意思是:人心不足,由于欲心永远不会满足,而追求的结果则必造成祸患、灾难,所以"知足"这种"足",才是"常足",即永远不会走向自己的反面,造成祸患、灾难。老子此言足可警醒世人。世上的任何事物都有相反的两个方面,而且都有一定的限度。有无相生,利害相依,祸福同门,物极必反,这是不可抗拒的大自然的规律。所以,对于名利之欲,一定要顺其自然,以平常心待之,当取则取,不可贪得无厌,刻意追求。纵观历史,古往今来,人类社会出现的一切危害社会、危害人民、危害自身的行为,都是因为纵欲过度、贪得无厌造成的,都是因为"不知足"。老子的愿望是要人类真正的和平,而要真正的和平,就必须人人反省,人人都能够知足,可是有的人就是不知足。

有人认为,老子所说的"知足之足常足",是一种消极思想,也是唯心的。其实老子并不绝对否定人的欲望。他在第十九章就曾说"少思寡欲",而没有说"绝思去欲"。第二十九章又说"去甚,去太,去奢"。他所反对的是过分的欲望。此章所说的"多欲""不知足""欲得"就是指违背正道的纵欲而为。"知足之足常足"就是指按照正道所得而感到的满足,并不包含放弃为正义事业和正常需求而不断进取的意思。前面所引《淮南子·应道训》中所讲的公仪休拒鱼的故事就是一个很好的说明。

第四十七章　不出于户

不出于户,可以知天下。不窥于牖,可以知天道。其出弥远,其知弥尠。

是以圣人不行而知,不见而名,不为而成。

《老子》下经主要是讲"用",不是讲"体";但是"用"离不开"体",这就涉及了认识论。老子认为能真正了解道的运动及其作用和特点的人,就可以了解天下。

"不出于户,可以知天下。""不出于户"是"不于户出"的倒装句,之所以倒字为句,是为了押韵,否则,就失韵。"于",介词,当"用"或"从"讲。"户",单扇门。一扇为户,两扇为门;这里泛指门。这句话的意思是说:不从门户走出去,就可以知道天下的事理。我们常说的"秀才不出门,能知下下事"就是这个意思。"不窥于牖,可以知天道。""不窥于牖"是"不于牖窥"的倒装。"牖"(yǒu),窗户。"窥"(kuī),偷看。"天道"指自然的规律、法则。这句话是说:不从窗户往外偷看一眼,就可以知天道的运行规律。"不出户""不窥牖",都是用的形容词。那怎样才能实现"不出于户,可以知天下。不窥于牖,可以知天道"呢?那就是必须具有至灵至明的智慧能力,只有这样才能观其大全,得其大全。那又怎样才能形成这种至灵至明的智性能力呢?徐梵澄说:"精神不淫于外,反观内省,一切归于恬愉虚静,久乃发其本有之灵明,则可以知者大。"(《老子臆解》)陈鼓应说:"老子认为世界上的一切事物都依循着某种规律运行着,掌握着这种规律(或原则),当可洞察事物的真实情况。老子认为我们应透过自我修养的功夫,作内观返照,清除心灵的蔽障,以本明的智慧、虚静的心境,去觉照万物,去了解外物运行的规律。"(《老子今注今译》)这也就是说,道是用心"体悟"的,而要体悟到道,就必须去掉私欲,去欲是体道的前提;只有去欲,才能消除心灵的蔽障;消除了心灵的蔽障,才能真正领悟到道的奥妙。所以明代吕坤《呻吟语·存心》说:"天地间真滋味,惟静者能尝得出;天地间真情景,惟静者能题得破。"清纪晓岚说:"余五六岁时夜中能见物,与昼无异,七八岁后渐昏暗,十岁后遂全无睹","盖嗜欲日增则神明减耳"。(《阅微草堂笔记》)这都说明:一个轻浮躁动的心灵,是无法明澈地透视外界事物的。老子的这一观点,说明了客观性的理性思维对认识自然规律的重要性。有时在认识上仅凭感觉经验是靠不住的,因为这样无法深入事物的内部,不能认识事物的全部,而且还会扰乱人的心灵。所以老子接着说:"其出弥远,其知弥尠。""其",人称代词,"你""你们"。"弥"(mí),副词,"更加""越来越"。"尠"(xiǎn),同"鲜",会意字,甚少的意思。这句话的意思是说:你的心思越向外奔逐,思虑就会越纷杂,精神就会越散乱;精神越散乱,那你对道的认识也就越少。

"是以圣人不行而知,不见而名,不为而成。"这一句话是结论,既是讲学问的修养功夫,也是要求达到的一个更高远的目标。并不是说,万事都不要做,躺在家中的床上,就能成功,而是要真正做到无欲,使修养达到真正"无为"的境界。文中的"名"同"明";"不为"即"无为"。这句话的意思是说:所以圣人不出行却能感知,不察看却能明晓,明晓什么呢?无为就能成功。这也就是说,你到了"无为"的境界,无论做什么事都能成功。那如何才能够修养到"不为而成"的境界呢?下面第四十八章就是对这个道理的说明。

第四十八章　为学者日益

为学者日益,为道者日损;损之又损,以至于无为。无为则无不为。

将欲取天下者,当以无事。及其有事,不足以取天下。

以正治邦,以奇用兵,以无事取天下。吾何以知其然哉? 以此。

本章分三段。第一段讲"为学"与"为道"的不同。"为学"是求知识,"为道"是求精神境界。第二段讲"无为"是治理天下的总原则,即要以无为方针为指导。第三段讲"无为"是治邦内之事,与对外"用兵"不同。

"为学者日益,为道者日损;损之又损,以至于无为;无为则无不为。"此处两"为"字都当"求"解,是探求、寻求的意思。"益"是增加,"损"是减少。这句话的意思是说:求学问是靠知识、读书、经验,一点一滴慢慢积累增加起来的。今天懂一点,明天再懂一点,后天又懂一点,多一分努力就多一分收获。而求道则与做学问相反,是提高精神境界,是要把情欲一天天减少,今天减一点,明天再减一点,以至达到"无为"(即中和)的境界,达到"无为"的境界,就能无所不为了。这也是在讲"认识"与"认识论"的问题。冯友兰说:"认识的内容叫知识。知识这个词,有时也兼指认识的形式。例如认识论也叫知识论,但是它主要的是指认识的内容。例如物理学是一种知识,不能说是一种认识,如果说它也是一种认识,那指的就不是物理学中的原理公式等,而指的是认识这些原理公式的能力和方法。那就是认识论而不是物理学。认识论是不问认识的内容的,而对于人类精神的反思则必包括这些认识内容。例如科学研究是人类精神生活的一部分,如果对于这部分精神生活作反思,那就必须包括科学研究在不同科学中的内容,以及这一科学在不同时期的内容。""'为学'就是求对于外物的知识;知识要积累,越多越好,所以要'日益'。'为道'是求对于道的体会;体会是要减少知识,'见素抱朴',所以要'日损'……《老子》并不是不要知识,所以它还要用观的方法去求对外界的知识。它认为,为道就要日损,为学就要日益,但是所损所益并不是一个方面的事。日损,指的是欲望、感情之类;日益,指的是积累知识的问题。这两者并不矛盾,用我的话说,为道所得的是一种精神境界,为学所得的是知识的积累,这是两回事。一个很有学问的人,他的精神境界可能还是像小孩子一样天真烂漫,用《老子》的表达方式,一个人也应该知其益,守其损。"冯友兰又说:"中国的哲学是既入世又出世的。它的任务就是帮助人达到道德境界和天地境界,特别是天地境界。到了天地境界,其中最高成就就是自己与宇宙的同一,而在这个同一中,他也就超越了理智。"(《中国哲学史新编》)

"将欲取天下者,当以无事。及其有事,不足以取天下。""将欲"是助动词连用,表示做某事的意志,当"想要""希望"讲。"取",河上公注:"取,治也。"蒋锡昌说:"《广雅·释诂》:'取,为也。'《国语》二十四:'疾不可为也。'韦解:'为,治也。'是'取'与'为'通,'为'与'治'通。故河上公云:'取,治也。'""当",应该、应当。"无事"即无为,这里之所以用"无事",主要是突出其不要主动去找事、去干预。"及"当"若"讲(见《经传释词》),表示假设,当"如果"讲。"有事",即政举烦苛,亦即"有为"。这句话的意思是说:要想治理好国家,应当采取"无为"的方针;如果政事苛繁,处处限制,那是不能够治理好国家的。这里老子所提出的"以无事取天下",就是在讲最高的政治哲学,就是做事业也要以之为最高道德标准。

"以正治国,以奇用兵,以无事取天下。吾何以知其然哉?以此。"这一段是承上一段"以无事取天下",说明对"治邦"和"用兵"的不同。也可以说这是为政的三大原则。老子告诉我们,对于社会、国家、天下事,要以正道治国,不能用权术、用手段,而是要用真正诚恳的道德去感化,只有这样才能把国家治理好。而"用兵"就不同了。"用兵"是指挥战争,老子虽主张不进行侵略战争,但也主张在军事上应有充分的准备。譬如一个人,必须有一把刀,但永远不杀人。人需要自卫,而不去伤害人,也不接受别人对自己的伤害。"兵不得已而用之"(第三十一章),但既然已经打起来,在战场上就不能"无为"了。要以奇用兵,以奇制胜。《孙子兵法》说:"兵者,诡道也。""诡道"就是"以奇用兵"。"奇"是用阴的,是阴着干的,这虽然违反了道德,但为了保护国家利益,不能不用"奇"。以奇制胜,最终还是为了达到维护国际的道德与和平。"以无事取天下",这里又重复出现,不仅说明了"无为"的重要,也反映了老子政治哲学的精华所在。治理国家注重的是道德政治,使天下人归心。所以孔子也说:"为政以德,譬如北辰,居其所而群星共之。"老子最后说:"吾何以知其然哉?以此。""其"字是代指"以正治邦,以奇用兵,以无事取天下","然"字是代指所述的这种情况。"以此",是指这三句话以什么为由;"以"就是第一段中的"无为则无不为",即以这个总原则来治邦内之事、对外"用兵"之事和"以无事取天下"。这句话的意思是说:我是怎么知道应当这样去做呢?就是根据"无为则无不为"的原则明白这个道理的。

第四十九章　圣人无常心

圣人无常心,以百姓之心为心。善者吾善之,不善者吾亦善之,德善矣。信者吾信之,不信者吾亦信之,德信矣。圣人之在天下也,翕翕焉,为天下浑其心;百姓皆注其耳目,圣人皆孩之。

本章承上两章之旨,继续讲"无为而治"的道理。上两章讲到"圣人"即作为一个最高领导者,必须加强精神境界的修养,要减损欲念,以至达到"无为"(即道)的境界,到此境界,才能"以无事取天下"。此章则具体讲作为一个"得道"之人,治理天下国家,必须"以百姓之心为心"。这也体现了老子"重民本"的思想。

"圣人无常心,以百姓之心为心。""常"是固定不变,"无常心"就是没有固定的主观上的成见,即不是我想怎么样就怎么样,不是以我为准。应该以什么为准呢？要"以百姓之心为心"。心里的一切所想,都是以百姓的意志为意志,以百姓的需要为需要,并努力替他们去完成、去实现。能这样去做,才能够称得上是真正的"圣人"、真正的领导人。"善者吾善之,不善者吾亦善之,德善矣。信者吾信之,不信者吾亦信之,德信矣。"这是讲如何对待人的问题。句中的"吾",指代的是上文的"圣人",也就是老子心目中理想的圣明之君。"者"和"之",指代的是上文的"百姓"。"德"同"得",得到的意思。这句话的意思是说:一个得道的圣明之君,他的思想境界必然是至善的,他在行为道德上会帮助所有的人。对于善良的人,他以善良来对待他;对于不善良的人,他也用善良来对待他,从而使那些不善的人得到感化,使他们弃恶从善,人人向善,天下不就太平了吗？对于诚实的人,他以诚实来对待他;对于不诚实的人,他也用诚实来对待他,这样就可以感化那些诈伪的人,使他们弃伪守信,人人诚实守信,天下不就没有诈伪之事了吗?总之,老子是希望人们要和睦相处,不要互相诈欺,你争我斗。而要消灭那些"不善""不信"的种种不正常的现象,最好的办法就是用道德去感化。

所以,"圣人之在天下也,翕翕焉,为天下浑其心;百姓皆注其耳目,圣人皆孩之。""在"是处于某种位置。"翕翕"(xī xī),是聚合、包含的意思,就像一把扇子合拢起来,能够包容一切。"为天下浑其心"。"为",动词,"作为"的意思。"浑",浑厚,非常厚道的包容。"其"是指"圣明之君"。这是说,真正的圣明之君立身于天下,他的所作所为能代表天地之心,天地生成了万物,而万物之中就有好有坏,无论是好看的花,还是难看的草,都应在包容化育之中。"百姓皆注其耳目",明释德清解释说:"百姓皆注其耳目者,谓注目而视,倾耳而听,司其是非之昭昭。"这也就是说,百姓在"各用聪明"(王弼注)的情形下,自然会产生各种的纷争,于是人们就认为必须分出个你是我非。那得道的明君应怎样看待他们呢?"圣人皆孩之",得道的圣明之君都把他们当成孩童一般来看待,永远爱护他们,永远教化他们,不会与他们对立。换句话说,圣人之道,就是以父母之心,他看天下一切人,都如同自己的子女一般。子女有好有坏,不论是好是坏,总是自己的子女,一样要抚养他、教育他,这就是道德的最高境界,这就是中华文化的传统精神。综合起来,这段话的意思就是说:圣明之君为政于天下,始终是包容一切的,他的所作所为能代表天地之心,浑然而淳厚;百姓都爱争个你是我非,而他却孩童般地看待他们。

第五十章　出生入死

出生入死,生之徒十有三;死之徒十有三;而人之生生,动皆死之地,亦十有三。夫何故也?以其生生之厚也。夫无以生为贵者,是贤于贵生也。

盖闻善摄生者,陵行不遇兕虎,入军不被甲兵;兵无所容其刃,兕无所投其角,虎无所措其蚤。夫何故也?以其无死地焉。

本章是讲"摄生"之道,也可以说是对第十二章的引申。

"出生入死",这句话与我们今天所说的意义完全不同。《韩非子·解老》说:"人始于生,而卒于死。始谓之出,卒谓之入,故曰'出生入死'。""出生入死",即从生到死。这句话主要是用以引起下文,说人一生之中"生之徒十有三,死之徒十有三;而人之生生,动皆死之地,亦十有三"。"徒"通"途",道路、路径。"十有三"是"十零三",不是十分之三。王力在《汉语史稿》之《数词的发展》一节里说:"在上古汉语里,十被认为整数,十以下被认为零数。因此,'十'字一般不能直接和零数结合,中间往往加一个介词。在殷墟卜辞里,这个介词是'有'字和'又'字(例略,下同)。到了《书经》里更为严格了,'十'和零数中间必须加上'有'字,全书没有例外。"到了春秋战国有了变化,一则仍沿用旧例,在"十"和零数之间加"有"字,同时有些地方省略"有"字;再后就完全不用"有"字了。至于分数,则是另外一种表达方法。如《史记·魏世家》:"魏成子以食禄千锺,什九在外,什一在内。"《汉书·成帝纪》:"郡国被灾,什四以上毋收田租。"说明表分数的皆用"什一""什三";虽有个别"什"作"十"者,但中间绝不加"有"字。"有"即"又",零的意思。"十有三"即"十"又加上"三"。"十有三",是说的十三个器官,即心、肝、脾、肺、肾、胆、两耳、两目、两鼻、一口。"出生入死,生之徒十有三,死之徒十有三",是说人从生到死,靠这十三个器官营生,这十三个器官消损败坏则死。人自出生到死亡,就是这十三个器官发育成长以至消损败坏的过程。

"而人之生生,动皆死之地,亦十有三",这是指斥普通养生法的,"生生"即养生;不过这是指普通的养生法,老子的养生法叫"摄生",即维护生命,以求享尽天年之意。老子是主张静的,他反对动的养生法。"动"即运动、行动,动之过度则消损破坏人的生理器官,所以"动皆死之地,亦十有三"。如第十二章说"驰骋田猎令人心狂",驰骋田猎是非常激烈的运动,这种运动可以使人心狂。第十二章还说"五色令人目盲,五音令人耳聋,五味令人口爽",这都属于"生生""养形",都会损害人的器官。第十二章已说到目、耳、口、心六个器官,由于过分追求"生生",过分的声色之娱,肥酒厚肉之养,使这些器官都成了死之地,即目盲、耳聋、口爽、心狂。其他几种器官是怎样成为"死之地"的,无从推断。

"夫何故也?以其生生之厚也。"为什么十三个器官变成了"死之地"呢?因为养生太厚即太过分。第七十五章亦有"生生之厚"一语,与此同义。那里说"民之轻死,以其上求生生之厚也",是说因为那些当权的贵族追求养生过分而搜括挥霍,逼得民众无法生活下去,铤而走险。这是就治国说的,言"生生之厚"害国。这里言"生生之厚",使十三个器官皆被损伤破坏,是就治身说的,言"生生之厚"害身,即损害自己的生命。两者都是反对腐化,即奉养太过丰厚。

在"以其生生之厚也"之后,老子写道:"夫无以生为贵者,是贤于贵生也。"两"贵"字皆贵重之贵。"贤"在这里是多、胜过的意思。如《战国策·秦策三》:"臣死而秦治,贤于生也。"这两句话译成今语便是:"不以生命为贵重,胜于以生命为贵重。"其含意是:把生命看得贵重了,就必然"生生之厚";"生生之厚"反而会害生,持相反的态度,则会益生,所以不把生命看得贵重,胜于把生命看得贵重。

"盖闻善摄生者,陵行不遇兕虎,入军不被甲兵;兵无所容其刃,兕无所投其角,虎无所措其蚤。夫何故也?以其无死地焉。"这一段很难解,似很神秘,从来未得确诂。"入军不被甲兵"可以说是打开秘密的钥匙。"入军不被甲兵"的意思,也就是第七十三章所说的"勇于不敢则活",即不冒昧地与敌正面搏斗,亦即不去硬碰硬,有了这种勇气就能活命。反之,"勇于敢则死"。古代战争,没有飞机大炮,只是短兵相接,"勇于不敢",有"不敢"的勇气,不冒昧与敌交锋,就可保全生命。所以说"入军不被甲兵,兵无所容其刃"。"入军","入"是进入,"军"是进攻,这里泛指战场。"被"(bèi),加、加上。蒋锡昌说:"《广雅·释诂》:'被',加也。被为受动词……其入军也,不至敌人戒线之内,故不为甲兵所加。""甲兵",泛指武器。"容"通"庸"(yōng),用。这句话的意思是说,在战场上,以保存自己的生命为勇敢,不与敌人硬拼,即使再锋利的兵器也伤害不到自己。有人把"入军不被甲兵"译为"入于战阵刀枪不入",误甚。"刀枪不入"是后世白莲教、义和拳之类的迷信团体的观念,老子的时代,没有这种观念,即使东汉末年以《太平经》作思想武器的黄巾起义军、道教创始人张道陵的五斗米道及其《老子想尔注》,虽有若干迷信,神道设教,但也没有什么"枪刀不入"的说法。以"勇于不敢则活"解之,则与老子哲学基本精神相合。准此,则"陵行不遇兕虎,兕无所投其角,虎无所措其蚤"就不难理解。其义同"入军"避开与敌直接搏斗一样,即走平坦大路则不遇兕虎。"陵行"即陆行。以"陵"为"陆"乃春秋时期长江流域的约定成俗之语。如《楚辞·天问》:"释舟陵行",毛奇龄云:"解舟而陆行是也"。(《天问补注》)老子楚人,所以说"陵行"。兕(sì)是以角为利器的犀牛,同老虎一样,是吃人猛兽。走平坦大路,不遇兕虎,自然"兕虎无所投其角,虎无所措其蚤"了,兕的角、虎的爪(蚤是爪的假借)再厉害,也加害不到"我"身上。说来说去是一个"避"字,不独"入军",再锋利的兵器也不能杀伤;不独入山林,再厉害的兕虎也伤害不到自己。处人处事的一切行为都要如此,所以韩非《解老》中说:"非独谓野处之军也,圣人之游世也,无害人之心;无害人之心,则必无人害;无人害则不备人,故曰'陆行不遇兕虎'。"这样就能避开一切患害,不夭死暴卒,而能终其天年。"夫何故也,以其无死地焉",即避开一切患害,不进入死亡的范围,十三种器官就不是"死地"了,即不被戕害,而能长寿了。避开外物伤害,是老子养生的根本点。为了与普通的"养生"区别开来,老子把它叫作"摄生","摄"有"持"义,即自己的生命自己是能把持得住的。总之,这段话的意思是说:听说善于养护生命的人,在平坦大路上行走,避开丛山密林,就遇不见犀牛和老虎,在战场上,以保存自己的生命为勇,不与敌人硬碰硬,就受不着刀枪的伤害;刀枪用不上它的锋刃,犀牛用不上它的锐角,老虎用不上它的利爪。

这是什么原因呢？因为它没有进入死亡的范围。

　　似乎有些神秘的此章，其实并不神秘。养生以求长生不死，修炼成仙之说，那是后世方士、道士的附会，《老子》书中是没有的。老子主张的养生，只是尽其天年即自然死亡。从生理方面言之，则是主静不主动，反对"生生之厚"。老子还把养生的重点放在社会行为上，以避开人世患祸，终其天年。这和第五十九章讲"长生久视"的重点在"可以有国之母"是一致的。在那里是不能保其社稷（国亡身死），也不能长生；在此章则是处世不避开祸害，虽在生理上养生亦不能尽其天年。该章单从生理意义上的养生而论，针对那些所谓"富贵病"，反对"生生之厚"，防止养生而害生，是很有科学价值的。"富贵病"可以说是人类的通病，所以老子极力针砭之。

　　此章的重点在于讲人的社会行为，即要长寿，尽其天年，最重要的是一个"避"字，避开人世祸患，避开伤身的是非之地。老子的根本意思并不在"陵行不遇兕虎"，这是一个比喻社会行为的双关语。这里透露了老子的人生观，这一点与有关各章，特别是联系第七十三章去考虑，就非常清楚了。

第五十一章　道生之

道生之，德形之，畜之，成之。

是以万物莫不尊道而贵德。道之尊，德之贵，夫莫之命而常自然。

故道生之，德畜生，长之育人，成之熟之，盖之覆之。生而不有，为而不恃，长而不宰，是谓玄德。

本章既是回过来说明"以其无死地"的道理，也是对第二十一章的补充解释。

"道生之，德形之，畜之，成之。"这句中的"之"字，代指的是第二段中的"万物"，此即《马氏文通》所说的第四种代词用法，代后面才出现的前词。"畜"（xù），养育。但"畜"与"养"有所区别，下对上的供养叫作"养"，上对下的供养叫作"畜"。如《史记·日者列传》："孝子以养其亲，慈父以畜其子。""道生之，德形之"是说道为体，德为用，有体必有用，这是"道"与"德"的关系。道本身虽具备了"生"的力量，具有动力能源，但这个能源，如果没有相当的工具去好好把握它，它会被浪费掉。这好比一颗种子种在泥土里，这是"道生之"，即具备了"生"的力量；但还必须得到阳光、空气、水来培养它，使它漫漫从泥土中抽芽、开花、结果。如用修身来说，你虽有"道"，但没有"德"来保养它，这个"道"就不可能修成。因为"道"是内心，"德"是外在的行为结果，你不注重行为道德，或没有行为道德，这个"道"对你来说没有用。所以，老子说：道产生物，德赋予物形状、畜养物，使物成长。

"是以万物莫不尊道而贵德。道之尊，德之贵，夫莫之命，而常自然。"这是承上文而言。因为"道生之""德畜之"，所以万物莫不尊道贵德；而道之所以崇高，德之所以重要，不是谁下命令给它的，而是固有的，自然而然的。这里的"常"是"固有"的意思;"自然"是本身如此,即"道"本身有如此的功能;"尊道"是尊重它的体,"贵德"是注重它的用。这是老子指出来体与用的重要。因此,冯友兰说:"老子认为,万物的形成和发展,有四个阶段。首先,万物都由'道'所构成,依靠'道'才能生出来(道生之)。其次,生出来以后,万物各得到自己的本性,依靠自己的本性以维持自己的存在(德畜之)。有了自己的本性以后,再有一定的形体,才能成为物('德形之')。最后,物的形成和发展还要受周围环境的培养和限制(德成之)。在这些阶段中,'道'和'德'是基本的。没有'道',万物无所以出;没有'德',万物就没有了自己的本性;所以说:'万物莫不尊道而贵德。'但是,'道'生万物,是自然而然如此的;万物依靠'道'生长和变化,也是自然如此的;这就是说并没有什么主宰使它们如此,所以说:'莫之命而常自然'。"(《中国哲学史新编》)

"故道生之,德畜之,长之育之,成之熟之,盖之覆之。"这几句话是第一段意思的重复,主要是用以引起下文。意思是:道生成物,德畜养物,使物生长发育,使物成熟结果,使物得到遮蔽保护。接下去就转入说"道"的品德:"生而不有,为而不恃,长而不宰,是谓玄德。"意思是:道产生了万物而不占有它;创造了万物,而不以为对它有恩德,育成了万物而不做它的主宰,这就是道最根本的品德。"玄"即道。老子这句话,也可以说是个双关语,既是说他的哲学体系之最高范畴"道"的品德,也是说人们学习"道"而具有的品德。人们效法道的品德,按道性处事处世、治家治国,就叫"玄德",也叫"上德"。三国时蜀汉的刘备号叫"玄德",就是从老子这句话而来。刘备取这样的名字,等于告诉自己,在这一生中,随时要了解自然物理"道"与"德"的功效,要时时刻刻自勉自励,处好自己的人生,同时以此修身养性,自己的生命就可以把握得住了。

该章的主要部分和第二十一章的基本精神是一致的,说的都是"道"产生万物,只不过突出了"德",即道的作用。"生而不有……"三句,就是讲"道"的品德,这也是"道"的一个规定性。

第五十二章　天下有始

天下有始,以为天下母。既得其母,以知其子;既知其子,复守其母,没身不殆。

塞其兑,闭其门,终身不勤。开其兑,济其事,终身不治。

见小曰明,守柔曰强。用其光,复归其明,无遗身殃;是谓袭常。

本章主要是讲认识论的,与第四十七章相通,也等于是第二十二章的结论。第二十二章最后说"诚全而归之",那么全归到哪里呢? 全归到万有生命的根源。

"天下有始,以为天地母。""天下",即物质世界。"始"与"母"同义,"始"是本始,"母"是根源,两者均指道。"以",代词,代指的是"始"。"为",表确定,当"是"讲。这句话的意思是说:天下万物是有开始的,这个始就是天下万物的母亲。这母亲就是道,"道"就是万有生命的根源,所以先要把这个根源找到。因此,张岱年说:"在老子以前,似乎无人注意到宇宙始终问题;到老子乃认为宇宙有始,是一切之所本。"(《中国哲学大纲》)"既得其母,以知其子。"第一个"其"指万物;第二个"其"指道,"子"即天地万物,它是由其母所产生。这句话的意思是说:只要得到天下万物的母亲(即得道),就能认识它的儿子——天地万物。儿子是妈妈生的,找到他妈妈,自然就认识他的儿子。换言之,就是先找到根本,把生命的根本找到之后,就可以了解自己现有的生命,以及生命成长的这股力量(即"无"的作用),这也就是它的子。"既知其子,复守其母,没身不殆",是说既然知道了"道"的儿子是天地万物,那么就应该回转过来守住那个原始根源的道。守住"道"的什么呢？那就是第十章所说的"专气致柔能如婴儿乎"，第五十五章所说的"骨弱筋柔而握固"。"既知其子"，就是再回过来观察婴儿，他没有是非观念，没有好坏观念，也没有苦乐观念。他肚子饿了会哭，吃起饭来，一边笑，一边哭，一边吃，三件事一起来，没有用心，一切是自然的。至于"母"，婴儿在母胎里的情形是浑然一体的，没有你我之分，"复守其母"就是这个道理。所以，能够"知其子"，又能够"复守其母""没身不殆"，终生到老都没有问题，没有危险了。这其实也是在讲"柔"，柔是道的特性，只要守柔即走中道，就不会有危险、有危害。

"塞其兑，闭其门，终身不勤。"这是从正面对上文加以论证。"兑""门"皆指门户，即感觉器官。"兑"又是《易经》上的卦名，"兑"为口，口为言所从出，言多必失。两"其"字乃(《马氏文通》卷二)所说的第四种用法，即"有代字而无前词者，则以所指者为其共知之事理，读者可默会耳"。这个"其"字既包括作者(自己)，也包括读者(你)，是指认识的主体。"勤"在这里是指"使……劳累或劳扰"。这句话的意思是说：塞住嗜欲的孔窍，关闭嗜欲的门径，一辈子都不会有劳扰之事。"开其兑，济其事，终身不治。"这是从反面来论证。济其事即益其事，《尔雅·释言》："济，益也"，即有助成、干预的意思，不是任其自然。"治"是医治，是指上面的"勤"字而言。这句话的意思是说：打开嗜欲的孔窍，胡说八道，增添纷杂的事情，就终身摆脱不出危困的境地。这也就是说，不要陷入人世间的事务纠纷之中，要超脱出来，以出世的心，做入世的事。

"见小曰明，守柔曰强。用其光，复归其明，无遗身殃，是谓袭常。""见小曰明"可有两种解释：一是说一个人真正要恢复自己的本来，就不要把自己的精神消耗在后天的纷杂事情当中，因为我们这个身体的生命，像个干电池一样，充电不多却消耗得很快。"见小"就是如何减少耗用；"曰明"就是保养得好，内心光明。只有用得吝啬一点、减省一点，才能保持这个身体的长远存在。另一是说能察见到细微就叫作"明"。《韩非子·喻老》讲了一个故事，说箕子见到殷纣使用象牙筷子就害怕，预见到纣王必然日益腐化堕落，殷人非亡国不可，其结语曰："箕子见象箸以知天下之祸，故曰：'见小曰明'。"这就是后来人们常说的"见微知著"。"守柔曰强"，是说保持着柔弱状态才叫作真正的强。"用其光，复归其明，无遗身殃，是谓袭常。""光"是向外照耀，"明"是向内透亮。元吴澄说："水镜能照物谓之'光'，光之体谓之'明'。用其照外之光,回光照内,复返而归藏于其内体之明也。""明"指的是道,"光"指的是道的功用,即德。"孔德之容,唯道是从"。外在的智慧根源于内在的本明,离开了内在的本明,外在的智慧就成为无本之木、无源之水,必然不能长久。所以,人们只要不忘根本,知大见小,知强守柔,就不会给自己带来灾殃。见小守柔,少思寡欲,无为不争,锋芒不露,反而是真正的聪明和强大,这个道理十分微妙,为世俗之人所不知,所以说是"袭常","袭"是掩藏的意思,"常"即本质,"袭常"就是内在之名。

    本章的重点,一是要人从万象中去追寻根源,去把握原则;二是要人不可一味奔逐物欲,肆意奔逐必将迷失自我;三是在认识活动中,要去除私欲与妄见的蔽障,内视本明的智慧,以明澈的智慧之光览照外物,当可察明事理。"本章言外之意,还寓意世人好逞聪明,不知敛藏,老子遂恳切唤醒人不可一味外溢,应知内蓄。"(陈鼓应语)

第五十三章　使我介然有知

使我介然有知,行于大道,唯施是畏。大道甚夷,而人好径。

朝甚除,田甚芜,仓甚虚,服文采,带利剑,厌饮食,资财有余,是谓盗夸。盗夸,非道也哉!

本章老子由"道"讲到人们舍道由径、亡本殉末的种种表现,并对舍道由径的行为做了深刻的揭露和抨击。

"使我介然有知,行于大道,唯施是畏。"这句开首的"使"字为发语词。裴学海《古书虚字集解》卷九:"'使'犹'夫'也。""我",指代众人和自己。"介然",确定、坚信的样子。"行",做、执行。"大道"即我们通常所说的"正途"或"正道"。怎样才是"正途"?老子认为,为政能清静无为才是正途。"唯施是畏"是"唯畏是施"的倒装。"唯",连词,当"就""就是"讲。"畏",怕的意思。"施"与"迤"相通,斜路。《说文》:"迤,邪行也。"这句话的意思是说:我坚信我发现的道,是用以治国理政的正道,就怕有些人不走正道而走斜道。"大道甚夷,而人好径。""甚"是非常、很。"夷"是平、平坦。"径"是小路。大路非常平坦宽阔,但人却不喜欢走大路,偏爱走小路。爱走小路,可以说是人类的通病。比如过马路,有人行道不走,偏爱走快车道,这是很危险的。再如登山的人,上山有条道路很平却不走,偏喜欢另走一条小路,所以常常发生山难。这句话也就是说,人们就是喜欢玩小聪明,喜欢走这个小道,走小道反而妨碍了自己去了解真正的大道。

"朝甚除,田甚芜,仓甚虚,服文采,带利剑,厌饮食,资财有余,是谓盗夸。盗夸,非道也哉!"这是讲历史哲学。老子说,历史上有些爱走小道的统治者,不事治理,闹得"朝甚除"。"朝",指朝廷。"除",有几种解释:一、清除、整洁,如王弼注:"'朝',宫室也;'除',洁好也。"所以陆希声说:"观朝阙甚条除,墙宇甚雕峻,则知其君好土木之功,多嬉游之娱矣。"二、废弛、颓废,严灵峰说:"'除',犹废也。言朝政不举而废弛也。"三、马叙伦说:"'朝甚除'除借为污,犹杇之作涂也。"按马叙伦解释,"朝甚污"与"田甚芜""仓甚虚"一律,三句连类义贯。"朝甚污"是说朝廷腐败极了。由于朝廷的腐败,"田甚芜""仓甚虚",弄得农田非常荒芜,人都没有饭吃,没有衣穿。"服文采",而自己还穿着锦绣的衣服;"带利剑",佩戴着锋利的宝剑;"厌饮食",饱吃着精美的食物;"厌"假借为"猒"(yàn),《说文》:"猒,饱也,足也。""财货有余",拥有多余的财富。"是谓盗夸",老子说,这就是真正的土匪,真正的贪欲、奢侈。"盗",指贪欲,即以不正当手段谋取财富。"夸"是奢侈,《说文》:"夸,奢也。""盗夸,非道也哉!"是说这种行为是违背道的! 这不是"道"的道路。"道"的道路,不是要社会帮助我们,而是要我们能帮助社会;不是要人家贡献我们,而是要我们能贡献大家,这才是最高的道德。

第五十四章 善建者不拔

善建者不拔,善抱者不脱,子孙以祭祀不辍。

修之于身,其德乃真;修之于家,其德乃余;修之于乡,其德乃长;修之于邦,其德乃丰;修之于天下,其德乃溥。

故以身观身,以家观家,以乡观乡,以邦观邦,以天下观天下。吾何以知天下之然哉?以此。

本章是讲修养德性于身的。一个人如果能把一个道德标准建立于无形的内心世界,那是任何人都动摇不了的。

"善建者不拔",不是说有一个会建筑的人,随便建一个物,别人也拔不掉。因为世界上没有拔不掉的建筑物。而真能够建立且动摇不了的,是人的思想、道德、精神,那就是真理。像老子本身就是"善建者不拔",他的道德思想,经万世而不衰。多少人研究他,多少人企图推翻他,但都推翻不了,也动摇不了。孔子也是一样,建立了一个道德的基础标准,始终没有人能够动摇得了,至今还影响着我们。这就是"善建者不拔"的道理。"不拔"就是没有办法剪除掉。"善抱者不脱",是说善于建立的不可拔除,对于一个道德观念、一个真理,就会牢牢抱住,绝对不会放弃。"不脱"就是永不脱离。如果对于道德的真理热一阵冷一阵,有时信有时不信,那就不是"善抱者"。那么,老子在这里所说的"建"即"树立"是什么呢?那就是"无为",就是"柔弱不争",就是"谦卑居下"。因为"无为"就会"无不为",柔弱不争就会"莫能与之争",谦卑居下就不会惹人忌恨。外部没有纷争,没有威胁和危害,就能够集中发展自己,巩固自己,壮大自己,不断积蓄自立自恃的资本和能力。如20世纪80年代末90年代初,我们党对苏联和东欧剧变所采取的对策,可以说就是"善抱不脱"的典型。在苏联和东欧发生剧变,国际共产主义运动处于低潮,国际敌对势力甚嚣尘上的时候,邓小平提出了"冷静观察,站稳脚跟,韬光养晦,决不当头","集中精力把自己的事情办好"的方针。这一方针的实施,使党和国家避开了当时国际斗争的旋涡,经受住了国际斗争惊涛骇浪的考验,在国际局势复杂多变的险恶环境中保持稳定,为改革发展创造了良好的环境,赢得了时间。同时也使国际敌对势力妄图乘机分化我党我国的罪恶图谋化为泡影。在平常生活中,善建善抱既是一种美德,也是一种智慧。如我们做工作只做不说,多做少说,务实不张扬,求实不主观,必然会取得成功,谁也阻挡不了,这就是"善建者不拔"。有了功劳不占据,有了成绩不矜夸,有了荣誉不炫耀,谁也抢不去,这就叫"善抱者不脱"。"子孙以祭祀不辍。""辍"(chuò),停止、中止,"不辍"就是永不中止。这句话的意思是说,懂了"善建者不拔,善抱者不脱",就好比懂了一个秘诀,把这个秘诀用之做学问、修德业或随便做什么,都会受用无穷,可以立万世之功,建千秋大业,以此所取得的功绩就会永远留之于后世,子孙后代就会永不忘记,并以你为榜样继承下去。

"修之于身,其德乃真;修之于家,其德乃余;修之于乡,其德乃长;修之于邦,其德乃丰;修之于天下其德乃溥。"这是讲修道的重要。"修之于身,其德乃真。"所谓"修之",就是按照"道"的品格进行修养,所谓"德"就是品德,也就是得道。这句话就是说:按照无为、处下之道来修炼自己,他的品德就纯真了。真乃纯真之真,韩非《解老》云:"真者,慎之固也。""修之于家,其德乃余。""余"即积余,余庆之余。意思是,一个家族的人加强修养,这个家族的"德"就有余了。因为道德的积余比财产积余的价值要大千万倍,所以道德的积余,才是真正的"家有余庆"。"修之于乡,其德乃长",一个乡的人加强修养,这个乡的"德"就成为表率了;"修之于邦,其德乃丰",一个封国的人加强修养,这个封国的"德"就丰盛了;"修之于天下,其德乃溥",全天下的人都加强修养,"德"就在全天下普及了。"溥"(pǔ),广大、普遍的意思。

"故以身观身,以家观家,以乡观乡,以邦观邦,以天下观天下。吾何以知天下之然哉?以此。"这是讲领悟道的方法。"以×观×"这五句话,显然省略了宾语"之然",句中的"观"字,都是领悟、领会的意思。其意是说:以自身的修养情况,领悟自身的前途;以全家族人们的修养情况,领悟家族的前途;以全乡人们的修养情况,领悟全乡的前途;以封国人们的修养情况,领悟封国的前途;以天下人们的修养情况,领悟天下的前途,就会发现都有必然的因果律。这个因果律就是"有德"还是"无德",就是"为公"还是"为私"。如果一个人私心太重,不知道满足,就会失去生命力,反之,生命力就会长久。"吾何以知天下之然哉?以此。"我是怎么明白这个道理的呢?就是用"以身观身"这个方法。老子这一认识是很辩证的。因为共性反映了个性的本质,又寓于个性之中,人们可以通过事物的特殊性认识事物的普遍性,认识了事物的普遍性之后,就可以以此为指导,认识事物的特殊本质,这就是认识中的辩证法。

本章中,老子认为人将"德"建持于无形的内心世界,只要自己不脱落变质,外界是没有什么力量将此拔去的。故这种建"德"(或精神)于人之内心,是人立身处世的根本,也是子孙后代祭祀不绝的原因。推而及之家、乡、邦、天下之所以能立于社会、世界之林,也无非是此"德"(或精神),只不过是"德"的余长丰普而已。同样的道理,儒家《大学》则言"格物、致知、诚意、正心、修身、齐家、治国、平天下",《老子》则言"修之身、修之家、修之乡、修之邦、修之天下",只不过老氏此言较平实而已。

老子认为,我身之德已修,则以我之体悟来观人,彼此无异。由此而推,彼家之身尤此家之身,故观于一家之人而足够。老子这种"以身观身"的认知方法,在孔子那里则是"己所不欲,勿施于人",即自己不想做的事,难道别人就想做?自己不想要的东西,难道别人就想要?反过来说,自己想要的东西大致也是人家想要的东西,自己想做的事也是人家想做的事;这就是说,同此身即同此德,也同具其理,所以孔子是"己所不欲,勿施于人",老子则是"以身观身"。

由此再说到"以天下观天下"。古语说"藏天下于天下者",今之天下亦古之天下,后之天下亦今之天下,所以东汉孔融能"以今度古",现在人们则能"展望未来",过去的穷人更能借此得出"天下乌鸦一般黑"的结论,那就是村东财主要吃人,你无须到村西就能知道村西财主也吃人,所谓"不出于户知天下"大概就指此。

第五十五章　含德之厚

含德之厚,比于赤子,毒虫不螫,猛兽不据,攫鸟不搏。骨弱筋柔而握固,未知牝牡之合而朘作,精之至也;冬日号而不嗄,和之至也。精和曰常,知常曰明;益生曰祥,心使气曰强,谓之不道,不道蚤亡。

本章既是对上章"以身观身"道理的发挥,也是对第二十五章"道法自然"的引申说明。第二十五章说"人法地地,法天天,法道道,道法自然"。那"道"效法的是什么"自然"呢?这就是"以身观身";那"以身观身"又如何呢?"含德之厚,比于赤子",人能修德于婴儿般的自然纯真与柔和,就会遇物亦无伤。

"含德之厚,比于赤子;毒虫不螫,猛兽不据,攫鸟不搏。"什么是"含德"?"含德"就是心里怀藏着德。什么是"赤子"?赤子就是婴儿。老子把婴儿特称为赤子,主要是说婴儿无私无虑,非常纯真。"赤"即纯真之义。"含德之厚,比于赤子",就是说内心怀德深厚的人,就好像赤诚纯真的婴儿。"毒虫不螫"是说毒虫不蜇他。蝎子、马蜂等毒虫用尾端刺人叫"螫"(shì),螫是蜇(zhē)的意思,今日民间还有此说法。"猛兽不据",是说猛兽不扑他。"据"是指兽类用爪足拿按抓物。"攫鸟不搏",是说恶鸟不抓他。"攫鸟"(jué niǎo),高亨说:"犹云鸷鸟也。'攫'盖借为'瞿',《说文》:'瞿',鹰隼之视也。"老子借"攫"为"瞿",主要是突出这类鸟的视力无所不窥。这三句话的含义到底是说些什么呢?高亨说:"此三句言虽强暴残毒之人,对赤子亦不加害耳。"高说甚是。"毒虫"是用来比喻恶人之狠毒,"猛兽"是用来比喻恶人之残暴,"攫鸟"是用来比喻恶人眼光锐利,使得它的目标物难以逃避;就是这样的恶人也不会加害于赤子。老子这几句话是双关语,一方面是就人的社会行为说的,一方面是就修身和养生方面说的,修身和养生也要做到像赤子那样。

"骨弱筋柔而握固,未知牝牡之合而朘作,精之至也;冬日号而不嗄,和之至也。"此句承上省略了主语,主语即"赤子"。"骨弱筋柔而握固",是说婴儿筋骨柔软,但用于握物却很牢固。婴儿的手握拳,是把大拇指捏在掌心里,这叫"握固"。婴儿生下来手就是这样握着,好像要抓一个东西,一旦到年老死的时候,便放开了,表示对这个世界抓不住了。这就是人的生理机能。老子认为婴儿生命力旺盛乃由于筋柔骨弱,所以修身与养生之道要效法婴儿的这种状态。"未知牝牡之合而朘作,精之至也",是说婴儿不知男女交合,生殖器却自动勃起,这是精气充足的缘故。"朘"(zuī),男孩子的生殖器。"作",挺举、翘起。婴儿没有男女的欲念,也没有男女性别观念,生理的功能是自然而然发展的。老子观察到婴儿的此种生理现象,认为是精之至,元气充实未损。这里的"精",不是指精虫,而是精神之精。精神是自然生出的。婴儿没有是非心,没有善恶心,不管你喂他什么,他都分不出香臭来。你说他没有思想,没有感受,其实他也知道,只是没有分别的观念,这就是佛家所说的"无分别心",这就是婴儿境界的状况。一个人真到了无分别心,那就是浑然一体。到了这个境界,才真正是所谓的"天地境界"即自己与宇宙同一了。所以老子在第十章说"专气致柔,能婴儿乎"!"冬日号而不嗄,和之至也",是说婴儿整天号哭,嗓子却不沙哑,这是阴阳二气均衡、调和达到了最佳状态。"号"就是哭。哭有三种形态:有泪无声叫泣,有声无泪叫号,有泪有声叫哭。"嗄"(shà),声音沙哑。气的充沛就是精神的充沛,气保持着平和,没有情绪激动,没有动妄想,心境永远是平和的,这叫"和之至",这也是《中庸》上所说的"致中和"。只不过是现在的人们太过聪明,做不到婴儿的状态。

"精和曰常,知常曰明。"这是承上文总结出来的修身与养生之道。高亨说:"前文云'精之至也',又云'和之至也',故此总之曰'精和曰常'。常乃自然之义,此言精与和乃性之自然也。"这句话的意思是说:保持精气充沛,并使阴阳二气调和、均衡,这就是自然之常态;知晓了这个常态,就是一个明白人、聪明人。也就是说,自然而然,保持精气、和气乃是聪明的养生之道。所以修道修到明白了,就成功了。"益生曰祥,心使气曰强,谓之不道,不道蚤亡。"这是讲反面的状况。"益生曰祥"是就物质方面而言。"祥"为

"痒"的假借,《尔雅·释诂》:"痒,病也。"今山东庆云一带还有称生病为"闹痒"。"益生"即"生生之厚",厚酒肥肉声色之类,老子认为这是违背自然的,必然致病,即"五色令人目盲,五音令人耳聋,五味令人口爽,驰骋田猎,令人心狂"之类。"心使气曰强"是就精神方面而言。这可有两种理解:一种是婴儿无思无虑,"精气"充实,阴阳二气均衡("和之至"),故生命力旺盛;普通人劳心费神,思虑过度,则耗损"精气",破坏阴阳二气的均衡,这就会使筋骨变得僵硬("强"同"僵")。一种是普通人之所以修不到婴儿的境界,就是心境不能平和,动不动就生气,有时明明自己不对,还硬说别人不对,这是强迫消耗自己的精、气、神,表面看起来很强,实际上是快速消耗自己的生命。"谓之不道,不道蚤亡",是说"益生曰祥,心使气曰强"叫作"不道",这是违背道之自然的,违背道之自然就不能享尽天年,必定早日走向死亡。"蚤"借为"早"。

该章和第十章、第五十章是相通的,都是讲养生之道的,也都是既讲生理的养生,又讲社会行为,反映了老子"明哲保身"(即深明事理的人才能保持自己享尽天年)的人生观。

第五十六章　知者不言

知者不言，言者不知。

塞其兑，闭其门，挫其锐，解其忿，和其光，同其尘，是谓玄同。

故不可得而亲，不可得而疏；不可得而利，不可得而害；不可得而贵，不可得而贱，故为天下贵。

本章接上章继续讲"致中和"的境界。

第一段"知者不言，言者不知"，这两句话从字面意义来说是自相矛盾的。如果机械地以逻辑分析对待，就可以说：既然"知者不言，言者不知"，按照这一原则，你老子的五千言是属于"不知"，不过是瞎说罢了；你言了"知者不言，言者不知"，按照你的原则，这八字之言也属于"不知"之列，也不过是瞎说。总之无论如何也摆脱不了自语相违的境地。古人有诗说："言者不如知者默，此语吾闻于老君。若道老君是知者，如何自著五千文。"所以历来注释《老子》者，大概是看到了这种自语相违的矛盾或曲为解说。如王弼注："'知者不言'，因自然也；'言者不知'造事端也。"蒋锡昌说："这两个'言'字，乃政教号令，非言语之意也。'知者'，谓知道之君，'不言'为不言之教、无为之政也……'言者'，为多言有为之君；不知，谓不知道也。"有的干脆把它直译成：有智慧的人不多说话，多说话的人不智慧。其实老子这两句话是感叹词，主要是用以引起下文。这如同你和一位老朋友在家中聚谈，议论起某件秘闻来，他说：知道的不说，不知道的瞎说。可接下去，他却透露出一点他认为的事实真相。老子的这两句话也是这样，不过是显示他自己是知情人罢了，也就是说只有他才是真正的"知者"（亦即知道、掌握了道）。这两句话倒是透露了老子既自负又孤独的心情。这同第七十章

"吾言甚易知,甚易行;天下莫能知,莫能行"的心情是一样的。这两句话的意思就是说:"知道实情的不说,不知道实情的瞎说。"接下去,第二段就透露出老子自以为的真正知者之言。

"塞其兑,闭其门,挫其锐,解其忿,和其光,同其尘,是谓玄同。"文中的这六个"其"字都是代词,代指的是后文"为天下贵"者,亦即修道之人。"塞其兑,闭其门"在第五十二章曾出现过,这里重复出现也是应有之文,因为该章也是讲认识论的。这句话的意思是说:要管住自己嗜欲的嘴巴,把眼睛、耳朵等凡是张开的器官都收拢起来,不受外界的影响。为什么这样说?因为"祸从口出,病从口入"。人生所产生的麻烦,可以说大部分是由讲话和私欲引起的,所以不见可欲,就能使自己的精神不向外奔逐。这是修道的基本要求。"挫其锐,解其忿","挫"是磨损,"锐"是锋芒、锐气,"解"是排除、消除掉,"忿"是怨恨。这是说,真正的修道,是要把自己思想中的锐气磨炼成平和,不逞强好胜;是要把自己心里的怨恨消除掉,不冤冤相报。"和其光,同其尘","和"是适中,"尘"指人间、世俗。这是说,要把自己外露的光芒收敛起来,不要显露自己的特别之处,要和平常人一样,很平凡。"是谓玄同",是说这样修道,可以说基本与道相同了。"是"为代词,代指上面的六句话,当"这"讲。"玄"即道。"同"即齐同,没有差别。"玄同"也就是与道的根本品德相同。这一节和第五十五章也可以说是对第二十六章"虽有荣观,宴处超然"的道理的具体解释。

"故不可得而亲,不可得而疏;不可得而利,不可得而害;不可得而贵,不可得而贱,故为天下贵。"这一段是说达到"玄同"之人的可贵,同时也揭示了"玄同",亦即"致中和"的重要性。修道之人由于做到了"塞其兑,闭其门;挫其锐,解其忿;和其光,同其尘",达到了与道的同一,所以能"独立而不改",不可损易,别人无法将自己的欲念强加于他。所以世人对他"不可得而亲,不可得而疏",即你想亲近他,做不到;想疏远他,也不可能;因为有了亲疏,就有了分界,有了分界,就会引起纷争。对于他"不可得而利,不可得而害",即人们不能给他什么(例如赂以财宝),也不能危害他;对于他"不可得而贵,不可得而贱",即人们不能高举他,把他抬往高贵的地位,也不能推翻他,把他降到卑贱的地位。换句话说,就是没有亲疏,没有利害,没有得失贵贱,永远站在真正的中庸之道上。"故为天下贵",所以他能够成为天下最受尊重的人。

第五十七章　天下多忌讳

天下多忌讳,而民弥贫。民多利器,国家滋昏。民多技巧,奇物滋起。法令滋章,盗贼多有。

故圣人云:"我无为而民自化,我好静而民自正,我无事而民自富,我无欲而民自朴。"

本章是承上述各章,继续阐述"无为而治"的思想,表现在这里,就是"以道治国"。

"天下多忌讳,而民弥贫。"这是讲历史的经验。"忌"是禁止,"讳"(huì)是回避。比如唐朝李隆基的帝号叫"玄宗",天下为了回避这个"玄"字,就把"玄"改为"元",所以唐朝以后,"玄"与"元"两字就通用了。"忌讳"一词,以现代的解释,就是因风俗习惯或个人理由等,对某些言语或举动有所顾忌,积久成为禁忌。比如过年过节不许说不吉利的话等,这是小而言之。大而言之,就是政治上有太多的禁忌。如《孟子·梁惠王章句下》中说:"齐宣王建了一个方圆四十里的可养鸟兽的园林,老百姓都抱怨太大了。齐宣王便问孟子,为什么以前文王的园林方圆七十里,老百姓却认为太小了,而我的和文王的比起来,范围小多了,可老百姓反而抱怨太大了,这是什么道理呢?孟子告诉他说:文王的园林是对外开放的,是和老百姓共享的,人人都可以进去游玩,也可以去里面割草、砍柴,也可以到里面打野鸡、捉兔子。而你的园林,在我来之前就听说有大的禁忌,如果有人在这四十里方圆内不小心伤害了一只小鹿,就要以杀人罪严惩。这样的禁忌,等于在你的园林内设下了陷阱,陷民于罪,老百姓怎么不抱怨呢?"这是从远的说,近的说,"文化大革命"期间,也多有禁忌,如有些地方不许老百姓有自留地,不许养鸡、养鸭等,并说这是资本主义的尾巴,统统要割掉。所以禁忌多了,老百姓就不敢说心里话,更不敢批评。所以老子说:"天下多忌讳,而民弥贫。"一个国家,一个社会,禁忌越多,人们什么都不敢说,什么都不能做,于是物质上就愈贫穷,精神上也更贫穷。"民多利器,国家滋昏。"利器,不仅指杀人的锋利武器,而且泛指利便之器;"滋",滋生、滋长;"昏",混乱。这是说,人们拥有利便之器多了,这个国家就会滋生混乱。如美国允许个人拥有枪支,那枪击事件就频频出现,不仅给国家造成不安,也给人们的精神造成不安。"民多技巧,奇物滋起。"科技越发达,人们的头脑越灵光,人人好奇,都要研究,造假的东西就会出现。"法令滋章,盗贼多有。"对于这句话的理解,读历史就会知道,每当一个朝代开始的时候,法令都很少,也很简单,到后来是越来越多。如汉高祖入关时,法令只有三条:"杀人者死,伤人及盗抵罪。"这就是历史上有名的"约法三章"。但后来,不到一百年的时间,汉朝的法令就严密多了,可是社会治理好了吗?没有,最后还是灭亡了。这说明什么?这说明是"人"的问题。所以司马迁在《史记·循吏列传》中说:"法令是用来引导人们向善的,刑法是用来禁止人们作奸犯科的。在文事、武备尚未完具的时候,善良的人们心中有所畏惧,而品德修洁的原因,在于官箴并没有坏乱。顺着正道,奉行职守,也可以把地方治理得很好,又何必一定要用严刑峻法来威服人们呢?"这就是说,以政治道德为主来治理国家,社会自然安定。因此,老子用古圣人的话作结论说:

"故圣人云:'我无为而民自化,我好静而民自正,我无事而民自富,我无欲而民自朴。'"老子所说的这个"圣人"到底是谁,不得而知。但这几句话却很有道理。"我无为而民自化",一个真正好的领导人,没有自私自利之心,实行无为而治,依道而行,一切为大众利益,具有这种道德成就,人民自然就会被感化。"我好静而民自正",这里的"静",不是静坐之"静",而是《大学》中说的"知止而后有定,定而后能静,静而后能安"之"静",这是大定。这是说,领导人干事业,心中要有大目标,要有坚定的信心。如果以此来领导,则人民自然受其感化,就会跟着你一起走向正道。"我无事而民自富","无事"就是没有那么多的禁忌;领导人真正"无事",人民干他所干的事业,自然富裕。"我无欲而民自朴",自己没有私欲,一心为公,社会、国家、天下的人们受其影响,自然会走到淳朴、厚道的路子上去。这样,天下就太平了。

在老子引用的这段话中,每句都用到"我"字,这个"我"就是庄子所说的"为人上者",就是上面的人,就是领导人。所以,当领导的人都应该按照这几项原则去做。在历史上,郑国的子产,就是用这几项原则治国的,并取得了很好的成效。《史记》把子产列入"循吏",所谓"循吏"就是有道德的官吏。司马迁说:"子产为相一年后,人民受其教化,浪荡弟子不再轻狎散漫、游手好闲,老年人不用再操劳奔波,孩童们也不再下田耕种。两年以后,市场物价不再波动不定。三年以后,人民夜晚睡觉可以不必关门,道路上遗失的物品不会有人捡拾而占为己有。四年以后,农民耕田的用具不必带回家而不会遗失。五年以后,国无外患,士人不必应召入营服役;士民家有丧事,不必下令,自会按照五服的丧期去办理丧事。治理郑国前后二十六年而去世,成年人哀号痛哭,老年人如孩童般的伤心啼泣,他们都说:'子产抛弃我们而去,我们这些老百姓将去依靠谁啊!'"

第五十八章　其政闷闷

其政闷闷,其民淳淳;其政察察,其民缺缺。

祸兮,福之所倚;福兮,祸之所伏,孰知其极？其无正也？正复为奇,善复为妖。人之谜也,其日固已久矣。

是以圣人方而不割,廉而不刿,直而不泄,光而不耀。

本章是继续引申上一章的道理。上章讲"以正治国",本章讲"其政闷闷,其民淳淳;其政察察,其民缺缺",说明社会政策莫不具有导向作用。

"其政闷闷,其民淳淳。""闷闷"(mǐn mǐn),高亨说:"闵、闷皆借为润,润润,浊也。"这里是借指国家政治宽厚、广大。"淳淳","淳"乃"惇(dūn)"的假借。《说文》:"惇,厚也",即敦厚纯朴的意思。这句话是说:一个国家的政治宽大,老百姓就敦厚纯朴。"其政察察,其民缺缺。""察",《尔言·释言》:"察,清也"。"察察"即明察、苛细。"缺缺",高亨说:"'缺'借为'狯'。《说文》:'狯,狡狯也。'狡狯,诈也。""缺缺"就是狡诈、使小聪明。这句话是说:一个国家的政治太清明、太认真,这个国家的民众就会奸猾狡诈。治国如此,做人也是如此,不要太精明,如果精明过分了,就会缺乏道德,就会惹人讨厌。

"祸兮,福之所倚;福兮,祸之所伏,孰知其极？其无正也？""倚",依傍;"伏",隐匿。这是老子告诉我们的一个道理,祸与福是互为因果的。一个人正在得意时,就要知道得意正是失意的开始;而失意时,却正是得意的起端。对于人生得失的感受,在于个人的观点看法如何,这就是哲学问题。常听人说某人有福,但福为"祸之所伏",看来有福时,可能祸就快要来了。我们中国有句谚语说"人怕出名猪怕壮",猪肥了算是有福,可快要被杀了。人发财以后出了名,同时麻烦也就来了。一个人官大、名大、钱多,只要三者有其一,也就麻烦大、痛苦多。所以《淮南子·人间训》中所讲的"塞翁失马,焉知非福",就是讲老子这句话的道理。书中说,边塞上有一位老翁,有一天他的马无故走失,人们都替他可惜。但塞翁说:"马之走失,说不定还是好事呢?"果然数月后,走失的马归来,并且还引来了一匹骏马;而当邻居来道贺之时,塞翁却说:"这或许是件坏事。"果真,他好骑良马的儿子从马背上坠地而折髀,此时邻居又来慰问,塞翁却又说出使人惊奇的话:"这件祸事说不定是件福事呢?"后来边境突然爆发战争,塞翁之子因腿跛而免于服兵役;当战争导致边塞之人十有九死之际,他的儿子却因腿跛得以保生。所以祸害到了极点,福便来了;福到了极点,跟着便是祸了,这两件事是互为因果,交替而来的。但是"孰知其极"? 谁知道什么是祸的极点,什么又是福的极点? "其无正也?"这句话问得很关键。"其",指"祸"与"福"达到极点的这种现象;"无"没有;"正",恰好、正好。老子说,难道它(指现象)就没有恰好、正好吗? 也就是说,人的一生中,无论做什么事只要留一步,不做到极点,就不会走向反面。例如,今天有好的菜肴,因为好吃,便拼命地吃,结果消化不良生病住院了。如果省一点口福,少吃一点,就不至于此,反而更有利于身体的健康。所以老子接着说:"正复为奇,善复为祅。"这一句是对上文祸福相互依存、相互转化的进一步抽象,把祸、福两个方面概括为"正"和"奇"。"复"是反复,这个"复"字就包含着正奇、善祅互相转化不已的意思。"奇"(jī),是斜,不正。"祅"(yāo),灾祸。老子说,为什么说要人们做人做事适中呢? 因为过正了就会变成斜,好事做过头了就会变成坏事。"人之谜也,其日固已久矣",看来,人们对走"中道"的迷惑,时间已经很久了。也就是说人们在祸福、善祅、正奇互相转化中找不到正确的道路,迷失方向已经很久了。老子这句话同孔子"中庸之为德也,其至矣乎! 民鲜久矣"(《论语·雍也》)的表述是一样的。孔子说,中庸之道作为一种德行,恐怕是至高无上的了! 这种德行的缺失已经很久了。中庸是什么? 中庸就是用中,就是中和,不走极端。所以,下面接着就讲"中和",即圣人的"不迷"之方。

"故圣人方而不割,廉而不刿,直而不泄,光而不耀。""方而不割"是以物为喻,是说圣人如方正之物,对人一视同仁,不会分割。"廉而不刿","廉",《九章算术》:"边谓之廉";《广雅·释言》:"廉,棱也";"刿"(guì),《说文》:"刿,刺伤也"。这是说圣人如有角有棱之物,但不刺伤人。"直而不泄","泄"同"泻",水往下直注曰"泻",如现代成语"一泻千里"。直水流急,曲水流缓。这是老子以水为喻,说圣人处世如直水之直,但不像瀑布那样往下直注。如果用俗语"心直口快"来比之"直而不泄"就是"心直而不口快"或"直率而不放肆"。"光而不耀","耀"是光芒,有照射、刺激之义。这是老子以"水光"为喻,说圣人处世如明亮之光,但不刺人眼睛。上述四句皆说明圣人处事既坚持原则,又不刺人、伤人。老子认为这样就可以"不迷",就可以避祸得福。其实质还是上述"其政闷闷"的"无为"政治。

第五十九章　治人事天

治人事天,莫若啬。夫唯啬,是以蚤服道。蚤服道,是谓重积德。重积德,则无不克。无不克,则莫知其极。莫知其极,则可以有国之母。有国之母,则可以长久。是谓深根固柢,长生久视之道。

本章是继前章讲的另一个原则——"啬",章首"治人事天,莫若啬"一句为全章的总纲,接下去是讲这一原则的重要性,最后以"深根固柢,长生久视"作结,并与章首相照应。

"治人事天,莫若啬。""治人"即管理人,亦即治国。"事天",高亨注说:"'事',治也;'天',身也。"高亨解"事天"为"治身",大体是对的。此"天"即天然之意;"事天"即尽其天年,亦即长寿。"莫若"即莫过的意思。《道德真经集注》引王弼注:"'莫若',犹莫过也。""啬"(sè)即农夫收割五谷,其义有三:一收敛,二收藏,三爱惜。农民千辛万苦的劳动,在喜获丰收之时非常爱惜,而绝不浪费。但爱惜过度了,就变成了守财奴一样的吝啬。从啬的本义衍化出吝啬来,盖由于此。老子用"啬"字来表明治人、治国、治身的最好原则。其具体内容,《老子》本文没有阐释。综观《老子》全书,"啬"就治国为政而言,盖取其收敛、俭省之义,亦即不要扩张、多事。就治身而言,盖爱惜精神、少思寡欲之意。韩非《解老》曰:"所谓'事天'者,不极聪明之力,不尽智识之任。苟极尽则费神多,费神多则盲聋悖狂之祸至,是以啬之。啬之者,爱其精神,啬其智识也。"也是爱惜精神、少私寡欲的意思。老子这句话的意思是说:治理国家,从事享尽天年的养生,没有胜过收敛、爱惜这条原则的。这也就是说,爱惜、俭啬最重要。为什么重要?因为"啬"之于人,则知稼啬之艰难,无暇顾及于淫逸,社会上下同其劳共其苦,民情淳厚质朴,无奢靡之风、淫逸之潮、变诈之智、劫杀之事;安逸之辈一少,犯罪率也就少,社会也就安定,国就可长久。"啬"之于身,则"知费神耗精多而盲聋悖狂之祸至"(韩非语),故爱惜精神元气,要谨于内,闲于外,内心不驰,外欲不动,使精气不劳,这样人就能长生。所以,魏源在《老子本义》中归纳说:"盖'道'之啬,而至于早服无间,德之积而至于莫知其极,则敛舒咸宜、体用兼妙,以之有国则可以长久,以之固己则可以长生,惟其治人事天,无所不可,故曰莫如啬。"曾国藩说:"余之志事,颇近秋冬收啬之气……余意以收啬而生机乃厚。平日最好昔人'花未全开月未圆'七字,以为惜福之道、保泰之法莫精于此……星冈公昔年待人,无论贵贱老少,纯是一团和气,独对子孙诸侄则严肃异常,遇佳时令节,尤为凛不可犯,盖亦具一种收啬之气,不使家中欢乐过节流于放肆也。"(《家书》同治二年正月十八日"致沅弟")这可以说使《老子》之"啬"在二千多年后找到了知音。

"夫唯啬,是以蚤服道。""蚤",即"早"的通假字,先秦古籍多假"蚤"为早。"服",服从。"服道"即第二十三章所云"从事于道"之意。因为"道"本身就具有"啬"的特性。这句话的意思是说:按照"啬"的原则处事,收敛自己的行为和精神,就是及早服从道。这同时也说明,"啬"并不完全等同于道,只是入门;是要先从"啬"做起。所以后文接着说:"蚤服道,是谓重积德",及早服从道,就是不断地积累德。"德",《广雅·释诂三》:"德,得也。""重积德"就是把从道、习道的所得积累起来。"重积德,则无不克",日益得道,就能无所不胜。"克"即"胜"。"无不克,则莫知其极",无所不胜的力量是无法估计的,是无限的。"极"是极尽的意思,《尔雅·释诂》:"极,至也。"这也就是说,日益得道,无所不胜,越来越发展,没有穷尽。"莫知其极,则可以有国之母",是说有了这无限的力量,就能得到保住国家之道。高亨说:"'国之母'者道也,第五十二章曰'天下有始,以为天下母',天下母即道也,'有国之母',谓有道也。""有国之母,则可以长久",是说得到保住国家之道,就可以长久。"是谓深根固柢,长生久视之道。""柢"(dǐ),树木的曼根。《解老》说:"树木者有曼根,有直根。直根者,书之所谓柢也。柢也者,木之所以建生也。曼根者,木之所以持生也。""根""柢"统而言之无分别,皆是根,分开来说则有别,直根即主根是向下扎的根;曼根即旁生、侧生之根。"久视"即"久立"。高亨注说:"视读为寘(zhì),寘,置也。《广雅·释诂》:'置,立也。'"这两句话是总结全章,即按着"啬"的原则"治人事天",一直发展下去就会终于得道,得道就能根深蒂固,长生久立。久立即章首说的"治人"之效,即国家社稷可以长久的保持下去;长生即章首所说的"事天"之效,即享尽天年。

第六十章　治大国若烹小鲜

治大国若烹小鲜;以道莅天下,其鬼不神。非其鬼不神,其神不伤人。非其鬼不伤人,圣人亦不伤人。夫两不相伤,故德交归焉。

本章接上章继续讲"啬"的好处,说明只有依道而行,才能给天下造福。"治大国若烹小鲜。"这句话可以说是老子的名言,也可以说是中国政治思想史及政治哲学上的一句很重要的话。我们都知道,中国人做菜叫"烹饪",所谓"烹"就是用文火、细火慢慢炖。大火就叫作"炒",所以炒菜的火叫"武火",尤其是炒肉丝,把火开得很大,东西下到锅里,三下两下就成了。中国很多有名的菜肴都是"烹"出来的,而不是"炒"出来的。"小鲜"就是小鱼。"烹小鲜"就是要用文火慢慢地、小心谨慎地炖。这个道理就像前面所说的"治人事天,莫若啬",要一点一点积累的道理一样。"治大国若烹小鲜",这是老子以"烹小鲜"来比喻治理国家的原则。什么原则呢?炖小鱼不像炸大鱼那样用筷子乱拨动,乱拨动就碎了;但也不是不动,如果完全不动,也不会炖出好味道来。这个道理,就是"无为而无不为"。"治大国若烹小鲜"就是说:治理国家,要像烹小鲜那样,实行无为而治,不要乱翻腾。也就是说,只有依道而治,才能无所不为。那怎样才能"无为而无不为"呢? 老子说:"以道莅天下,其鬼不神。""以道莅天下"的"道",是指以道所修养的"德"。这个"德"就是"无为"的政治之道,亦即上句的"若烹小鲜"。"莅"同"莅"(lì),治理、掌管的意思。"其"为副词,当"就是"讲。"神"在这里用作动词,当"灵"或"作用"讲。这句话的意思是说:用政治道德来治理天下,就是鬼也不灵了,也起不了作用了。什么是"鬼"? 迷信称死人为鬼,并说鬼能害人。鬼害人,亦即鬼祟、鬼厉,所谓"匹夫匹妇强死,其魂魄犹能冯依于人,以为淫厉"(《左转·昭公七年》),意思是平凡的匹夫匹妇,一旦由于意外事故而横死,他的魂魄也会附在他人身上作怪。这种思想,1949年前在民间还相当普遍。而"闹鬼"的事情在社会相对安定的时代就比较少,在"乱世"就特别多。这是由于国家的升降浮沉、得丧兴亡的变化太大、太快,以致人们突出地感到不能掌握自己的命运所造成的。特别严重的是,闹鬼的事情又往往和政治斗争、血族复仇相联系。这样,它就成了天下大乱的一个重要因素。据《左传·昭公七年》记载,郑国在铸刑书那年(昭公六年,即公元前536年)就发生了"闹鬼"之事,原本反对铸刑书的伯有、子孔,在被公孙段、驷带杀害之后,有人传说看见了伯有之鬼穿着铠甲在街上行走,并告诉他:"在壬子日(即铸刑书之年的三月二十日),我将杀死驷带;到明年的壬寅日(即第二年的正月二十七日),我又要杀死公孙段。"果然壬子这一天,驷带死了,壬寅这一天,公孙段也死了。闹得国人非常恐惧。逼得子产不得不违背他的无神论,立伯有之子良止、子孔之子公孙泄为大夫,以祀其父,加以安抚。这样才算平静下去。事后游吉问这是什么道理,子产回答说:"鬼有了归宿,就不会在人间作怪,现在我就替鬼找个安身之处。"由这个例子,可以看出闹鬼是和政治斗争密切联系的。不同立场的人,可以从不同的动机出发,编造闹鬼的故事,以进行政治斗争。老子正是看到这种现状,所以说:"以道莅天下,其鬼不神。"因为你清静无为即大公无私,就使它没有空隙可钻,没有东西可捣毁,也就是说它所依赖能作怪的力量没有了,所以它也就无法捣乱了。"非其鬼不神,其神不伤人",是说不是无鬼,是说它不会伤害人。"非其鬼不伤人,圣人亦不伤人",是说不是鬼灵不伤害人,而是圣人也不伤害人。"夫两不相伤,故德交归焉",是说鬼不害人,人不逐鬼,上不刑民,民不犯上,这样两不相伤,就是人鬼、上下交得("德"借为得),而各得其归宿,互不相害了。

  本章的中心是说,像"烹小鲜"那样去治国,实行"无为"方针,就能鬼不伤人、人不伤鬼以及人们之间也上下不相伤,天下就太平了。

第六十一章　治大国若居下流

治大国若居下流,譬之在天下,犹川谷之与江海也。大国者,天下之所流,天下之所交也。天下之牝,牝常以静胜牡,以其静,故为下也。

故大国以下小国,则取小国;小国以下大国,则取大国。故或下以取,或下而取。大国不过欲兼畜人,小国不过欲入事人。夫两者各得其所欲,大者宜为下。

上章"治大国若烹小鲜",讲的是治内,此章"治大国,若居下流",则讲的是治外,即外交问题。

"治大国若居下流,譬之在天下,犹川谷之与江海也。""下流"即下位,代表谦虚之德,亦即不自满自傲。俗话说"人往高处走,水向低处流"。天下之水,因为能谦下不傲慢,都向下走,低于一切,因此,它能成其大,变成大海,能容纳一切,这就是"居下流"的道理。所以一个真正泱泱大国的风度,要像大海一样,能接受一切,容纳一切。"譬之在天下,犹川谷之与江海也。"这是把大国比作大海,同时也是对为什么要"居下流"的解释。"之"为代词,代指大国。这句话的意思是说:治大国要居于下位,在外交上要像江海对待川谷那样,善于容纳百川。"大国者,天下之所流,天下之所交也。"这是对上句的解释说明。"所"即处所。"流"即流入,流归之意,与下句"天下之所交"之"交"(即交会、会集)词异而义同,重言之乃变换词句以着重说明之。这句话的意思是:大国,是天下之水所流入的江海,是天下之人所会集的中心。也就是说,因为大国谦下、包容,所以能变成全天下交会的地方。"天下之牝,牝常以静胜牡,以其静,故为下也。"这是另起一喻,用"牝"(即天下之母)来比喻大国。其意思是说:大国又好比雌性动物,天下的雌性动物常以静定胜过雄性,正因它静定,所以处于卑下的地位。总之,这一段是讲谦下之德的。老子以江海之与川谷为喻,以牝之胜牡为喻,乃是为了引领下文,说明各国相交,要处下,要谦恭,而归根结底,则是"大国宜为下",所以下面接着就讲大国与小国的关系。

"故大国以下小国,则取小国;小国以下大国,则取大国。""以下"即用谦下的态度。"取"通"聚",聚合、团聚的意思。这句话的意思是说:所以大国对小国谦下,就可以团聚小国于自己的周围;小国对大国谦下,就可以团聚于大国的周围。"故或下以取,或下而取。"这两句是承上文而言,是说:或者以谦下团聚别国于自己周围,或者以谦下被大国团聚,即团聚于大国的周围。这是对上文的简括。这句话中的"以""而"是通用的,并无区别。"大国不过欲兼畜人,小国不过欲入事人。""不过",表示程度最高;"欲",愿望;"不过欲"即最高愿望。"兼畜人",并不是兼并吞并他国,而是兼容、畜养他国。一个大国想兼并他国,那是侵略;兼容、畜养他国,那是容纳他国,帮助人家,这是中国政治的特色。如郑和下西洋,曾到过三十多个国家,每到一国都不是想侵占他国的土地,而是与这些国家建立友好关系,促进贸易,互通有无。如这些国家带礼物来朝,明政府就会回送更多的东西。实际上这是赔本的生意,不像近代的英国一向走侵略的路线,也不像现在的美国,依仗军事实力,到处逞强,容不得他国发展。"入事人",就是容于其中,使自己受到帮助。"事"即从事、使用。这两句话的意思是说:大国的愿望不过是要兼容畜养小国,小国的愿望不过是要容于大国,以得到大国的帮助。"夫两者各得其所欲,大者宜为下。""两者"即指大国、小国。"各得其所欲",即大国实现自己的愿望,兼畜人;小国也实现自己的愿望,"入事人",受到大国的帮助。"宜",应该。大国小国皆谦下都实现了自己的愿望,但主要的,还是大国应谦下。吴澄解释大国宜为下说:"两者皆能下,则大小各得其所欲。然小者素在人下,不患乎不能下;大国非在人下,或恐其不能下,故曰大者宜为下。"

陈鼓应评论此章说:"人类能否和平相处,系因于大国的态度。'大国者居下流','大者宜为下',本章的开头和结语一再强调大国应谦下包容,不可自恃强大而凌越弱小。'谦下'以外,老子还说到雌静,雌静是针对躁动而提出的。躁动则为贪欲所驱使而易产生侵略的行为。老子感于当时各国诸侯以力相尚,妄动干戈,因而呼吁国与国之间,当谦虚并容。特别是大

国要谦让无争,才能赢得小国的信服。"(《老子今注今译》)

我们须知,《老子》这本书,是讲政治道德哲学的,他始终告诉我们的是谦下、包容、爱护他人。

第六十二章　道者万物之奥

道者万物之奥,善人之宝,不善人之所保。

美言可以市尊,美行可以化人。人之不善,何弃之有?是以圣人常善救人,故无弃人;常善救物,故无弃物。是谓袭明。故善人,不善人之师;不善人,善人之资。不贵其师,不爱其资,虽智大迷。是谓要妙。

故立天子、置三公,虽有驷马以先拱璧,不如坐进此道。古之所以贵此道者,何也? 不日求以得之,有罪以免邪! 故为天下贵。

本章既是讲道的重要作用,也是讲最高的政治道德哲学。

"道者万物之奥,善人之宝,不善人之所保。"蒋锡昌说:"《广雅·释诂》四'奥,藏也'。'奥'有藏意,故含有覆盖庇荫等义。'道者万物之奥'言道为万物之庇荫也。第五十一章'故道生之,德畜之,长之育之,成之熟之,盖之覆之',与此宜同。""善人之宝,不善人之所保。""保",《说文》:"保,养也";《国语·周语》"事神保民"韦昭注曰:"保,养也。"养有育义,此处释为养育。此句中的"所"字与第五十八章"祸兮福之所倚,福兮祸之所伏"两"所"字用法相同。"道者……不善人之所保"句法与"祸兮""福兮"句近,犹言不善人为道之所保,即道养育不善人的意思。蒋锡昌对此句解释说:"善人化于圣人之道,益进于善,故道为善人之宝;不善人化于圣人之道,可以改善,故道为善人之所保。盖天下之人,无善与不善,唯在圣人之道为化。"总之,这一段的意思是说:自然无为之道是庇荫和养育万物的,它是善良之人的法宝(因为善人本身就有"道",也可以说,因为有"道"当然是善人）。但是不善良的人或坏人，也不能离开"道"，也要靠它养育。这也就是说，道不是只对好人要爱，对不好的人也不会弃而不顾。开首这段是全章的纲要，其下都是阐述道庇荫养育万物之义，阐述道为"善人之宝，不善人之所保"，尤其是着重"不善人之所保"，即庇荫化育不善人，使其改过迁善。在老子的观念里，使不善人改过迁善，才能实现善人之以道为宝，即把天下治理好。

"美言可以市尊，美行可以化人。""市"是换取。"尊"在这里指的是人，是对人的敬称。"化"，教化、感化。这句话的意思是说：好听的话可以使人相信、喜爱，是可以收买人心的；美好的行为是可以感化一般人的。在历史上，往往皇帝对臣下几句美好鼓励的话，当臣子的就会一辈子为其卖命做事。据说，在清朝末年，打垮太平天国以后，有一个将领被慈禧太后召见，慈禧太后说："听说你这只手作战受伤了，袖子卷起来让我看看！"慈禧太后就摸摸这位将领受过伤的左手。事后，这位将领用最好的黄绫将这只手包起来，认为是太后摸过的，别人不能动，以免亵渎。慈禧太后的一句话和一个小小的举动，使这位将领把手都卖掉了，当然这条命也可以卖掉。这就是"美言可以市尊，美行可以化人"。老子讲了这个道理之后接着就说："人之不善，何弃之有？是以圣人常善救人，故人无弃人；常善救物，故物无弃物。是谓袭明。""人之不善，何弃之有？""何"代词，表示询问原因，当"为什么"讲。这句话是说：对于不善良的人，为什么要抛弃他们呢？"美言可以市尊，美行可以化人"，不善良的人通过"道"的教育以及善人的感化，是完全可以使他变成好人，变成对社会有用的人。因为善与不善都不是绝对的，而是相对的，没有不善就无所谓善，两者是互相依存、互相包含、互相转化的。如三国时期吴国宜兴人周处，少年时自恃武功高强，横行乡里，乡人将他与南山之虎、河中之蛟并称为"三害"。后来他上山刺虎，下河斩蛟，乡人以为他被蛟吃掉了，皆拍手称快。这时周处才知道自己不善，为乡人所厌恶，于是主动拜名士陆云为师。陆云对他说："古人贵朝闻夕改，君前途尚可，且患志不立，何忧名之不彰！"于是他励志好学，有文思，志存义烈，言必忠信，克己向善，一年之后，州府都来聘用他。再如，中国共产党对清朝末代皇帝溥仪的改造。中国革命胜利后，共产党对溥仪并没有采取像苏联那样把沙皇全家一概处死的极端做法，而是进行了耐心细致的教育和改造。精诚所至，金石为开。最后溥仪变成了一个自食其力的劳动者，并在有关方面为国家和人民做出了自己的贡献。所以老子说:"圣人常善救人,故人无弃人;常善救物,故物无弃物,是谓袭明。"这个"救"字,当"治"讲,是治病之治,用今天的话来说就是改造。圣人之道永远是救世救人的,所以没有可弃之人,对善人要救要度,对不善的人或坏人更要救要度。圣人不但经常善于救治人,还经常善于改造物,使无用之物变成有用之物。这句话不仅说明了中国圣人的情怀,也说明了中国文化的次序:先救人,再救物,即"亲亲而仁民,仁民而爱物",慢慢扩大范围,由个人的自我开始而扩大,而及于"天下为公"。老子说,这样的行为就是所谓的"袭明"。"袭"为承袭,有不露、掩蔽、含藏的意思。"明"为光明。天地万有本体的道,本来是光明的,可是人们把自己光明的道遮住了。"袭明"就是要把人类光明的一面引申出来。能把人类光明的一面引申出来,才是至真至善之迹。这是老子告诉我们做人的道理。下面接着进一步阐述这个道理。"故善人,不善人之师;不善人,善人之资。不贵其师,不爱其资,虽智大迷。是谓要妙。""资"是资取、借鉴,用今天的话说就是反面教员或反面教材。老子说,所以善良之人是不善良之人的教师,不善良之人是善良之人的教材,不尊重自己的教师,不爱惜自己的教材,虽是聪明之人也要变成大大的糊涂虫。这几句话是进一步阐释"人无弃人"的。"是谓要妙"是上文的结语,是就"常善救人,故人无弃人,常善救物,故物无弃物","善人,不善人之师;不善人,善人之资",反之则"虽智大迷"而言,说这些乃是精要之妙道,亦即道的妙用。因此,下文接着说"不如坐进此道"。

"故立天子、置三公,虽有驷马以先拱璧,不如坐进此道。""三公",指古代天子以下的太师、太傅、太保,是辅佐天子掌握军政大权的最高官员。"驷马",四匹马驾的车,古代只有天子大臣才能乘坐。"拱璧",指一种圆镜形状中间有孔的大型玉器,用于祭祀,因其需用双手拱执,故名。"驷马以先拱璧",指驷马在先,拱璧在后的一种奉献礼仪。古人送礼物给人,把轻的东西送在重的前头。拱璧,为合抱之璧,属国宝,比驷马贵重。"不如坐进此道","坐"是坚守、守定,"进"是进步,"此道"即上文所说的"要妙"。这段话的意思是说:作为一个国家领袖是处理天下大事的,虽有财富和国宝,不如宁静下来住守此道,使自己能够真正清静无为,把国家治理好。"古之所以贵此道者,何也? 不日求以得之,有罪以免邪! 故为天下贵。"老子说:古代的人之所以尊重这个道,是为什么呢? 还不是因为有善行的人求善,能够得善,有罪的人能够免罪,改恶从善吗?正因为这样,实行这个道才为天下人归仰。"求以得之,有罪以免邪!"蒋锡易说:"这正是承上文'善人之宝,不善人之所保'而言;谓善人化于道,则求善得善;有罪化于道,则免恶入善;此道之所以为天下贵也。"须补充的是,此句也是"常善救人,故人无弃人,常善救物,故物无弃物"之义。"贵",《释名·释言语》:"贵,归也;物所归仰也。"

这一章利用反面教员、反面教材和"人无弃人""物无弃物"的思想是很有价值的。可能有人会说在两千多年前,老子怎么能有这种思想呢?有此思想并不奇怪。《诗经·大雅·荡》:"殷鉴不远,在夏后之世",这是说夏桀的亡国是殷人的一面镜子,这里就包含着把夏桀的亡国当作反面教材的思想。周公说:"我不可不监于有夏,亦不可不监于有殷。"(《尚书·召诰》)"监"是"鉴"的假借,意思是说,我们周人不可不把夏人的亡国当作镜子,也不可不把殷人的亡国当作镜子。这里也包含着利用反面教员、反面教材的思想。过了数百年之后,老子又根据自己时代的经验事实,把它进一步抽象概括成为最一般的原理:"不善人,善人之资。"所以有此思想并不奇怪。对"人无弃人,物无弃物",近代中国哲学家詹剑峰给以很高的评价。他说:"据我看,这条原理,有其现实的意义。建设社会主义,要把一切可能利用的力量都积极地发动起来,一切抛弃的废物都要设法以利用。"(《老子其人其书及其道论》)特别是在当今时代,由于人们道德素养的提升,正开始向着"人无弃人"的方向前进;由于科学技术的发展,"物无弃物"也在一天天地变成事实。例如利用垃圾发电,就是废物不废的典型事例。"人无弃人,物无弃物"应该说是老子对人类思想发展的一个积极的贡献。

第六十三章　天下之难事

天下之难事,必作于易;天下之大事,必作于细;图难于其易也,为大于其细也。是以圣人蚤从事焉。

夫多易者必多难,是以圣人犹难之,故冬无难矣。

本章所讲既是认识论,又是处世哲学。

"天下之难事,必作于易;天下之大事,必作于细。""必",副词,表示坚定或确定,当"一定""必定"讲。"作",开始。"于",介词,当"从"讲。此句的意思是说:天下的难事都是从简易开始的,天下的大事都是从细小开始的。这句话是就客观上而言的。韩非子在《喻老篇》中说:"有形之类,大必起于小,行久之物,族(多)必起于少。故(老子)曰'天下之难事,必作于易;天下之大事,必作于细。'"这是老子先告诉我们,天下的事都是由易到难、由小到大的,这是客观规律,我们要懂得这个规律。"图难于其易也;为大于其细也。"这一句是从上句引出的结论。这也是老子表述他的思想而常用的逻辑,例如第三章,先说"不见可欲,使民心不乱",紧接着说"是以圣人之治,虚其心,实其腹";第十二章,先说"驰骋田猎,令人心狂,难得之货,令人行妨",紧接着说"是以圣人为腹不为目,故去彼取此";第二十二章,先说"曲则全,枉则正",紧接着说"是以圣人抱一为天下式";第三十四章,先说"万物归焉而不为主,可名于大",紧接着说"圣人终不为大,故能成其大";第五十八章,先说"正复为奇,善复为祆,人之迷,其日固久矣",紧接着说"是以圣人方而不割,廉而不刿"。老子这句话的表述,只不过前面省略了"是以"二字。"图"是考虑、处理的意思。"其"是指这件事。"为",作动词"做"用。老子这句话的意思是说:正因为天下的难事都是从简易开始的,天下的大事都是细小开始的,所以我们处理困难的事情,应先从容易处入手,先找到关键点,能找出关键,才容易成功;做大的事情,就必须从细小处抓起,能抓住细小,才能成其大,否则,就有可能前功尽弃。这句话可以说是至理名言,我们现在所说的"细节决定成败"就来源于此。"是以圣人蚤从事焉",这是从"天下之难事,必作于易;天下之大事,必作于细"引出"图难于其易,为大于其细",进而又引出的一个结论。意思是:要想难事不难,大事成大,就必须提前谋划,不要等到事情出来以后再去从事,那样,既费时又费力。所以老子说,什么是圣人?圣人就是能及早从事而绝不等待,否则就会贻误时机而陷入困境。韩非子《喻老》说:"白圭之行堤也,塞其穴;丈人之慎火也,涂其隙",因而"无水难""无火患"。白圭是战国时期的水利专家,他在巡视堤坝时,看见蚂蚁的洞穴就把它堵上;年长的人怕发生火灾,就把灶台上烟囱的缝隙用泥巴涂上,所以没有水患,没有火灾。这都是早从事的例子。《喻老》又说:扁鹊去见蔡桓侯,见到蔡桓侯后扁鹊说:"君王有病,在肌肉和皮肤之间的纹理上,不早治就要向深处发展。"桓侯说:"我没有病。"蔡桓侯不听扁鹊之言,不肯早治病,以致后来病入骨髓而死。这是不肯早从事的例子。由此看来"早从事"讲的还是"无为而治"。

"夫多易者必多难,是以圣人犹难之,故冬无难矣。"这是承上文"天下之难事,必作于易""图难于其易"论述对待困难的态度。难易是相对的,毫无困难的事是没有的。比如,我们端着饭碗,把饭送进口里,似乎是很容易的事,可有时还会咬到舌头;用筷子夹菜,看起来很容易,可有时还会掉下来。为什么?因为我们轻视这个动作,觉得它很容易办到。所以不论做任何事,若看得容易的话反而困难。拿破仑就曾说"天下没有困难的事",可是他最后还是死于困难。这段话的意思就是说:一些人常常把事情看得太容易,结果往往遇到很大的困难,所以圣人足够估计困难,反而最终没有什么困难了。这段中的"夫多易者",指的是把事情看得太容易的人。"犹"同"猷",计划、谋划。

本章包含着丰富的辩证法思想和认识论价值。一、人们在社会活动中,常常把事情看得太容易了,结果遭遇到极大的困难。老子观察这种现象得出结论:对困难有足够的估计,谨慎从事,就不难了。这是很深刻的难和易的辩证法。二、老子从"图难于其易"推出的"圣人早从事焉""多易者必多难,是以圣人犹难之,故终无难矣",更是深刻,具有重要的认识论价值。它对于人们从事生产和社会活动都有普遍的意义。

第六十四章　其安易持

其安易持,其未兆易谋,其脆易判,其微易散。为之于未有,治之于未乱。合抱之木,生于毫末;九成之台,起于累土;千里之行,始于足下。

本章承前章继续讲处事治世之方,亦即政治哲学。

"其安易持,其未兆易谋,其脆易判,其微易散。"这四句的四个"其"字,为代词。这里所指代的不是物,而是人事,即天下国家安危治乱之事。"其安易持",是说天下国家在安定的时候容易保持。也就是说,无论是个人事业,还是天下国家大事,能够做到平安,才容易保持长久。此"持"字即"持盈定倾"之持。"其未兆易谋",所谓"未兆"就是"兆头"之前。如古代有两句诗,说"山雨欲来风满楼","万木无声知雨来"。夏天雷雨要来之前,高楼上的风先来,接着就是雨了,风先雨而来,这是"兆头"。"未兆"就是在"万木无声",即树上的叶子都不动的时候,就应该晓得雨快要来了。"谋"是谋划。"其安易持"这句话是指祸乱而言,即祸乱还未显现出征兆的时候,容易谋划消除之,用今天的话来说就是把祸乱消灭在萌芽状态中。"其脆易判",是说团结不牢固的时候容易分裂。"脆"(cuì)是易断易碎。"判"是分、分开。"其微易散",是说事物在微弱的时候容易消散。这与"其未兆易谋"相通,但两者又不完全等同。"其微易散"包含两层意思:对我有害者,在其微小时设法使之消散,不要等它发展起来,造成大害;对我有利者,在其微小容易消散之时,则努力扶持之,使之顺利地发展壮大。老子这几句话虽是从客观上讲,但其中包含着丰富的辩证思想。所以,一个大政治家处理事务,如果能提前谋划,决策完善,对国家社会的影响是很大的,有时候一项好的政策可以使社会安定几百年之久。

"为之于未有,治之于未乱",这是以上四句的结论。"为之于未有","未有"即未发生。真正做大事业的人,在事情还没有一点影响的时候,已经把基础打好了。这就如同下棋一样,把一个棋子放在那里,看起来是不起任何作用的一招棋,而实际上是经过深思熟虑,预先计算好的。当到某一阶段时,就能起大的作用,收到大的成效。如在胡宗南身边当了13年副官的熊向晖,就是抗战初期周恩来一手安排的。1943年熊向晖获得了一份胡宗南为进攻陕北地区而作的战略部署的情报,就立即报告了党组织。党中央及时向外界透露了这个阴谋,使之破产。后来毛泽东称赞熊向晖,说他"一人可以顶几个师"。"治之于未乱",一个真正的大政治家,在天下祸患未发生之前就已经着手进行治理了。比如社会上有人犯罪,把犯罪的人绳之以法,是一种治理、一种功劳。但如果能使人不犯法,那才是最大的功劳。所以"立法"的目的,能使民众不会犯法,才是天下之大法,等到犯了法再去惩罚,已经是下策而不是上策了。这就是老子的"为无为"之道。这也是上章所说的"图难于其易也"。

"合抱之木,生于毫末;九成之台,起于累土;千里之行,始于足下。"所谓"毫末",就是极微。初生婴儿身上的毛,若有若无,就叫作毫毛,肉眼是看不到的,用显微镜才能看得到。所谓"九成"也就是数的极点。《易经》的数理哲学,最初是"零",零代表了没有数,也代表了无数、不可知之数,无比、无量,所以零代表的是"空",也代表了万有充满其中。而数的极点就是"九",到十又是另外一位数的一,所以数的最高是"九"。"九成台",又名"闻韶台",在今广东曲江区北城上,相传舜南巡时奏乐于此。宋苏轼有《九成台铭》。"累土"即一筐土。高亨说:"累当读为蔂(léi),土笼也。起于累土,犹言起于蒉(kuì)土也。"这几句话的意思是说:合抱的大树,是从微小的萌芽生长起来的;九层的高台,是从一筐土开始垒起来的;千里之远的路程,是从脚下第一步开始的。这一段可以说是讲事物由量变到质变的,不过老子还未抽象出量和质的概念,他是以形象化的语言,来表达由量变到质变这种思想的。这一段与上文也是密切联系的。上文"为之于未有,治之于未乱",包含着乱子是由微小的事故积累起来而造成的意思;这一段,虽是形象化的语言,但较之上文却是一个概括、一个抽象,用"合抱之木,生于毫末;九成之台,起于累土;千里之行,始于足下",以喻一切事物皆是由微小积累起来而成为巨大。那么,对于有害之事,当防微杜渐,勿使蔓延;对于有利之事,亦当及早发现,助之成长。从全章看,老子所论之道是包含着这种思想的。

第六十五章　古之善为道者

古之善为道者，非以明民，将以愚之。民之难治，以其知之。故以知治国，国之贼；不以知治国，国之福。此两者，亦楷式也。常知楷式，是谓玄德。玄德深矣、远矣，与物反矣，乃至大顺。

本章与上章一样，都是讲政治哲学。老子认为社会政治的好坏常与统治者的统治方法有关，政治在于质朴而不是智巧。如果统治者以智巧治理社会，社会就会产生不良的腐败风气；风气败坏，人们就会变得狡诈虚伪起来，社会上互相贼害的事就会多起来，这样天下就不安定。如果统治者治政诚朴，讲信用无机巧，民风也就随之诚朴，社会也就容易安定。

"古之善为道者，非以明民，将以愚之。"老子这句话因一个"愚"字，常被人非议，说老子主张的是实行"愚民政策"，希望老百姓没有知识，越笨越好。其实在上古书上，"愚"并不当"笨"解，而是诚实、朴素的意思。关于"智"和"愚"，老子在第七十一章说："知不知，上矣；不知知，病矣。"他说智慧真正到了最高处，就是"不知"。不知不是真的不知，而是好像不知，好像没有智慧。因为对一切事情都明晓了，所以心情上反而很平淡，等于一个"不知的"普通人一样。而一般人在思想上常犯的一个毛病，就是不知而自以为知，自己根本不懂而以为自己很聪明，智慧很高，什么都懂。从这里我们可以看出，老子所说的"上智"即真正之智就是"愚"，就是一种自然的质朴。现代成语"大智若愚"就是这个意思。而"不知知"则是虚伪之智，这种"智"就不诚实、不淳朴。所以《老子》提出的"愚之"并不是反对聪明，并不是使人们变得愚昧无知，而是使人脱离奸诈虚伪，变得淳厚质朴，真正聪明起来。我们了解了老子这一思想，就明了老子所说"古之善为道者，非以明民,将以愚之"这句话的道理了。"明",王弼注:"'明',谓多见巧诈,蔽其朴也。"河上公注:"明,智巧诈也。""将",助动词,表示做某事的意志,当"要"讲。"以",介词,当"用"讲。这句话的意思是说:古代善于以道治国的人,不是用道教人智巧,而是用道使人淳朴。"民之难治,以其知之。"这是讲领导人的问题。这个"知"可以当"知道"讲,也可以当"智巧"讲,所谓智巧,就是机谋和巧诈。《韩非子·扬权》说:"圣人之道,去智与巧,智巧不去,难以为常。"如果领导人使用智巧,那人们跟着也就学会了。所以老子说:民所以难治,乃是因为他们有了智巧。而民之智巧,都是因为受了统治者的坏影响而造成的。所以老子得出结论说:"故以知治国,国之贼;不以知治国,国之福。""知"同"智"。"贼"是贼害、灾害。用智巧治国,是国家的灾害;不用智巧治国,是国家的福祉。比如武则天当政时期,为了消除反对派,便下了一道命令,发动全国告密。于是四面八方告密的人云集。为了审判这些反对者,武则天又物色酷吏。这些人极端残忍,审问案件时,不管有没有证据,先用酷刑逼人认罪,再大搞冤狱进行迫害,其中最残忍的是周兴和来俊臣。周兴、来俊臣想出名目繁多、花样百出的酷刑以残害无辜的人。他们抓到人,只要把各种刑具陈列出来,"犯人"一看,往往就吓得供认不讳了。死在周兴等人手中的人不计其数。有个正直的大臣看不下去了,对武则天说:"现在下面告发的谋反案件,多数是冤案、假案,也许有人阴谋离间陛下和大臣之间的关系,陛下可不能不慎重啊!"可是,武则天不愿听这种劝告。告密的风气不衰反盛,连他的亲信、掌管禁军的大将军,也被以谋反罪告发,被武则天下令处斩。有一天,武则天接到告密信,说周兴跟已经处死的禁军大将军同谋。武则天大为吃惊,立刻下密旨给来俊臣,叫他负责审理这个案子。当太监把武则天的密旨送到来俊臣家时,来俊臣正跟周兴一起喝酒。来俊臣看完武则天密旨,面不改色,而且二话不说,把密旨往袖子里一放,继续跟周兴谈话。来俊臣说:"最近抓了一批犯人,可是却不肯老实招供,你看该怎么办?"周兴微微一笑说:"这还不容易?我最近想出一个新办法,拿一个大瓮放在炭火上烤,谁不肯招认罪名,就把他放进大瓮里,还怕他不招?"来俊臣听了,连连称赞说:"好办法,好办法。"他一面说,一面叫下人去搬一口大瓮和一堆炭火到大厅里来,把瓮放在火上。炭火越烧越旺,烤得整个大厅里的人汗水直流。周兴奇怪了,心想难道你还把犯人带到家里来审不成?这时,来俊臣站起来,拉下脸说:"接密旨,有人告发周兄谋反。你如果不老实招供，只好请你进这个瓮了。"周兴一听，吓得魂飞魄散。来俊臣整犯人的手段，他是最清楚的。他连忙跪在地上向来俊臣磕头求饶，表示愿意招认。于是，来俊臣把周兴的口供上报给武则天，周兴被流放岭南。这可以说就是"以智治国，国之贼"。所以，老子不仅期望人民真朴，更要求统治者以真朴来治国。只有这样，才能让人们的心灵与自然达到和谐统一，这个世界也将变得简单而有序。

"此两者，亦楷式也。常知楷式，是谓玄德。玄德深矣，远矣，与物反矣，乃至大顺。""楷式"，即模式、法则的意思。"此两者，亦楷式也"，是说"以知治国，国之贼；不以知治国，国之福"这两者也是治国的一个法则、一个原理。"常知楷式，是谓玄德"，是说常记住"以知治国，国之贼；不以知治国，国之福"这个法则，这就是道的品德。这也就是说，不以智巧治国而以真朴治国，才是政治的最高的道德标准，才是"善为道者"。"玄德深矣、远矣，与物反矣，乃至大顺"，是说道的品德既深刻又远大，人们不易理解，表面上看起来，与一般的常理、事理、人情相反，但用之却能"大顺"。"大顺"即畅通无阻，是逆境的反面。这也就是说，按照"以知治国，国之贼；不以知治国，国之福"这个法则去治理国家，虽与普通的事物相反，但能畅通无阻。因为没有谁愿意生活在尔虞我诈的环境中，没有谁愿意与耍心计的人交往。所以老子在七十八章中把他所说的话概括为"正言若反"，即他所说的话都是正确的，是合乎道的，但人们看起来好像是错误的，不符合人情的。

陈鼓应在《老子今注今译》引述中说："本章主要是强调为政在于真朴。老子认为政治的好坏，常系于统治者的处心和做法。统治者若是真诚质朴，才能导出良好的政风，有了良好的政风，社会才能趋于安宁；如果统治者机巧狡猾，就会产生败坏的政风，政风败坏，人们就互相伪诈，彼此贼害，而社会将无宁日了。基于这个观点，所以老子期望统治者导民于真朴。""老子生当乱世，感于世乱的根源莫过于大家攻心斗智，竞相伪饰，因此呼吁人们扬弃世俗价值的纷争，而返璞归真。老子针对时弊，而发这种愤世矫枉的言论。"

第六十六章　江海所以能为百谷王者

江海所以能为百谷王者,以其善下之,故能为百谷王。是以圣人欲上民,必以言下之;欲先民,必以身后之。故圣人处上而民不重也,处前而民不害也,天下皆乐推而不厌也。非以其不争与?以其不争,故天下莫能与之争。

本章是对上章所讲"以知治国,国之贼;不以知治国,国之福"这一领导原则的进一步说明。

"江海所以能为百谷王者,以其善下之,故能为百谷王。""百谷"即百川,《说文》:"泉出通川为谷"。"百"是言其多,并非一百条,此处不用"川谷"而用"百谷",是着重说明流归江海的川谷之众多。"王",《说文》:"王,天下归往也。""王"即归往之义。"以其","以"是介词,指引进动作行为的原因或理由,当"因为""由于"讲;"其"为代词,代指江海。这句话的意思是说:江海所以能够成为众多河流汇集的地方,是因为它善于处在低下的地位。这是老子以江海之与百谷为喻,意在说明圣人治天下也要像江海那样"善下之",这正如《诗经》起兴一样:"关关雎鸠,在河之洲;窈窕淑女,君子好逑",以雎鸠起兴,意在说"淑女"和"君子"。所以接着就说"是以圣人欲上民,必以言下之;欲先民,必以身后之"。因此,要想当一个好的领导人,一个居上位的人,言谈就必须谦恭卑下,对老百姓说话不要太刻薄,要始终表示老百姓是主人,自己只不过是个仆人,是替老百姓做事的。"欲先民,必以身后之",要想站在民众的前面来领导民众,就必须把自己的利益放在后面,这样人们才会归随于你,跟你一起走。《老子》第七章已经讲过"后其身而身先",有好处时领导人要让被领导人先得,剩下来的才自己去拿,如果没有剩余,那就不要了。假使遇到困难时,我先去面对,你们在后面一步,这就是领导的原则,也是领导人的道德。

"故圣人处上而民不重也,处前而民不害也,天下皆乐推而不厌也。"老子说:正因为圣人"言下之""身后之",所以他居于民众之上,而民众不以为累,不觉得是负担,处于民众之前,而民众并不以为有害,并且天下之民都乐意拥戴他而不厌弃他。"重",高亨说:"民戴其君,若有重负,以为大累,即此文所谓重。故重犹累也。而民不重,言民不以为累也。""推"即推戴、拥戴,不是指推举、选举。当时的所谓"举贤才""尚贤",都是下面向天子、国君推荐人才,而绝无推举、推选天子、国君之意。中国在尧舜时期推选领袖实行的就是"禅让"制度。"禅让"和推选不是一回事,它的含义是尧舜开明,老了把位让于贤者,继承者是他指定的。所以这里的"推"是"拥戴"而不是"推选"之意。为什么人们拥戴他?"非与其不争与?以其不争,故天下莫能争",不就是因为他和大家不争吗?正因为他不争,所以天下没有人能跟他相争。不是不敢与他争,而是不想争,所以别人就不会来和他争。不像现在的人都争着当官,因为有利可图。这就是上古传统的政治道德哲学,也是老子、孔子为什么尊崇尧舜及其时代的原因所在。

本章的思想可以说是老子总结春秋以来的政治斗争和历史上的统治经验而提出的。春秋以来,周天子和各国国君之间及其下属之间争强、争上、争先、争胜,盛气凌人,处事蛮横,结果你争我夺,失掉威信,使天下大乱。例如鲁隐公三年,周王与郑武公相争,闹到周室和郑国互相交换人质的地步;桓公五年,周王剥夺了郑庄公参与王政的权利,并亲自带兵征讨,结果打了败仗,周王还被射了一箭。这都严重地损害了周王朝乃至周制的威信。类似的事情很多。在老子看来,这都是因为不能"善下之""身后之",不懂得"不争而善胜"之理。史称商汤说过:"余一人有罪,无以万方;万方有罪,在余一人。"在春秋时期还议论着"禹汤罪己,其兴也勃焉;桀纣罪人,其亡也忽焉"(《左传·庄公十年》)。春秋时期国君还自称"孤寡""不榖",也是由夏商沿袭下来的。在老子看来,禹汤便是"善下之"的,所以"天下乐推而不厌"。老子正是针对春秋以来的政治实际,结合历史上的统治经验,而写出这一章及其有关思想的。

第六十七章　吾有三宝

吾有三宝,持而宝之:一曰慈,二曰俭,三曰不敢为天下先。

夫慈故能勇,俭故能广,不敢为天下先故能为成器长。今舍慈且勇,舍俭且广,舍后且先,是谓入死门。

夫慈以战则胜,以守则固。天将以慈救之,以慈卫之。

在本章老子提出"三宝"即"慈""俭""不敢为天下先"进行重点论述。这"三宝"实际上是"天之道利而不害"(第七十七章),"治人事天莫若啬"(第五十五章)和"后其身而身先,外其身而身存"(第七章)等思想在社会诸领域中的应用。

"吾有三宝,持而宝之:一曰慈,二曰俭,三曰不敢为天下先。""三宝",蒋锡昌说:"《广雅·释诂》:'宝,道也';《老子》第六十二章:'道者……善人之宝',是老子以宝为道。"蒋说是对的,但此处并非与道完全等同。"三宝"属于政治之道,"持而保之"之"宝"则作动词用,意为"保护""保卫";"持"是拿着、握住。老子说,我有三件法宝,谁拿到谁就有办法,如果能把握得住,就可以得到保佑,无论是做人做事、创业立功,还是领导一个国家、一个家庭,都能功德无量。哪三件法宝呢?"一曰慈"。什么是慈?"慈"就是爱。对人对事无不仁慈,仁慈加于人,不做害人之事,不说损人之话;仁爱加于兵,使之"以战则胜,以守则固"。同样可以"慈心"于一切物,戒杀生以惜生命,慎剪伐以养天和。总之,"慈"就是要使"和平"之气充盈于胸中。"二曰俭"。"俭"就是节省、节约,就是有而不尽用。"俭"不只是在用财上俭,一切事情均可用"俭","俭"于饮食可养脾胃,"俭"于嗜欲可聚精神,

"俭"于思虑可除烦恼,"俭"于语言可养气息,"俭"于酬酢可息身劳,"俭"于夜读可安神思。总之,一个善于处世的人非常简单明了,这就是老子的"无为"之道。"三曰不敢为天下先"。"不敢为天下先"并不是要人自甘落后或自甘堕落,而是在讲中庸之道,即做任何事情,智慧太过和不及都不行,恰到好处才能成功。就历史上来讲,秦朝末年,最初是陈胜、吴广揭竿而起,接着是项羽起兵,都是为天下先。可是为天下先的在历史上都下去了,而不先不后的刘邦却成功了。元末的朱元璋也是不先不后从中间起来的。所以不要认为"不敢为天下先"就应该为天下后,太后了就没有份了,要恰为天下中才好。这一原则,在人生中如何去应用,就看个人的智慧了。曾国藩就曾把这句话理解为"不敢居第一等大名",他在《致沅弟》中说道:"天下大名,吝之惜之,千磨百折,艰难拂乱而后予之。老氏所谓'不敢为天下先者',即不敢居第一等大名之意。弟前岁初进金陵,余屡信多危悚警诫之辞,亦深知大名之不可强求。今少荃二年以来屡立奇功,肃清全苏,吾兄弟名望虽减,尚不致身败名裂,便是家门之福。"(《家书》,同治二年四月二十日)这样,"不敢为天下先"就成了曾国藩的保命手段。

"夫慈故能勇,俭故能广,不敢为天下先,故能为成器长。今舍慈且勇,舍俭且广,舍后且先,是谓入死门。"这一段是对上文"三宝"的解释。"慈故能勇",一个人真正具备了仁慈,具有爱天下人之心,才能大仁大勇,才能有自我牺牲的勇气。所以真正仁慈的人,才会有真正的大勇,小仁慈是没有真胆子的。这是讲"以道隶天下",才是天下之道,不是讲"妇人之仁"的小仁小义。"俭故能广",只有节俭才能宽广。这是就财富而言的。"广"即宽广,但广要以俭为前提,否则,浪费无度,财富再多也不会宽广。这个"俭"也可当"简化"来讲,一个领导人如果说话简要,不复杂啰唆,那下面的人发挥起来就能够广博。"不敢为天下先,故能为成器长。"此句第一个"为"当"居""处"讲,第二个"为"当"做"讲,"成器"即成大器,亦即第二十九章之"神器",它是国家政权的象征,所以也可释为"天下"。这句话是说:因为能慈、能俭,不敢居于天下人之先,凡好的事情自己都不先去占有,所以才能做天下的领导人。这就是传统领导哲学最重要的地方。"今舍慈且勇,舍俭且广,舍后且先,是谓入死门。"这是从反面讲不慈、不俭、敢为天下先的害处。"今舍慈且勇","今",在时间观念上不是指现在,而是指当时的春秋时代,指当时的那些君主们以及社会风气的现状。意思是:现在一般人都没有真正仁慈的精神了,他们舍慈取勇,只知道好勇作战去侵略统治别人,而不管人们的生命、生活如何。战国时代,那种战争的残忍暴戾,可以说都是因此而来。"舍俭且广",自己不但没有道德,没有俭啬,而且欲望更是越来越大。"舍后且先",自己都把个人的利益放在前面,舍弃后路而不顾一切地主动进攻别人,掠夺财富。"是谓入死门",这样为道就是进入"死门"没有出路了。这是老子对他当时的时代所作的批判。

"夫慈以战则胜,以守则固。天将以慈救之,以慈卫之。"对于"夫慈以战则胜",不要误以为是说慈悲就可以打胜仗。老子说的这个"慈"是指对部下的爱,是说爱心的重要。孙武在其所著的《孙子兵法》中就提到"仁"。"慈"与"仁"是同义的,只是由于时代不同,语言文字的表达不同而已。孙武说:"视卒如婴儿,故可与之赴深溪;视卒如爱子,故可与之俱死。"意思是:对待士卒像对待婴儿,士卒就可以跟他共赴患难;对待士卒像对待爱子,士卒就可以跟他同生共死。所以一个带兵打仗的人,如果没有仁爱之心,不能视部下如自己的子弟,那是无法打胜仗的。不但带兵如此,就是领导一个工厂、一个公司,也是如此。但仁爱不是像带小孩一样,下雨了赶快把他抱起来,天热了赶快为他脱衣服,而是真教育、真爱护,对就是对,不对就是不对。所以,孙武说:"厚而不能使(对士卒厚待而不使用),爱而不能令(溺爱而不教育),乱而不能治(违法而不惩治),譬如骄子不可用也(就好像娇惯的子女一样,是不能用来作战的)。""夫慈以战则胜,以守则固",就是说一个人真达到了慈心充沛于内时,用来带兵征战就能胜利,用来守卫就能万众一心的团结坚固。这就是"天心仁爱"的展现,所以"天将以慈救之,以慈卫之",上天便自然会帮助你,自然会保卫你。为什么?因为"天道无亲,常与善人"(第七十九章)。

这一章讲的是为政之宝,即为政之道,其中心是慈。一个人真正具有了爱天下人之心,那他无论做什么事情都能成功。老子生活在动乱的春秋时代,他深深地感到人与人之间慈心的缺失,因而对慈极力地加以阐扬。

第六十八章　古之善为士者不武

古之善为士者不武,善战者不怒,善胜者不与,善用人者为之下。是谓不争之德,是谓用人之力,是为配天之极。

《老子》是一部讲哲学的书,其主要内容是阐述道和德即万物本源及其功用,并不是一本军事学论著。全书讲军事的只有几章,即便是讲军事也是讲道及其功用在军事指挥上的应用。本章所说的"不武""不怒""不与""善下"都是道的"不争之德"在战争指挥原则上的体现。

"古之善为士者不武",这个"士"在这里指的是将帅。王弼注:"士,卒之帅也。"所谓"不武",就是不以武力相尚,不轻易动武,亦即第三十章所说的"不以兵强于天下"。这句话是说:古代善做将帅的,不会轻言战争,不会轻易动武,即便是动武也是"不得已而用之",因为战争给人类带来的灾难是巨大的。"善战者不怒",是说善于带兵打仗的人不会轻易被对方所激怒。怒而出师,怒而交战,必致失利。这正如《孙子兵法》所说:"忿速,可侮也。""主不可以怒而兴军,将不可以愠而致战。合于利而动,不合于利而止。怒可以复喜,愠可以复悦,亡国不可以复存,死者不可以复生。故明君慎之,良将警之,此安国全军之道也。""善胜者不与",这个"与"可有两种解释:一是当"给予"讲,即善于战胜敌人的,不给敌人一点机会,没有一点漏洞。没有漏洞敌人就无懈可击。二是当"对斗"讲,高亨说:"与犹斗也,古谓对斗为与。"此句是说善于胜敌者与敌人不交战而胜,才是最上乘的。这和孙子的思想是一致的。《孙子·谋攻篇》说:"是故百战百胜,非善之善者也;不战而屈人之兵,善之善者也。故上兵伐谋,其次伐交,其次伐兵,其下攻城。攻城之法为不得已。"意思是:百战百胜,还不算是高明中最高明的;

不经交战而能使敌人屈服,才算是高明中最高明的。所以,上策是挫败敌人的战略方针,其次是挫败敌人的外交,再次是打败敌人的军队,下策就是攻打敌人的城池。攻城的办法是不得已才去做的。"善用人者为之下",是说善于用人的,常把自己放在被用者之下,即"谦恭下士"的意思。战争是综合实力的竞争,不但要靠优势兵力,雄厚的经济实力,牢固的社会基础,良好的外交环境和地理环境,而且要靠智力、靠人才。其中人才是决定因素。有了人才就可以更好地发挥其他因素的作用,所以善于用人至关重要。但要善于用人就必须谦下,谦下就是对下属和同仁的谦虚,尊重他们,虚心听取他们的意见,在政治上生活上爱护他们、关心他们,只有这样才能得人心、服人心,才能使被用之人尽心尽力。如果只知道用人而不知谦下爱人,被用之人就不会真心实意为其所用。老子在讲了"古之善为士者不武,善战者不怒,善胜者不与,善用人者为之下"之后,做出了抽象的概括,说:"是谓不争之德,是谓用人之力,是为配天之极。""是谓不争之德"是对"善为士者不武,善战者不怒,善胜者不与"的概括,说"不武""不怒""不与"等等都是不争的品德。"是谓用人之力"是对"善用人者为之下"的概括,即善用人者,对人谦下,就能使用大家的力量。"是为配天之极"是对全章的概括,意即这样做乃是与道合德,并达到了最高境界。

这一章是对上章所讲"慈"的进一步引申和发挥,阐明了不争而胜、善下而上的道理。

第六十九章　古之用兵者有言曰

古之用兵者有言曰:"吾不敢为主而为客,不敢进寸而退尺。"是谓执无兵,行无行,攘无臂,扔无敌。祸莫大于轻敌,轻敌几亡吾宝。故抗兵相若,哀者胜矣。

本章是老子引用上古的兵法,以说明道德应用的原理。

"古之用兵者有言曰:'吾不敢为主而为客,不敢进寸而退尺'。""主",即进攻、进犯。河上公注:"主,先也。"吴澄说:"为主,肇兵端以伐人也。""客",即防守、防御。"不敢进寸而退尺",是对"不敢为主而为客"的形象说明。"不敢进寸"即"不敢为主",不主动出兵侵犯人家一寸土地;"退尺"即"为客",在发生冲突之时宁可后退一步,言其极力避免战争,绝不挑起战争,绝不侵入别人国土,其中包含着战术上后发制人的思想。这句话的意思是说:古代兵家说过这样的话:"我不敢进犯,而宁愿防守,不敢盲目进击一寸,而宁愿后退一尺。"这句话所讲的道理,就是"执无兵,行无行,攘无臂,扔无敌"的"无为"之道。"执无兵","执"是持、握;"兵"是兵器,是言无兵器可执,亦即手里拿着武器等于没有武器。"行无行",下"行"字同"阵",王弼注:"行谓行阵也。"是言师旅摆不成阵势。"攘无臂","攘"是伸出举起;"臂"是胳膊,肩膀以下手腕以上的部分。是言欲举臂号召士卒奋战而无臂可举。"扔无敌","扔"是决战的意思,是言欲决战而无敌可就。这四句话的意思是说:吾不敢为主而为客,不敢进寸而退尺,就在政治上处于有理地位,在军事上居于有利之势,敌军不知我守军在何地,所以就能使敌军摆不成阵式,若无兵器可执,无臂可举以号召士卒,就无敌人可就。有时把敌人丢开了,敌人还不知道是如何被你丢开、被你打败的。这就是说不用死力拼杀、冲锋陷阵,就能制敌取胜。这也是在讲后发制人之利。"不敢进寸而退尺",这个道理,后世发展成一句名言——以退为进。上古用兵的最高哲学,常常不求进一寸而是退一尺,退就是真正的进。这在中国的战争史上有很好的例证。在打仗中有时故意引诱你,让你每打必胜,培养你轻敌的骄纵之气,让你胜利到昏头的时候,然后一包围,你就全完了。

老子在讲了上述道理之后说:"祸莫大于轻敌,轻敌几亡吾宝。""几",副词,几乎、差不多;"吾"是指"轻敌"者自身;"宝",河上公注:"宝,身也。"《吕氏春秋·先己篇》:"凡事之本,必先治身,啬其大宝,用其新,弃其陈,腠理遂通。"高诱注曰:"啬,爱也;大宝,身也。"由此可知,"宝"当"生命"讲。这句话的意思是说:只知主而不知客,只知进而不知退,那就会出现灾祸。灾祸没有比轻敌更大的了,轻敌就等于丧失自己的生命。这是就军事原则而言,就做人做事而言也是一样,无论对任何人、任何事都不要轻视,都要小心谨慎对待。能这样的话,你庄严的态度自然产生优良的品格,品格到了最高处,就是最大的艺术。所以老子告诉我们"祸莫大于轻敌",如果轻敌的话,连宝贵的生命都会丧失掉。"故抗兵相若,襄者胜矣。"这是老子对上古军事哲学思想所做的一个结论。"相若",即"相当"。"襄"是"让"的假借字,《释文》曰:"襄音让,本作让。"是古襄、让通用。上文说:"吾不敢为主而为客,不敢进寸而退尺"即所谓让也。"抗兵相若,襄者胜矣",亦即第七十三章"不争而善胜之意"。其意思是说,作战双方力量相当,则先让一步的取胜。这种作战原则,也是属于后发制人的。

第七十章　天下皆谓吾道大不肖

天下皆谓吾道大不肖,夫唯大,故不肖,若肖,久矣其小也夫!

吾言甚易知,甚易行;天下莫能知,莫能行。言有宗,事有君。

夫唯无知,是以不我知。知我者希,则我贵矣。是以圣人被褐而怀玉!

本章老子抒发了自己的理论不被人理解的苦衷,同时也表明了自己对道的坚定信仰。

"天下皆谓吾道大不肖。夫唯大,故不肖,若肖,久矣其小也夫!"这段中的"吾"字和第三段"知我者希"的"我"字,其用法略有不同。元赵德《四书笺义》曰:"吾、我二字,学者多以为一义,殊不知就己而言则曰吾,因人而言则曰我。"这是说,上古的"吾"字多用于主位,"我"字多用于受位,即就己而言用"吾",因人而言用"我"。如"吾有知乎哉",这是就己而言,"有鄙夫问与我",这是因人之问而言。"夫唯大","夫唯"是连词,表示因果关系,当"正因为"讲。"大"在这里是双关词:在众人,是大而无当,大而无用之"大";在老子自己则是伟大、广大之"大"。"肖",相似、像。这段话的意思是说:天下之人都说我讲的"道"太大了,不像任何一个具体的东西;正因为它太大了,大到没有边际,摸不着,看不见,超越了精神和物质两重世界,所以什么都不像;如果像一个具体的东西,可以让人看得见,那它早就变成渺小的了,就不伟大了。这里老子是在告诉我们:世界是由两部分组成的,一个是"无形"的世界,一个是"有形"的世界。我们生活在"有形"的世界,可是主导这个世界的却是"无形"的世界,这个"无形"的东西就是"道"。关于什么是"道",我们在第一章已经讲过,道是宇宙间一种最强大的生命能量。它是宇宙的本根,具有自然性、整体性、不变性;具有循环性、至柔性、无为性;具有超时空性和包容性。老子所写五千言,就是教我们要效法"道",要"见素抱朴,少思寡欲""利而不害"。所以老子接着说:"吾言甚易知,甚易行;天下莫能知,莫能行。"我所说的话,都是很平凡、很容易懂的,可是天下没有人真正能懂、真正能做得到。老子为什么这样说呢?因为道与物相反,以反为动,以弱为用,与现实人们争强好胜、急功近利、为所欲为的心理思想正好相反,所以不容易被人理解和践行。这反映了老子对他所讲的"道"不能行于天下的苦恼。所以老子接着又说:"言有宗,事有君。"所谓"宗"就是本原、宗旨;所谓"君"就是主宰、中心。老子说:其实我说的每一句话都是有宗旨的,说的每一件事都是有中心的。这也就是说,我说的每一句话、每一件事、每一个理论,都是依据本原这个中心的。老子所说的这个本原,这个中心就是"道"。他所说的话、所行的事都是依据于道、遵循于道的。所以不知"道"的真实存在和作用,就不会理解其中所说的道理。这也是老子告诉我们的:"道虽深矣、远矣,与物反矣。"但我们须知,天下的事物最平凡最平淡的,就是最伟大最高深的。无论多么高深的思想,最高处就是平淡,只要我们在平淡中留意,就可知道最高的真理。这不仅是老子对自己的学术思想所做的一个结论,也是给古今中外的高明思想所做的一个结论。

"夫唯无知,是以不我知。知我者希,则我贵矣。是以圣人被褐而怀玉!"这一段不仅说明了伟大就是平凡,同时也表明了老子对道的坚定信仰。"夫唯无知,是以不我知","夫",代词,表示第三人称,指"人们";"唯"是连词,表示因果关系,当"因为"讲;"无知"的"无"为副词,当"不"字讲,"无知"就是不了解,不知道。不知什么呢?不知"道"这个最高体,不知我讲的道理都是依据于道、遵循于道的。"不我知"是"不知我"的倒装。这句话是说:人们因为不了解"道"这个最高体,所以也不了解我。"知我者希,则我贵矣","希"是少的意思;"则"是表示对已然的强调,当"就"讲。这句话是说:越是没有人了解我,那我就越可贵,我就越了不起。"是以圣人被褐而怀玉"是本章的一个结论。"被"(pī),披在身上或穿在身上;"褐"(hè),粗布或粗布衣服。老子说,真正得道的圣人,外面穿的衣服虽然粗陋,而里面怀抱着的却是一块宝玉!老子这里所说的圣人就是"皆谓吾道大不肖""吾言甚易知"的"吾",也就是老子自己,而怀里的那块玉,就是一部《道德经》了。

这一章表现了老子因其学说受到冷落而形成的内心世界的孤独和痛苦。读了这一章,我们会发现老子和孔子有惊人的相似之处。老子在风云激荡的大变革时期要求人们要效法道,要人们"见素抱朴,少思寡欲",可是"天下莫能行"。孔子在礼崩乐坏的时代要求人们遵仁守义,"克己复礼",可是"天下莫之应"。虽然如此,但他们却对自己的信仰坚定不移。

第七十一章　知不知

知不知,上矣;不知知,病矣。夫唯病病,是以不病。圣人之不病也,以其不病,是以无病也。

本章是承上章讲对事物的认识,强调对事物要全面了解,不能只固执于一面而忽视另一面。

"知不知,上矣;不知知,病矣。"这两句话是将两种关于认识事物的截然不同的态度进行对比,并加以说明。同时也说明对事物全面了解的重要性。"上"是指最高、最上乘;"病"在这里不是指生理上的疾病,而是指思想上的毛病。"知不知,上矣",是说知道自己的所不知,才是最上乘的,才能站得高、看得远。那自己所不知的是什么呢？那就是"道",不知依道而行、遵道而行。"不知知,病矣",你只知"有形"的东西,而不知那个"无形"的东西;只知"有之以为利",不知"无之以为用",那就会出问题。比如,只知道争强好胜,不知道柔弱和平,用这样固定的思维方式去处事,就会招惹是非。"道"是万物的本原,按照道的法则,事物都具有相反的两个方面,它们之间是互相依存、互相包容、互相渗透、互相转化的,并没有明确的界限。只固执于事物的一面,把具体事物相对的、暂时的属性误以为是绝对不变的真知,并把它作为说话做事的依据,必然违背物性,人为地制造和激化矛盾,固执下去,发展到极端,就会使自己走向反面,招来损失惹下祸端。第十三章所说的"宠辱若惊,大患有身",就是只知宠之为宠,辱之为辱,福之为福,祸之为祸,而不知宠辱相依、祸福相伏。如果"不知而知",只为自己,不顾一切,不择手段地去求福、求荣、求利,必然是求荣反得辱,求福反得祸,求利反得害。所以说"不知知,病矣",这就是思想认识上的毛病,是会犯错误的。而得道的圣人,因为到达了不知之境,天地人我皆空,因而能够"明白四达",能够顺应自然,功成事遂,所以说"知不知,上矣"。这也是讲由形而下的知识,到达形而上"不知而知"的道理。"夫唯病病,是以不病",是对上面两句话的引申和推论。两个"病"字,第一个是动词,当认识、防止或克服讲,第二个是名词,指思想认识上的毛病。这句话是说:只有认识、防止或克服"不知而知"这种思想毛病,才会没有毛病。接着,下面从另一个角度进行引申,说明对"病"的辩证认识。

"圣人之不病也,以其不病,是以无病也。"对于这句话,《韩非子·喻老》解释说:"勾践入宦于吴,身执干戈为吴王洗马,故能杀夫差于姑苏。文王见詈于玉门,颜色不变,而武王擒纣于牧野。故曰:'守柔曰强。'越王之霸也不病宦,武王之王也不病詈,故曰:'圣人之不病也,以其不病,是以无病也。'"关于"勾践事",《国语·越语》有记载。春秋末年,越王勾践被吴王夫差打败,陷于即将亡国的境地。勾践乃委曲求全亲自入宦于吴。韦昭注:"宦,为臣隶也。"就是勾践亲自到吴国给吴王夫差当臣隶。《越语》载勾践还"亲为夫差前马"。《荀子》:"天子出门,诸侯持轮、扶舆、先马。"先马,即前马,亦即《喻老》所谓"洗马",先、洗(xiǎn)古通用,此处借洗为先,洗马即先马。前马或先马乃贱役,马前引导之人,即现在所说的"马前卒"。勾践卑躬忍辱事吴三年被释放回国。回国之后,奋发图强,过了十年,兴兵灭吴,杀夫差于姑苏(今苏州)。关于"文王、武王事",《吕氏春秋·首时》亦有记述。殷纣王末年,文王被拘于羑里(今河南汤阴县城北),并曾"见詈于玉门,颜色不变"。"詈"(lì)是责骂;"玉门"是指商纣王用美玉装饰的宫门(文王曾在"玉门"被辱骂,文王忍辱求全,后被放归)。文王死,武王即位,不忘"玉门之辱",但仍屈身事纣。十二年之后,乃兴兵伐纣,灭殷,建立了周王朝。所谓"越王之霸也不病宦,武王之王也不病詈",即越王不以做臣隶受屈辱为病而能称霸,武王不以"玉门"之辱为病而能建立周王朝。照韩非子所述,"圣人之不病也,以其不病,是以无病"的意思就是:普通人以为病的(即不对的),圣人不以为病(即不以受辱为不对),正因为他不以受辱为病,所以就没有病了。此处的"病"字是政治病,即政治上的患害。前段的"不病"与后段的"不病"不完全相同,但都有患害之义。《喻老》是对《老子》此文最早的解释,是可信的。这句话正是老子为概括勾践灭吴、武王伐纣之事而立论的。

这一章具有认识论的深刻意义。孔子说:"知之为知之,不知为不知,是知也"。(《论语·为政篇》)《吕氏春秋·谨听篇》也说:"不知而自以为知,百祸之宗也。"提倡"不知为不知",反对"不知而自以为知",乃上古常语。《老子》此章与之相通。但老子是深湛的思想家,他从认识论上做了概括。"知不知,上矣",具有深刻的认识论意义:人们不可能全知一切,所以知道自己所不知者,不妄言,不轻动,乃是最上乘的。《吕氏春秋·谨听篇》说:"太上知之,其次知其不知,不知则问。"这虽然也是有道理的,但比起老子来却是等而下之了。任何人不可能全知一切,无所不知的圣人是没有的,所以,最上乘的不是"知之",而是"知其不知"。人们在认识过程中,最容易犯不知而自以为知的毛病。因为未知领域之广、之深是无法知道、不可能知道的,所以也就往往弄不清自己所知的有限,从而对一些不知的东西而自以为知。明明自己清楚不知某种知识,而故意装作知道,即不懂装懂,那不属于认识论的范畴,而是作伪的问题。对于有求知欲的人来说,避免这种毛病是比较容易的。但避免前一种毛病就不易了,那就既要虚心思索,又需要有比较广阔的知识领域——知识越少,越自以为多,知识越多,越自以为少,就是这个道理。所以老子把"知不知"列为最上乘,是很深刻的。"不知而自以为知",就是病了,那怎么办呢?这种毛病是很容易犯的啊!老子接下去说"夫唯病病,是以不病",即认识、防止或克服"不知而自以为知"这种病就"不病"了。

第七十二章　民不畏威

民不畏威，则大威至矣。无狎其所居，无厌其所生。夫唯无厌，是以不厌。

本章是老子的政治观。老子以为，只有使民余裕所居，熙融所生，这个社会才会得以持续，得以发展，否则就会祸乱四起。

"民不畏威，则大威至矣。""民"即民众，指被统治者。"畏"是"怕"的意思。"威"，第一个"威"作"专制""威压""威吓"讲；第二个"威"作"权威"讲。"至"，高亨解释说："至者，碍止之义。言民不畏威，则君之威权碍止而行不通也。之所以为人君用威者警，下文云：'无狎其所居，无厌其所生'，即明告以勿用威权矣。《说文》：'止，鸟飞从高下至地也，从一，一犹地也，象形。'金文及甲文至作⽮，从矢至于一，矢至则止，是至原有止义。"照高亨的解释，这句话用今语说就是：当民众不怕统治者威压的时候，你的威权就行不通了，就不起作用了。所以老子接着说："无狎其所居，无厌其所生。""无"是副词，当"不"讲。"狎"（xiá），高亨说："按狎借为闸。《说文》'闸'，开闭门也。此是用作动词，即用闸门封闭。无闸其所居，不要封闭人民的住处，使他们自由活动。""厌"，《说文》"厌，笮也。笮（zé），迫也。"厌即压迫之义。两"其"字均为代词，代指的是民众。这句话的意思是说：不要逼迫得民众不能安居，不要压榨得民众无法生活，否则民众就"不畏威"了；"民不畏威"，就轻死，不怕死，铤而走险，人君的"大威"就不起作用了。这是老子告诫统治者不要把民众逼到"轻死"的地步。言外之意，还是说实行道德政治的好。

"夫唯无厌，是以不厌。"高亨解释说："上厌字即上文'无厌其所生'之厌。下厌字乃第六十六章'天下乐推而不厌'之厌。言夫唯君不压迫其民，是以民不厌其君也。"按高亨所说，这两句话是承上文而来，"夫唯无厌"也就是上文说的"无狎其所居,无厌其所生";后一个"厌"字即厌弃的意思,与《论语·雍也篇》"天厌之"之厌同义。

本章之旨是"狎其所居,厌其所生"的被统治者向统治者讲一种"官逼民反"的道理,即"民不畏威,则大威至矣";而统治者则可从"官逼民反"的道理中引出一种不使民反的手段,即"无狎其所居,无厌其所生","唯无厌是以不厌"。

对于统治者被告知"官逼民反"的道理这一点,奚侗解释道:"此云威,即谓可畏之事,如刑罚、兵戎之属,民不畏其所可畏,其故由于不能安居乐业,而祸乱自兹起。"(《老子集解》)反过来,统治者要维护统治,不使社会祸乱滋生,就得知道"官逼民反"的道理,就不能逼迫得民众不能安居乐业,就不能压榨得民众无法生存,逼得民众走投无路,民众就会起来反抗。

总之,只有使民众余裕所居、熙融所生,这社会才得以持续,得以发展,否则就会祸乱四起。

第七十三章　勇于敢则杀

勇于敢则杀,勇于不敢则活。此两者或利或害,天之所恶,孰知其故?

天之道,不争而善胜,不言而善应,不召而自来,默然而善谋。天网恢恢,疏而不失。

本章讲天道的规律是守柔而不争,无为而无不为,人类的行为应取法于这一自然规律,力戒刚强好斗。

"勇于敢则杀,勇于不敢则活。"这两句话并不是说为了保存自己的生命,什么事情都不要抢先去做,而是说,有些人自认为很高明、很勇敢,什么事情都敢做了再说。但是,天下事不能做了再说,最好是先把道理搞清楚,再慢慢来做。这里的"勇"指的是勇气,"敢"指的是贸然决断,"杀"即死的意思,与下句"活"字相对应,为了押韵,所以用"杀"字不用"死"字。"勇于敢则杀,勇于不敢则活",这是老子针对春秋时期"以怨报怨""血族复仇"的严重情况而发的。血族复仇,原始社会末期在各氏族之间就发生了。20世纪50年代,云南西盟山改革前的佤族,处在原始社会末期,还存在着不同寨子的人们互相砍头以"祭谷"的野蛮习俗。这种血族复仇,到了阶级社会又带上了阶级的性质。在社会安定的时候,它不会太突出,而在春秋以来的动乱时期,就严重了。在阶级之间,在各国之间,在种族之间,在家族之间,在嫡庶之间,互相残杀,复仇再复仇,仇怨越结越深;它不仅破坏着统治秩序,也严重地危害着人们的生命安全。所以老子对这种"勇于私斗"的拼命主义提出批判并加以反对。战国时期的荀子也指责这种人:"斗者忘其身者也,忘其亲者也,忘其君者也。行其少顷之怒,而丧终身之躯……"(《荀子·荣辱篇》)据说秦国在商鞅变法之后才解决了秦人"勇于私斗,怯于公战"的问题。在上述那种空气下,"不敢"是需要很大勇气的。"勇于不敢"就是勇于"不敢死",即不轻率去死,这在儒家则叫作"身体发肤受之父母,不敢毁伤"。所以说"勇于不敢则活"。老子所反对的"勇"是"勇于敢",所肯定的"勇"是"勇于不敢"。"此两者或利或害","或"是代词,表示虚指,同"有"。意思是,这两种勇,有的得利,有的遭害。老子虽云"或利或害",但意在使读者自悟其义,领会其精神,"利"指"勇于不敢","害"指"勇于敢"。"天之所恶,孰知其故?""天之所恶"的是"勇于敢",天都讨厌那些只知拼命的人。"孰知其故",这究竟是什么原因呢? 老子在这里"引而不发",正是要读者自己得出摒弃"勇于敢",服膺"勇于不敢"的结论。这同第五十章善摄生者"入军不被甲兵"的思想是相同的。

"勇于敢则杀,勇于不敢则活",这句话对于人生处世来说也是有指导意义的。有时候对于一件事情有勇气贸然地下决断,并不是一件好事。人生最高的勇气就是慢一步,事先问一下自己,有没有把握。多考虑一下就是勇气。比如出门行走,看见地上有叠钞票,抬头一看旁边无人,就把它拿起来装进自己的口袋里。如果"勇于这个敢",说不定警察就在后面,误以为你是小偷;说不定这是某人下的一个圈套,用来敲诈你。如果"勇于不敢",这个钱拿与不拿,多考虑一下,结果就可能不同。所以"勇于不敢"的人才是真正的强者。《左传》中有两个军事上的例子也说明了这一点。一个是《曹刿论战》。公元前684年,齐国和鲁国发生了长勺之战。当时齐国大而强,鲁国小而弱,鲁国的大臣曹刿主动请求辅助鲁庄公作战。曹刿先是认真分析了鲁国作战的条件,认为确实条件具备才敢迎战。在战斗中,庄公一开始就要进攻,被曹刿劝止,齐人击了三次鼓,曹刿才请庄公下令进攻。齐国军队败退,庄公又要马上追击,又被曹刿劝止,他下车仔细观察了齐国的车辙,然后才登车请庄公下令追击,结果把齐军打得大败而逃。仗打胜之后,庄公询问原因,曹刿说:"作战靠的是勇气,击第一遍鼓的时候士兵的勇气振奋,击第二遍鼓的时候,士兵的勇气就衰落了,击第三遍鼓的时候士兵的勇气就没有了,齐军的勇气没有了而我军的勇气正充足,所以就打败了他们。齐国是大国,狡诈难测,恐怕他们有埋伏,我看到他们的车辙乱了,旗子倒了,所以才追击他们。"这个例子就是"勇于不敢"的典型。另一个是齐晋的《鞌之战》。"鞌"(ān),古地名,在今山东济南市西南。在这次战争中,齐侯骄傲轻敌,战争一开始就急于进攻,并扬言要先消灭晋军再吃早饭,不给战马披上护甲就驱马进攻晋军,结果被晋军打得落荒而逃,单车陷入晋军的包围,差点做了晋军的俘虏。这就是"勇于敢则杀"的典型。

"天之道不争而善胜,不言而善应,不召而自来,默然而善谋。天网恢恢,疏而不失。"第一段讲"勇于敢"为"天之所恶",连类而及,这一段接着讲"天之道"。"天之道"首先是"不争而善胜"。"不争",当然就排除"勇于敢"而肯定"勇于不敢"了。蒋锡昌解释这段话说:"盖老子之意,以为自然之道,贵柔弱,不贵强梁。又以为自然之道,有因果之相关,有一定之安排;人君顺之者吉,逆之者凶。"蒋的解说是符合老子哲学的基本精神的。老子虽曰"天之道",其实还是人之道,老子的意思正是要人们按照"天之道"的规律行事。"天之道不争而善胜",是说自然之道,永远不与万物相争,可万物最后都归附于它,受它支配。所以只有无为之治,才能做到不争而善胜。"不言而善应",形而上的天道无形无象,无声无音,从不对万物下什么命令,提什么要求,也不做任何承诺,自然自在,"独立而不改",虽然"无亲",但"常与善人",能遵循于道,则"求以得之,有罪以免邪"。故"从事于道者,同于道;于德者,同于德;于天者,同于天。同于道者,道亦乐得之;同于德者,德亦乐得之;同于天者,天亦乐得之",报应分明,丝毫不爽。不说话而能应验,所以说是"善应"。"不召而自来",有两层意思:一层是自然之道没有召唤万物归服自己,但由于能够做到虚而不盈,博大能容,利而不害,不斥一物,使万物各循己性,各尽其能,各得其所,所以万物"自宾"。另一层是,人生的祸福因果之间是"无主宰"的。道家《太上感应篇》说:"祸福无门,惟人自召。"祸与福不是鬼神能做主的,人生的一切遭遇,其痛苦、幸福、烦恼等,都是你自己招来的。天道就是这样一个东西,"默然而善谋",沉默不语而善于谋划。"天网恢恢,疏而不失"是结论。"天网"即上天布下的罗网;"恢恢"即宽广宏大的样子。意即上天所布下的罗网,即天道的运行规律是自然自在的,它虽然稀疏,却不会有一点失漏。万物都必须遵循于它,顺之者必有利,违之者必有害,无一例外。

这一章共分两层:第一层讲的是不逞勇武,第二层讲的是天道自然。这两层的意思是互补的。老子认为两种不同的勇,会产生两种不同的结果。勇气建立在妄为蛮干的基础上,就会遭到杀身之祸;勇气建立在谨慎的基础上,就能保全生命。勇与柔相结合,就会得到益处;勇与妄相结合,就会遭受灾祸。同样是勇,利与害大相径庭。"天网恢恢,疏而不失",这是向世人说明一个深刻的道理:那就是因果律,自己造的因,自己必然会食这个果,谁都逃脱不了。

第七十四章　民不畏死

民不畏死，奈何以死惧之？若使民常畏死，而为奇者，吾得执而杀之，孰敢？若民常畏死，当有司杀者杀。夫代司杀者杀，是代大匠斫，夫代大匠斫者，希有不伤其手者矣。

本章是老子的政治观，旨在说明执政者要用道德去感化、教育人，不可用苛刑暴政去压迫人。所以老子指出一旦到民不畏死，就像"民不畏威"一样，再拿"死"去惧之是既无效又无益了。

"民不畏死，奈何以死惧之"这句话是总述。"畏"是怕的意思。"奈何"，等于"如何"，当"怎么""为什么"讲。"以"，介词，当"用"讲。"惧"，恐吓，使人害怕。这句话是说：民众已经不怕死了，为什么还要用死去威吓他们呢？民众之所以不怕死，主要是因为统治者的残酷压迫和剥削，使他们走投无路，生不如死。春秋时期，奴隶主阶级的统治日益腐朽，生活日益腐化，对奴隶、百工、庶人的剥削和压迫日益残酷，不但"暴夺民衣食之财"，而且"忌讳"烦苛，使百姓动辄得罪。如当时的齐国"民三其力，二入于公，而衣食其一，公聚朽蠹，而三老冻馁，国之诸市，履贱踊贵"（《左传·昭公三年》）。公室对百姓的征税率多达三分之二，公室的财物都腐烂生虫了，而公室奉养的三老也衣不遮体食不果腹，由于刑法异常严苛，很多百姓因犯法被砍掉脚，以致造成市场上鞋子贱、假脚贵。在晋国"庶民罢敝，而宫室滋侈，道堇相望，而女富溢尤"（《左传·昭公三年》）。老百姓贫困疲惫，而公室日益奢侈，道路上饿死的人比比皆是，而贵族们越来越富有。鲁国则是"苛政猛于虎"，为躲避苛政，老百姓宁愿藏进深山被老虎吃掉也不愿归家。贪生怕死是人之常情，人们处于水深火热之中，走投无路，那就只有拼命。

所以老子说,"民不畏死,奈何以死惧之"。"若使民常畏死,而为奇者,吾得执而杀之,孰敢。"这是讲以杀头相威吓的办法只有在人们真怕死的情况下才能奏效。这里的"常"可当"真"讲。"奇",王弼说:"诡异乱群,谓之奇也。""为奇"即行为邪恶诡异。"吾",即我们,上古"我们"统称"吾"或"我","你们"统称"汝"或"女"。此句话的意思是说:假使人们的心里真怕死的话,对那些为邪作恶的人,我们可以把他抓起来杀掉,谁还敢为非作歹呢?那怎样才能"使民常畏死"呢?这要和第七十五章、第七十二章联系起来看,就是不要把民众压榨得活不下去,要使他们安居乐生,他们就"畏死"了。所以《尹文子》阐述老子说:"老子曰:'民不畏死,奈何以死惧之?'凡民之不畏死,由刑罚过;刑罚过,则民不赖其生;生无所赖,视君之威末如也。刑罚中,则民畏死;畏死,由生之可乐也。知生之可乐,故可以死惧之。此人君之所宜执,臣下之所宜慎。"其意思是说,大凡老百姓不害怕死,是因为刑罚用得太滥;刑罚用得太滥,那么老百姓的生存就没有保障;老百姓的生存没有保障,就会把君主的权威看作像草芥一样。如果刑罚适当,老百姓就会怕死;老百姓怕死,是因为老百姓知道活着是件快乐的事。老百姓知道活着是件快乐的事,君主就可以用刑罚处死来恐吓他们。这是君主应当掌握的治国方法,也是大臣应当慎重对待的大事。

"若民常畏死,当有司杀者杀。夫代司杀者杀,是代大匠斫,夫代大匠斫者,希有不伤其手足矣。"这一段话是承上文而来,是进一步告诫各国国君,即使有些人犯罪当杀,也应该由主管刑杀的部门依法办事,不能无法无天,随意杀戮,草菅人命。乱杀无辜,必然危及自身。"司杀者"是指主管刑杀的部门。"大匠"即木匠;"斫"(zhuó),砍削、砍凿。这是老子打的一个比方。人君如果代替主管刑杀的部门随便下命令去杀人,就好比不懂木工的人代替手艺高超的木匠去砍木头,没有不伤自己的手的。代替司法部门去杀人,必然会滥杀无辜,把民众逼得"常不畏死",铤而走险,到那个时候统治者就难免"不伤其手"了。统治者如果弃法律于不顾,随意杀戮人,只能引起人们的激烈反抗,最后自食恶果。春秋时期的平民和奴隶暴动就是证明。例如公元前664年齐国的"役人"暴动,公元前624年至公元前470年间卫国的三次"匠人"暴动,春秋末年盗跖领导的奴隶暴动等,都给奴隶主阶级以沉重的打击。特别是盗跖领导的奴隶起义,"从卒九千人,横行天下,侵暴诸侯……所过之邑,大国守城,小国入保"(《庄子·盗跖篇》),给奴隶主贵族的打击最为沉重。

此章可以说是老子论及法制的唯一一章。老子虽主张以道德治国,但并不反对正常的法制,只是反对法令烦苛罢了。他既主张无为而治,以百姓之心为心,让百姓"自化""自正""自富""自朴",又主张对"为奇者""得而杀之",而且"当有司杀者杀",即依法而行。他的这种主张大概与他出身于理官世家有关。据《元和姓纂》记载,老子的先祖皋陶曾任舜和禹的理官,掌刑狱之事。《尚书·皋陶谟》中记载了皋陶关于以法治国的言论,如:"天明畏,自我民明威"(上天赏罚分明,来自于臣民的赏罚意愿);"天讨有罪,五刑五用哉"(上天惩罚有罪的人,用五种刑罚来惩治);要"宽而栗"(要宽厚谨慎)。由此可见,老子的思想与皋陶的思想是一脉相承的。

第七十五章　民之饥也

民之饥也,以其上食税之多也,是以饥。民之难治也,以其上之有为也,是以难治。民之轻死也,以其上求生生之厚也,是以轻死。

本章是承上章"民不畏死",说明其原因。"民之轻死"即"民不畏死"就是因为统治者收税太重,挥霍无度,使民众无法生活所造成的。

"民之饥,以其上食税之多也,是以饥"。这里的"民"不是指所有的人,而是指下层的人。"饥"是饿肚子、吃不饱。"以其","以"是介词,表引进动作行为的原因或理由,当"因为""由于"讲;"其"为代词,代指"民"。"上",指统治者、君王。"食"即纳的意思。"是以"是"以是"的倒装,表示结果或结论,当"因此""所以"讲。这句话的意思是说:民众所以饿肚子、吃不饱,是由于统治者收取租税太多,因而遭受饥饿。据历史文献记载,春秋战国时期统治者为了满足奢侈的生活享受,"暴夺民衣食之财"(《墨子·辞过》),税率甚至达到民众收入的三分之二,出现了"王公则病不足于上,庶人则冻餧赢瘠之下"(《荀子·正论》)的现象。老子在春秋初期已经看到各国诸侯为了富国强兵,为了一己之私利,毫不顾忌民众的死活,大量搜括民财,以致民不聊生,才说出这些话来。"民之难治也,以其上之有为也,是以难治。"老子所说的"有为"政治,是指统治者有偏私,欲望太大,只顾自己。所说的"无为"政治,就是没有私心,能做到全面,为大众谋利益。这句话的意思是说:民众难以治理,是由于统治者欲望太大,造成民穷财尽,因而才难以治理。由此也可看出,老子这句话暗含着"无为而治"的思想。"民之轻死,以其上求生生之厚也,是以轻死。""民之轻死",也就是第七十四章的"民不畏死"。"轻"是看轻、不重视。高亨说:"君贵生则厚养,厚养则苛敛,苛敛则民苦,民苦则轻死。"这句话就是说:民众轻死,是由于统治者奉养奢厚、挥霍无度,把民众逼得活不下去了,所以民才轻死。那么这种现象是谁造成的呢?老子说是人为的,上面的领导阶层自己要求生,由于他们求生欲望太大,要求过分,就使别人活不下去。所以古代有"宁为太平犬,不做乱世人"的说法。我们生活在这一时代的人,因为生活幸福,对这句话并没有什么感受。而在1949年前经过变乱的人,就有乱世人命不如鸡犬的感受,特别是清朝末年,直到军阀混乱的时代,更是如此。所以作为一个领导人,不要只为自己而求生,要先把自己的生命放在一边,为利益他人而做,这样,天下就没有治理不好的。

　　这一章应和第七十二章、第七十四章合看。第七十二章讲"民不畏威,则大威至矣",怎么办呢?那就是"无狎其所居,无厌其所生",即不要逼迫得民众活不下去。第七十四章讲"民不畏死",死都不怕,还有什么可怕的呢?"民不畏死",为什么还要以死吓唬他们呢?如果能"使民常畏死,而为奇者,吾得执而杀之,孰敢"!可是怎么才能"使民常畏死"呢?那就得分析"民不畏死"亦即"轻死"的原因。这一章正是紧接第七十四章,说"民之轻死"就是因为统治者收税太重,挥霍无度,使民众饿肚子,无法生活下去。联系起来看,很清楚,老子是在告诫那些当权派要减轻剥削,缓和矛盾。

第七十六章　人之生也柔弱

人之生也柔弱,其死也刚强;草木之生也柔弱,其死也枯槁。

故柔弱者生之徒,刚强者死之徒。"强梁者不得其死",吾将以为教父。

本章是老子在第三十六章、第四十三章之后,又一次阐述"贵柔"思想。在本章,老子以物为喻,通过"草木之生也柔弱,其死也枯槁"的自然物理现象,进一步阐明"强大处下,柔弱处上"的道理,启发人们理解和掌握守柔用弱的智慧。

"人之生也柔弱,其死也刚强;草木之生也柔弱,其死也枯槁。"这一段,是用人之生死、草木之生死以明柔弱胜刚强。"生"是活着的意思。"柔弱"即和顺、和平的意思,不是我们平常所说的软弱无能。老子强调用"柔",也就是用"和平"。"其"是代词,代指他、它。枯槁(kū gǎo),即干枯。老子并不是绝对地否认强,如说"自胜者强,强行者有志"(第三十二章),"守柔曰强"(第五十二章),都是肯定"强"的。此章人"死也刚强",又与草木之"死也枯槁"对应,可知老子所否定的"强"或"刚强"是包含有僵硬之意。这两句话的意思是说:人活着的时候身体是柔软的,死后身体就变得僵硬了。植物与其他生物的骨骼一样,活着的时候枝条是柔软的,死后就会变硬、变干枯了。这是讲物理的现象,说明柔软是生命力最充沛的时候。比如婴儿的骨头很软,其生命力就很旺盛,活动量大但不觉得累。而年纪越大,骨头越硬。所以有些人说,我是硬骨头,什么都不怕,要知真到骨头硬的时候,就是快要死的时候。所以老子引出结论说:"故柔弱者生之徒,刚强者死之徒。""徒"是指同类、类属。这两句话的意思是说:所以柔弱的东西属于生的一类,僵硬的东西属于死的一类。这两句话暗含了老子要我们为人处世多用柔少用强,太硬的话,就容易招惹是非,就容易折断。

"'强梁者不得其死',吾将以为教父"是这一章的结论。"强梁者不得其死"是老子引用《金人铭》中的话。"强梁"即上文所说的"刚强","不得其死"即不得好死,亦即不能正常死亡。这是说一个东西不能过分强壮,过分强壮,其就会不得好死。水果也好,蔬菜也好,乃至鸡、猪等家畜家禽,给它用添加剂,希望养到最好,结果反而招致其快一点死亡。所以中国人过去讲养生之道,人不能求一生无病,一点病痛都没有的人,有时候死得很快、很突然。因为这种人不知道病的可怕,平时也不注意保养,所以一下子就倒下了。而我们看历史上那些高僧的传记,十有七八都是年高、体弱、多病。所以带病可以延年。这是因为本身体弱,时常注意保养所致。"吾将以为教父","以为"即作为。"教父"即教条。罗运贤先生说:"《说文》:'父,巨也。''巨,规巨也。''教父'即'教巨',犹言'教条'也。"他所说的"教条"无今日所谓"教条"一词的贬义,而是肯定之词,用今天的话说,可名之曰"教材"即反面教材,这和第六十二章"不善人,善人之资"是一样的意思。这句话是说:强梁的人不得好死,我要用它作反面教材。这也就是说,懂了人生贵柔的道理,就是最好的教育。

这一章的核心是柔弱胜刚强,具有辩证法思想。对于这一点,陈鼓应在《老子今注今译》引述中说:"他(老子)的结论还蕴涵着强悍的东西易失去生机,柔韧的东西则充满着生机。这是从事物的内在发展状况来说明的。若从它们外在表现上来说,坚强者之所以属于死之徒,乃是因为它的显露突出,所以当外力冲击时,便首当其冲了;才能外露,容易招忌而受到掊击,这正如高大的树木容易引来砍伐。人为的祸患如此,自然的灾难亦莫不然;狂风吹刮,高大的树木往往被摧毁。小草由于它的柔弱,反而可以迎风招展。"所以对于自然界来说,生死、成毁的变化是绝对的。人们只能利用自然物的变化以改变物质形态,为人类谋福利。人类本身也只有按照生理规律"养生",才能延长寿命。

第七十七章　天之道

天之道，其犹张弓与！高者抑之，下者举之；有余者损之，不足者补之。天之道，损有余而补不足；人之道则不然，损不足以奉有余。孰能有余以奉天下？唯有道者。

是以圣人无积，既以为人己俞有，既以与人己俞多。天之道，利而不害；圣人之道，为而不争。

在本章，老子又一次以"天道"喻"人道"，主张"人之道"应取法于"天之道"。

"天之道，其犹张弓与！高者抑之，下者举之；有余者损之，不足者补之。"这一层是以"张弓"作譬，以说明"损有余而补不足"的天道。这里的"道"具有规律性的意义，不是说它是生天生地之道，而是说的自然的法则或规律。"其犹"，"其"为第三人称代词，代指的是"它"；"犹"是如同、好像的意思。"张"，《说文》："张，施弓弦也。"古人用弓前将弦加在弓上称为"张"。"与"是语气词，相当于"吗"。"天之道，其犹张弓与！"是说自然的法则，它不就很像拉弓射箭吗！"高者抑之"，弦位高了就把它压低一些。"抑"(yì)是按压。"下者举之"，弦位低了就把它抬高一些。"有余者损之，不足者补之"，拉得太过了就减损一些，拉得不够就补足一些。这是老子用射箭来比喻自然的法则，这个比喻可说是既形象又易懂。老子认为万事万物都具有相反的两个方面，它们是互相依存、互相生发、相反相成的。如寒极生热，热极生寒；日极则仄，月满则亏等。天道就是那么的公平，你这里多了，它一定给拿掉一点，少了会补上一点。所以说"天之道是损有余而补不足"。"人之道则不然，损不足以奉有余"，人之道与天之道相反，不是"损有余而补不足"，而是减损不足的用来供给有余的。这里的"人"是就各国国君、卿大夫等当权者而言,因为只有他们才有权力"损不足"。老子此言,盖指大国侵略、兼并小国,大夫强者侵夺弱者,破坏西周时期的固有制度而言,说明春秋以来的社会呈现出极大的不公平。特别是那些当权者,他们虽然财物富余,但仍"狎其所居,厌其所生",使百姓"食税之多",以致"田甚芜,仓甚虚",饥寒交迫,无以为生。这种"损不足以奉有余"的结果,只能是富者越富、贫者越贫,以致出现两极分化,社会矛盾加剧。"孰能有余以奉天下?唯有道者。"老子说,谁能够改变这种状况呢?只有得道的人,才能把有余的拿出来,帮助天下不足的人。老子这里说的"有道者"即下文所说的"圣人"。

"是以圣人无积,既以为人己俞有,既以与人己俞多。"老子说,为什么只有得道的圣人会把多余的拿出来布施给不足的人呢?因为得道的圣人与道同德,不自私,不占有,不储藏,所以能把一切奉献出来。"无积"即"无藏"。"无积""无藏"就是说无蓄藏、无积蓄(指包括土地、珍宝在内的一切身外之物),因为"多藏必厚亡"。接着老子讲了他一贯的辩证思想:"既以为人己俞有,既以与人己俞多。"这里的"为"和"与",都是施予、给予的意思,只是变换文辞,重复言之。这句话的意思是说:因此圣人不储藏财物,既用来帮助别人,自己反而越有,既把它给予别人,自己反而越多。这与第七章所说的圣人"以其无私,故能成其私"的道理是一样的。"天之道,利而不害;圣人之道,为而不争。"这句话既是本章的结论,也是《老子》真正的中心,他要我们效法天地。因为天之道是利物而不害物,所以圣人之道也应是施为而不争夺。天生万物,只是付出,不图报酬;人是处处想占有天地,占有别人的利益,结果反而什么都得不到,这是《老子》告诉我们的一个原则。对于这一原则,陈鼓应《老子今注今译》引述说:"'圣人不积,既以为人己俞有,既以与人己俞多。'这是一种最伟大的爱的表现。佛洛姆说:'爱是培养给予的能力。''为人''与人'便是给予能力的一种表现。'圣人'的伟大,就在于他不断帮助别人,而不私自占有,这也就是'为而不争'(亦即'为无为')的意义。老子深深感到世界的纷乱,起于人类的相争——争名、争利、争功……无一处不在伸展私己的意欲,无一处不在竞逐争夺,为了消除人类社会的纠结,乃提出不争的思想。老子的'不争',并不是一种自我放弃,并不是消沉颓唐,他却要人去'为','为'是顺着自然的情况去发挥人类的努力,人类努力所得来的成果,却不必擅据为己有。这种贡献他人('为人''与人''利万物')而不和人争夺功名的精神,亦是一种伟大的道德行为。"

第七十八章　天下柔弱莫过于水

天下柔弱莫过于水,而攻坚,莫之能先。柔之胜刚,弱之胜强,天下莫能知,莫能行。

故圣人之言云:"受国之垢,是谓社稷主;受国之不祥,是谓天下王。"正言,若反。

本章承上章又一次以"水"喻说柔之胜刚、弱之胜强的道理,并由水性趋下、居低、处卑来阐发不争的观念。

"天下柔弱莫过于水,而攻坚,莫之能先。""莫",代词,表示无指,排除一切对象,当"没有谁""没有什么"讲。"于"介词,"比"的意思。"而",转折连词,相当于"但"。"莫之能先",即莫能先之。高亨说:"此类句法,古书恒有之。《论语·子路篇》:'如其善而莫之违也,不亦善乎。'莫之违犹言莫违之也。《孟子·尽心篇》:'若决江河,沛然莫之能御也。'莫之能御犹言莫能御之也。此类句法,《老子》书中亦数见,第九章曰:'金玉满堂,莫之能守',莫之能守犹言莫能守之也。第三十章曰:'民莫之令而自均',莫之令犹言莫令之也。第三十八章曰:'上礼为之而莫之应',莫之应犹言莫应之也。五十一章:'道之尊,德之贵,夫莫之命而常自然',莫之命犹言莫命之也。今发其例于此。"高说甚是。此段先以水为喻,说天下柔弱的东西没有超过水的,但以水攻坚,却没有能超过它的。这大概是古人由观察"水滴石穿"之类的自然现象而得。现在有一种利用水流喷射的冲力制成的水刀,其切割速度为一般钢制切割工具的三十倍,可以轻松自如地把几公分厚的钢板切开,而且边缘平滑,不产生光热、噪声、粉尘、震颤等污染和副作用。下面接着便申述普遍原理:"柔之胜刚,弱之胜强",并说,这个道理,天下没有能了解的,没有能实行的。老子为什么这样说呢?因为"玄德深矣、远矣,与物反矣"。道的作用和法则深远莫测,微妙玄通,与物类的生发方向和人们的传统思维观念及日常行为习惯都是相反的。一般人都以刚强为荣,以柔弱为耻,认为只有刚强才能战胜柔弱,而对柔弱胜刚强则不以为然,所以也就没有人愿意付诸实践。老子讲了这个原理后,便引用古人的话予以阐述。

"故圣人之言云:'受国之垢,是谓社稷主;受国之不祥,是谓天下王。'""受"是承担、承受。"垢"(gòu),即耻辱。"社稷","社"为土神,"稷"为谷神。人君掌握着神权,以祭社稷神,所以"社稷"又演化为国家政权的代称。"不祥",即灾殃之意。老子说,正因为如此,所以以前的圣人这样说:"能承受国家耻辱的人,才够得上一位领导人;如果领导一个国家,能够做到承受全国的痛苦,那就是天下王了。"可以说,战国时期的越王勾践就是这样的人物。勾践在越国为吴王攻破之后,由万乘之主变为战俘,他并没有表现出士可杀而不可辱的气节,而是忍受奇耻大辱,亲自入吴做人质,对吴王俯首称臣,卑躬屈膝,甚至在吴王身体不适时,亲自为吴王尝粪,终于骗取了吴王的信任,被释放回国。回国后他卧薪尝胆,励精图治,蓄精养锐,"身自耕作,夫人自织,食不加肉,衣不重采,折节下贤人,厚遇宾客,振贫吊死,与百姓同劳"。经过十年的努力,天下归心,国力大振,最后灭掉了吴国。勾践之所以能振兴越国,灭掉强吴,与他在国破之后,能够在吴王面前表现出至柔至弱、在百姓面前屈尊善下是分不开的。他的这种忍辱负重精神确实是一般人做不到的,他的作用是当时越国的任何人都代替不了的。由于他能够表现出至柔至弱,即使是吴王这样强盛一时、心如虎狼的君王也无奈他何。如果他不是示吴王以至柔至弱,而是采取"宁为玉碎,不为瓦全"的态度,不但他的生命不能保全,更谈不上兴国灭吴,这就是"受国之垢,是谓社稷主;受国之不祥,是谓天下王"。最末一句"正言,若反"是前言的总结,意思是说:这些话,似乎是错误的,但却真正是正确的。以期引起读者的反复思索。这里的"正""反"不能理解为一般的正面反面,也不能把"反"理解为循环往复之道;按照前文精神,应理解为正确与错误。所谓错误就是指众人的看法,众人皆以刚强为荣,以柔弱为耻,认为只有刚强才能战胜柔弱,你却说柔弱胜刚强,却说"受国之垢,是为社稷主;受国之不祥,是为天下王"。这种看法说明了一个问题:人们看问题往往习惯于顺向思维,而不知逆向思维。事物都有正反两个方面,两个方面既互相依存,又在一定条件下互相转化，这就是事物的辩证法则。《老子》中所说的"曲则全""枉则正""洼则盈""敝则新""大成若缺""大盈若冲""大直若诎""大巧若拙""大赢若绌""不自生故能长生""无为而无不为""不争故莫能与之争""知者不言，言者不知""损之而益""益之而损""福，祸之所伏；祸，福之所依"等等，都是这种辩证法则的体现，都是正确的话，但往往被人认为是迂腐可笑不近常情的言论。所以要正确地看问题，避免片面性。而避免片面性，就要先克服固有习惯势力的影响，深入地、辩证地看问题。当然这并不是单纯的哲学思辨问题，还要通过反复实践。只有通过反复实践，并善于思考才能领悟。第一章所说的"常无，欲以观其妙；常有，欲以观其徼"，说的就是要把静思和实践结合起来，才能领悟"道"的奥妙。

  本章老子所说的"天下柔弱莫过于水，而攻坚，莫之能先"并不是无条件的。比如滴水穿石就得需要足够的水源和时间；水刀割金就得需要足够的压力；勾践灭吴，除了示敌以柔、麻痹敌人外，还必须积蓄力量，争取人心，瓦解敌人。老子所说的至柔至弱，也不是一味地软弱退让，而是"知其雄，守其雌"，以自强制胜为前提，是保护自己、壮大自己、克敌制胜的大智慧，也不排除在必要的时候采取刚强的手段。仅仅依靠"至柔"来攻克"至坚"在一般情况下是办不到的，必须刚柔相济才能成功。

第七十九章　和大怨

和大怨,必有余怨;大小多少,报怨以德,安可以为善?是以圣人执左契,而不责于人。

故有德司契,无德司彻。"天道无亲,常与善人。"

本章老子提出了化解怨仇矛盾的办法。在具有丰富社会阅历的老子看来,人与人之间一旦结下怨仇,是不易化解的,即使化解了,但心目间还存有心理障碍,留有宿怨。所以最好的办法是不与人结怨。而不与人结怨,就是以"无为"的原则处事,来者不见其为怨,与者不自以为德,这样德怨两泯、物我浑化,就能在人世间不与人结怨。

"和大怨,必有余怨;大小多少,抱怨以德,安可以为善?""和",和解。"安",代词,表示反问,当"怎样"讲。"为"当"是"讲。"善",即妥善的办法或好的办法。这句话的意思是说:虽然把大怨化解平和了,但还会留有余怨即小怨,这些小怨有可能还会变成大怨;怨仇无论大小多少,都要以德相报,怎么能算是好的办法呢?这也就是说,无论是大怨还是小怨,无论是怨多还是怨少,都要求以德相报,都要求人人做到样样都好是不可能的,是办不到的。因为人们喜欢埋怨,爱埋怨的心理是天生的。很多人指责现代的青少年不满现实,其实老年人也一样,每个时代每个世界,没有任何人能安于现实满于现实的。所以王实甫的《西厢记》说:"花落水流红,闲愁万种,无语怨东风。"一个人无事无怨时还怨东风呢?如果从哲学角度上来说,是非好坏并没有一个绝对的标准;是非好坏,都是因时间空间的变化,以及人为的因素而决定的。比如我们今天穿这件衣服觉得很漂亮,过几年后就觉得不漂亮了,这是为什么?这都是因为时空环境人为的心理变化而决定的。所以要求人人达到无怨是不可能的。那怎么办呢?老子认为最好的办法是尽量不与人结怨。那又如何才能不与人结怨呢？老子说："是以圣人执左契，而不责于人。""契"，《说文》："券，契也。"古代借贷财物均用契券，尤如今天的文字合同。古代契券用竹木制成，中间刻横画，两边刻相同的文字，记下财物名称、数量以及偿还的时间等。然后劈成两半，左片称为左契，刻有借贷者姓名，由债权人保存收执，右片称右契，刻有财物主人姓名，由负债人保存收执。索物还物时，以两契相合为凭据。但债权人保存收执左契还是右契，在当时因邦域不同而不同，所以张松如说"左契右契，似无分尊卑"（《老子说解》）。"责"，《说文》："责，求也。"追索借出的财物称为"责"。这句话是说：圣人借债于人而操左契，但不去强逼借债人来偿还。老子这句话从表面上看是讲借债的事，而实质上是用形象的语言，以比喻的方式来说明圣人只是施恩而不求报答，亦即不要责人而结怨，用今天流行的话来说，就是"少栽刺，多种花"。这是老子告诉我们的人生最大秘诀：如果人想做得面面俱到，那是做不到的，做人做事能守住大原则即不去责备他人，这样就会少结怨或不结怨。孟子也曾说："有不虞之誉，有求全之毁。"（《离娄上》）"虞"（yú）是猜度、料想。意思是：人在这个世界上有料想不到的赞誉，也有过分苛求的诋毁。所以毁誉不必太在意，因为毁誉本身就不一定客观准确，有时甚至还是黑白混淆、是非颠倒的。何必因他人对自己赞誉或诋毁而乱了自己的心性呢？所以还是要"宠辱不惊，闲看庭前花开花落"的好。

"故有德司契，无德司彻。'天道无亲，常与善人'。"这是就社会政治而言。蒋锡昌说："《广雅·释诂三》'司，主也'。《释诂二》'彻，税也'。《论语·颜渊篇》'盍彻乎？'郑注：'周法什一而税谓之彻'。《孟子·滕文公篇》：'夏后氏五十而贡，殷人七十而助，周人百亩而彻，其实皆什一也'。是'彻'乃周之税法。此言有德之君主，'执左契而不责于人'，无德之君主以收税为事。不责于人，则怨无由生；取于人无厌，则大怨至也。"这与第七十五章"民之饥也，以其上食税之多，是以饥"是相通的。老子是主张减轻剥削和缓解矛盾的。"税"是春秋中期产生的一个新名词。春秋初期，齐国在管仲执政时即实行"相地而衰征"，即分别土地质量好坏，按亩征税。当时还没有"税"，鲁宣公十五年"初税亩"（即对私田一律按亩征税），始见"税"字。第七十五章，老子用了一个新名词"税"，恐怕也是受了新税法的影响。此处就一般征收财物而言，所以用了一个旧名词"彻"。老子说，真正懂得了不责于人这个道理，那就了解了圣人之道。所以有德之君主"司契"而不

"司彻",不去一味地收取财物,天下就太平了。"天道无亲,常与善人。"这是老子引用《金人铭》中的话。意思是:天道即自然的规律,是没有偏爱的感情的,是没有亲疏之别的,并非对那一物有特别的感情,花开花落都是自然的现象,不是某种好恶的结果。善人之所以得助,乃是他们自为的结果,并不是说有一个人格化的天道去帮助他。老子引用这一句古语,说明任何事情都有正反两方面,都有互为因果的作用,不管大小多少,一切都有必然的因果律。这一因果律与自然科学的因果律相同,即"种瓜得瓜,种豆得豆"。

第八十章　小国寡民

小国寡民,使有什伯之器而不用;使民重死而不远徙;虽有舟舆,无所乘之,虽有甲兵,无所陈之;使民复结绳而用之。至治之极,民各甘其食,美其服,安其居,乐其业,邻国相望,鸡狗之声相闻,民至老死不相往来。

本章是老子所描绘的理想的政治图景,体现了无为而治的政治思想。冯友兰解释此章说:"《老子》第八十章描绘了他的理想社会的情况。从表面上看起来,这好像是一个很原始的社会,其实不尽然。他说,在这种社会中,'虽有舟舆,无所乘之,虽有甲兵,无所陈之;使民复结绳而用之'。可见,这种社会中,并不是没有舟舆,不过是没有地方用它。并不是没有甲兵,不过是用不着把它摆在战场上去打仗。并不是没有文字,不过使用不着文字,所以又回复到结绳了。《老子》认为,这是'至治之极'。并不是一个原始的社会,用《老子》的表达方式,应该说是知其文明,守其素朴。《老子》认为,对于一般所谓文明,他的理想社会不是为之而不能,而是能之而不为。有人可以说,照这样理解,《老子》第八十章所说的并不是一个社会,而是一种人的精神境界。是的,是一种人的精神境界,《老子》所要求的就是这种精神境界。"(《中国哲学史新编》)

"小国寡民",并不是老子反对大国之治。因为春秋战国时期的国,不是现在所谓的国家的观念,那时的"国",是个地方政治单位的名词,直到三国时期都是如此。所以,"小国寡民"这个"国"是"地区"的意思。那时人口稀少,当然说是"小国寡民"。"小国寡民"实质上说的是地方自治。而要自治,就必须使国民道德提升,人人能够自发主动,只有这样,才能实现自由自主,达到天下太平。所以接着老子便描绘了这一理想的政治图景:一、"使有什伯之器而不用","使"当"就是"讲;"什伯之器",胡适解释说:

"'什'是十倍,'伯'是百倍。文明进步,用机械之力代替人力,一车可载千斤,一船可装几千人,这就是'什伯之器。'"这句话的意思是说:大家虽然有最好的物质文明,但是注重的更是精神文明,并不太重视物质方面的享受。"使民重死而不远徙","徙"(xǐ)是迁移。大家对生命看得很重,不愿意离开生长与生活的环境而客死异乡。"虽有舟舆,无所乘之。""舟舆"即船和车,泛指交通工具。意即虽有良好的交通工具,可人们并不去乘坐。老子的"什伯之器而不用,虽有舟舆无所乘之"的思想可以说在当今时代已得到了应验,当前不是真有不少发达国家因汽车等器具造成的负面影响,如空气污染、噪音干扰、器具烦琐不易操作等而弃之不用吗?西方某些国家不正进行着停用一天的汽车其城市将是怎样的实验吗?也正是在这个意义上,西方不少思想家注意到老子思想的超前性。所以《老子》既是古老的又是常新的,既是中国的又是世界的,这就是《老子》经久不衰的魅力所在。"虽有甲兵,无所陈之。""陈",即作战摆阵式的阵,这句话是说虽有铠甲和兵器,却没有机会使用它。为什么?因为没有怨念恶嫌,没有战争。"使人复结绳而用之",是说使人们回复到纯朴自在的生活状态,诚信无欺,安安稳稳。"至治之极,民各甘其食,美其服,安其居,乐其业,邻国相望,鸡狗之声相闻,民至老死不相往来。"这一段是承上文而言,意思是达到高度自治的时代,则人们生活自在,吃得好,穿得暖,住得舒服,人与人之间道德相处,内心满足,对外物不企慕,以自己已拥有的为美好,以自己居住的地方为安乐,不再有更高的要求,不需要通过往来得到什么东西。

在社会发展问题上,儒道两家各有理想。儒家在其经典著作《礼记》中所描绘的是天下大同:"大道之行也,天下为公,选贤与能,讲信修睦。故人不独亲其亲,不独子其子,使老有所终,壮有所用,幼有所长,鳏寡、孤独、废疾者皆有所养;男有分,女有归。货恶其弃于地也,不必藏于己。力恶其不出于身也,不必为己。是故谋闭而不兴,盗窃乱贼而不作,故外户而不闭,是谓大同。"老子所描述的则是一个高度自治的社会:"使有什伯之器而不用;使民重死而不远徙;虽有舟舆,无所乘之;虽有甲兵,无所陈之;至治之极,民各甘其食,美其服,安其居,乐其业,邻国相望,鸡狗之声相闻,民至老死不相往来。"两相比较,老子所描述的社会则更高。但无论怎么讲,两位先哲所设计的理想社会都充满了平等、自由、博爱的精神,体现了以人为本的原则和对人类的关怀,反映了人们所向往的愿景。

第八十一章　信言不美

信言不美,美言不信。善言不辩,辩言不善。知者不博,博者不知。

本章是《道德经》的最后一章,也是全书的结束语。本章采用了格言警句的形式,旨在唤醒人们要从平实朴素的生活中去体悟人道和天道。

"信言不美,美言不信。""信言"即真实的话、可信的话。"美言"即华美之言。这和孔子所指斥的"巧言"相类。孔子屡斥"巧言":"巧言令色,鲜矣仁"(《论语·学而篇》);"巧言令色足恭,左丘明耻之,丘亦耻之"(《公冶长篇》);"巧言乱德"(《卫灵公篇》)。老子反对"美言",认为美言皆不可信,凡可信之言皆不美,是和孔子一致的。这句话的意思是说:可信的言论不华美,华美的言论不可信。这也暗含着老子说自己的五千言都是真话,都是有根据的、可信的,但人们听起来却不是那么美,即不那么顺心意。因为它与人们的习惯认识或习惯思维相反。"善言不辩,辩言不善。""善言"为《老子》特定名词,第二十七章"善言无瑕谪"便是。老子认为,凡是争辩、辩论之言都是不好的,好言即合真理的言论是不会去争论、去辩论的。这同孔子的恶"佞"、斥"佞人"也是一致的。孔子所斥的"佞"和"佞者"也都是善辩的。《论语·季氏篇》:"孔子曰:益者三友,损者三友。友直,友谅,友多闻,益矣;友便辟,友善柔,友便佞,损矣。"这里的"便"字即"辩"之假借字,"便佞"即有"辩才"之人。老子这句话的含义是说:自己所说的话都是真理,没有什么好辩论的。"知者不博,博者不知。"这是讲修道的原则。这里的"知者"是指修道之人,体道、悟道是要向内求即反求诸己,不是向外求,越向外求越不能入道。"知者不博,博者不知"的含义也就是第四十八章所说的"为学者日益,为道者日损,损之又损,以至于无为"。"博"是求知识,为道是减损自己的私欲,只有这样,才能提升自己的精神境界。

整部《老子》所提出的修养目标,就圣人的标准而言,是很高的,全人类都达到理想人格似乎难以实现。然而《老子》所言是面向大众的,无论是官员还是普通人,只要潜心研读《老子》,领会了《老子》的精神实质,就能提升自己的精神境界,即以出世的心,去做入世的事。这也就是说,平日的生活照常过,而心境却能脱俗成圣。修养成圣的伟大意义,广者遍及宇宙和人类,实者充于每个人的日常生活。

习近平说:"七十多亿人共同生活在我们这个星球上,应该守望相助、同舟共济、共同发展。"(见新华社2016年1月3日《风帆高扬,向着伟大复兴的光辉彼岸——党的十八大以来以习近平同志为总书记的党中央治国理政纪实》)如此宽广深邃的视野和胸怀,正是《老子》提出的"抱一为天下式"的现代体现。《老子》的生命力是永存的,《老子》的光辉伴随历史前进的步伐必然愈放光芒。

附:《老子》译文

第一章 道可道

道是可以体验到的,但不是用一般的、普通的方法能体验到的;名是可以起的,但不是用一般的、常规的方法起的。我用特殊的方法给天地的创始者起个名叫作"无",给万物的母体(天地)起个名叫作"有"。因此,要常以"无"这个观念去领悟物质世界的开始;要常以"有"这个观念去领悟物质世界的边际。"无"和"有"是统一的,是事物的两个方面,有是从无中产生的,无是依赖有而显现的,两者只是名称不同。这个统一的东西就叫作道,也可以叫作老祖母,是远而又远的原始老祖母,它是一切物类所从出的门户。

第二章 天下皆知美之为美

天下之人都知道美的东西是美的,丑的观念就产生了;都知道好的事情是好的,不好的观念也就产生了。

所以有和无是相互生成的,难和易是相互成就的,长和短是相互显示的,高和下是相互比较的,音和声是相互应和的,先和后是相互连接的,它们都是事物的两个方面,没有这一面就没有那一面。

因此,圣人用"无为"原则去处世,以自己的行为教育人,使万物蓬勃兴起而不作主宰,生养了万物而不占为己有,对万物施恩而不期望报答,功成而不居功。圣人正因为不居功,所以他的功勋永远不会消逝。

第三章 不尚贤

不特别标榜某一方面好,就不会引起民众的纷争;不特意标榜某一物品的贵重、难得,就不会使人起盗心;不显扬能惹人之欲望的东西,就不会使他们胡思乱想。

因此,圣人治理天下,要使人们的心灵开阔,内心充盈,意志柔韧,品格增强,常使人们没有伪诈的心智、没有贪欲的念头,使那些自作聪明的人不敢妄为,这样以"无为"的方式去治理政事,就没有治理不好的(地方)。

第四章　道盅而用之

道体是虚的,它在发生作用的过程中永远不会变成满。道深远啊,它是万物的祖宗;道沉没不见啊,它又模模糊糊地存在着。我不知道它是谁的儿子,好像是天帝的祖先。

第五章　天地不仁

天地无所偏爱,任凭万物自生自灭;圣人也无所偏爱,任凭百姓劳作歇息。天地就如同一座大熔炉,天地之间就像一个鼓风器,这个鼓风器一嘘一吸运动不已,使万物化生不竭。

第六章　谷神不死

像河谷那样空虚的道,是永远不死的,它是原始的老祖母。这个微妙的母性,是天地的根源,具有不可思议的生殖能力。它细微得像根仅维持不断的线,看起来只是模模糊糊地存在着,可它的作用却无穷无尽。

第七章　天地长久

天长地久。天地之所以能够长久,是因为它不自私,所以能够长久。

因此,圣人效法天地的无私,把自己的利益放在次要的位置,反而能立于民众之先;把自己置之度外,反而能保全自己。这正是因为他没有主观上的自私,所以客观上成就了他自己。

第八章　上善若水

有道之人的德性就像水一样,善于滋润万物而不和万物相争。正因为不争,所以受到的抱怨就很少。

处于大家都厌恶的境地,就接近于道,同道差不多了。如为人处世善于把自己摆在卑下的地位,内心世界善于保持沉静,与人交往中妥善对待对方,发表言论时善于保持信用,从事政治时善于达到治理的目的,办各项事情时善于完成任务,使一切行动都合乎时宜。

第九章　多言数穷

话说多了必然陷入困境,不如保持内心的谦虚;设法保持满盈而不倾溢,适时停止,不去持盈。锻打利器使之尖锐,过于尖锐就不可能长久保持;金银财宝存得多是守不住的,非丢失不可;富贵了便骄傲起来,这是自寻灾殃;功业完成了,不把持不据有,收敛意欲不露锋芒,这才是天之道啊!

第十章　营魄抱一

精神与形体合一,能不分离吗!结聚元气以致柔弱,能如婴儿般纯真无邪吗!洗垢除欲而深入观照,能没有疵病吗?爱他人治国家,能不专用自己的智慧吗!在大千世界的变化中,能做到柔和安详吗!通晓四方,能否做到知而不自以为知呢!

第十一章　三十辐共一毂

三十根辐条环绕轴心构成车轮,有了车轮中空的地方,才有了车轮的用处。把和好的黏土做成器皿,有了器皿中间的空洞,才有器皿的用处。建造房屋开凿门窗,有了中空及空气流通的地方,才能做居室之用。所以,"有"是事物起作用必须具备的条件,"无"才是事物真正地发挥作用。

第十二章　五色令人目盲

五彩缤纷的颜色会使人眼花缭乱;纷杂的音调会使人听觉不敏,食物味道太多了会使人味觉失灵,纵情打猎会使人心放荡、精神失常,难得的珍贵物品会使人做出伤害自己的蠢事来。因此,圣人治理国家的原则是:谋求人们内心的纯朴与纯真,而不是要人们去追求外在的物质享受。所以要摒弃后者,采取前者。

第十三章　宠辱若惊

人得到宠爱或受到侮辱就会精神紧张,有大患是因为有自己(的私心)。

为什么说得宠和受辱就会精神紧张?因为人们把受宠看得高上,把受辱看得卑下,所以得宠精神紧张,失宠精神紧张,受辱后洗刷掉耻辱也精神紧张。这就是宠辱若惊。为什么说大患有自己,我之所以有大患,是因为我有私心;如果我没有私心,一心为他人,那我还有什么大患呢!

所以能像重视自己一样去重视天下的人,才可以把天下寄托给他;像爱自己一样去爱天下的人,才可以把天下托付给他,他才能真正承担起天下的责任。

第十四章　视之不见

看它看不见形象,把它叫作"几";听它听不到声音,把它叫作"希";摸它摸不着形体,把它叫作"微"。这三种情形无从究诘,它本来就是混融一体不可分割的。

一(道)这个东西,在有它以前(天地)是不明的、不清楚的,在有它之后(天地)是不暗的、清楚的。道产生了万物且绵延不绝,而这个过程不可名状,道循环往复地运动,从无物体的状态又还回到不见物体的状态。这就是没有状态的状态,没有形象的形象,这就是恍惚。

你要去迎接它,却看不见前头;你要去跟随它,又看不见背后。掌握自古以来就存在的道,以治理今日之天下,就没有治理不好的;因为你知晓了道是物质世界的开始,是天地万物的根基。

第十五章　古之善为上者

古时善于行道的人,精妙通达,一般人很难认识。正因为难以认识,所以勉强对他做些描写:谨慎啊,好像徒步过江河;戒惕啊,好像四面都有敌人;恭敬啊,好像迎接宾客;舒散啊,好像冷水而不凝聚;敦厚啊,好像未经雕琢的素材;混沌啊,好像浑浊不清的水;空旷啊,好像幽深的山谷。谁能够在这晦暗的世界里慢慢修习到明了宇宙的真理实相;谁能够在这浊世中慢慢稳定下来,使自己的身心清静;谁能够在安静中慢慢动起来,使自己新的生命起升。保持这种道的人,不要求满盈。正因为他不求满盈,所以能去旧成新,永远立于不败之地。

第十六章　致虚极

力求使精神达到非常虚寂的状态,努力固守十分清静的心情。万物蓬勃生长,我以虚静的心观照到它们返复的道理:万物虽纷纷芸芸,但最后各自又回到了它的本根。回到本根就达到了静,静就是回归本性,回归本性就是回归本质。知道人心原本是清静的,那就成了明白人;不知这个本质,胡作非为,必然大凶大害。知道这个本质就圣通了,圣通了就能坦然大公,能以天下为公就通达了,通达了就合乎天了,合乎天就合乎道了,合乎道就长久了,人能遵循于道,忘掉自我,没有私心,就不会有危险。

第十七章 太上

最高上的道,有人知道它的存在;有的虽不明了它的真实存在,但接触它、赞美它;有的也许不信,但内心中却有一个可敬畏的东西;有的不但不信,而且还侮辱它、瞧不起它。总之,人的智慧有高有低,参差不齐,有些人信是信却不彻底,半信半疑,因为他没有把真理穷究彻底;有些人根本就不信,但你也拿他没有办法。道闲适自在啊!却从不发号施令,事情办成功了,百姓还不知是它的作用,都说本来就是这样的。

第十八章 大道废

大道被破坏,就出现了仁义;人们的智慧开化了,就出现了诈伪;家庭不和,就出现了孝慈;国家混乱了,就出现了忠臣。

第十九章 绝智弃辩

断绝使用心计,抛弃巧言花语,对人们的和谐生活更加有利;断绝虚假、欺骗的行为,人们才能恢复孝慈的天性;抛弃自以为聪明的巧和自私自利之心,就不会有作奸犯科和伤害他人的事情发生。"智辩""伪诈""巧利"对社会及人的危害极大,但仅把这三者作为治理的原则还不够,还必须使人们在思想上有所归属,要使他们的思想观念随时保持纯净无杂,保持原始天然的朴素,减少追求外物的想法,减少自私自利的贪图之心,以达到最高的生命境界而无忧无虑地生活。

第二十章 唯之与诃

顺从的话与逆耳的话,相差多少?美与丑,相差多少?众人所敬畏的事情,有道之人也不可不敬畏!

众人熙熙攘攘,你来我往,一生忙忙碌碌都是为利而奔波,为利而生活,好像人活着就是天天吃好的、喝好的,又好像春天到了,到郊外登高观看美景,颇为惬意。唯独我恬静无为而不去区分利害是非那些差别,精神广远而没有主观上的执着,混混沌沌地好像还不会笑的婴儿,如堆积的小土山而无所归属。

众人都明明白白,唯独我糊糊涂涂;众人都很精明,唯独我浑浑噩噩;众人都有剩余,唯独我没有遗留;众人都有所作为,唯独我愚钝浅陋;众人都喜欢别人抬举自己,唯独我把得道看得最贵重。

第二十一章　孔德之容

大德作为熔铸万物的模式,是根据于道的。

道创造万物的过程是恍恍惚惚,见不真切的。恍恍惚惚啊,在这种状态中有了物;惚惚恍恍啊,在这种状态中有了象;昏昏暗暗啊,其中有了实在的东西,这个实在的东西是真实的,是可信的。

自今天及远古,道的功用是永远不会消失的,可以用它来领悟万物产生的本始。我是怎么知道万物的来龙去脉的呢?就是从永恒存在的道来认识的。

第二十二章　曲则全

委屈了就会保全,斜了就会直,洼了就会盈,旧了就会新,少了就会得。因此,圣人抱住独一无二的道作为天下的模式。

不显摆自己就是明智;不固执己见就能彰显智慧;不自吹自擂就能成就大业;不自傲自满就会受人尊敬。

古人所说的"曲则全",难道是空话吗?归根结底是要保持大全而不走向反面,这是不变之常言、自然之理。

第二十三章　飘风不冬朝

旋风刮不了一早晨,暴雨下不了一整天。谁发动的刮旋风、下暴雨呢?天地。天地发动的旋风、暴雨还不能长久,何况人呢?

所以寻求道的人,要与道相同;寻求德的人,要与德相同;寻求天的人,要与天相同。与道相同的人,道也乐意得到他;与德相同的人,德也乐意得到他;与天相同的人,天也乐意得到他。

第二十四章　企者不立

踮起脚跟是站不稳的,跨大步子是走不远的,好表现自己是不聪明的,自以为是是不能彰显智慧的,自己吹嘘自己是不能成就大业的,骄傲自满是不会受人尊敬的。这些行为,从道的观点来说,叫作抛弃的、变质的食物、身上的赘瘤,人人都厌恶。所以有道之人绝不会陷入这种境地。因此,圣人有自知之明而不自我表现,自己珍爱自己而不把自己看得了不起,他总是抛弃后者而采取前者(的做法)。

第二十五章　有物混成

有一个混融一体的东西,先于天地而存在。无声啊,无形啊,它独立存在而永远不改变自己,它循环往复地运行永不止息,可以说它就是天地的母亲。我不知道它的名字,所以勉强给它起个字叫作道,勉强给它起个名叫作大。大就是逝,逝就是远,远就是返,最远的就是最近的,最后的就是最初的。

所以说,道大,天大,地大,人也大。宇宙中有四大,而人居其一。人以地之所以以地为法即地无私载,以天之所以以天为法即天无私覆,以道之所以以道为法即道法自然。

第二十六章　重为轻根

厚重是轻浮的根基,冷静是急躁的主宰。因此圣人处理事情总是保持沉稳与沉静。虽有荣华富贵,却超乎物外,安居泰然。为什么万乘之主把治身看得比治天下还轻?你要知道,轻视治身就会失去根本,遇事急躁就会失去主宰。

第二十七章　善行者无辙迹

善于行道的人,不留痕迹;善于说话的人,没有错误;善于计算的人,不用筹码;善于闭门的人,不用门闩而(其他人)不可开启;善于打结的人,不用绳索捆,其他人也解不开。

第二十八章　知其雄

深知雄强,而保持雌柔的品德,作天下的溪流。作天下的山溪,与道一致的根本品德就不会离散,就回复到婴儿的状态了。

深知荣耀,而保持屈辱的地位,作天下的川谷。作天下的川谷,与道一致的根本品德就充足了,就回复到淳朴了。

深知明亮,而保持暗昧的状态,作天下的法式。作天下的法式,与道一致的根本品德就不会有差失,就回复到无限了。

第二十九章(一)　将欲取天下

一个人要想把天下占为己有,以我看来,他是不可能得到的。因为天下是神器,是不能强力去占有的,是不能强力加以把持的。强力占有就会坏事,强力把持就会丧失。

因此,圣人以"无为"的原则处事,不占有,就不会坏事;不把持,就不会丧失。人们做事,常常在几乎要成功的时候而陷于失败;如果同开始一样谨慎就不会失败了。

第二十九章(二)　夫物或行或随

一切事物有的先行有的后随,有的炎热有的寒冷,有的强壮有的衰弱,有的胜利有的失败。因此圣人摒弃过度,摒弃极端,摒弃奢侈。

因此圣人以取消欲望为欲望,不注重难得的珍贵物品;以达到最高境界即"道"的境界为学,这样,做事就不会过分,就能依仗万物的天性各自成长,而不冒昧行事了。

第三十章　以道佐人主者

用道来辅佐君主的人,不能靠武力在天下逞强。战争这件事是很危险的,对人们生活的破坏也是很大的。战场在那里,那个地方就要遭到破坏,家园就变成荒地;大规模的战争过后,一定会有大的灾害。

所以,善于用兵的人,在做防卫战争时取得胜利就停止,绝不以兵力逞强。胜利了不骄傲,胜利了不炫耀,胜利了不再征伐人家,战争的胜利是不已而为之,这就叫作胜利了不以兵逞强。

强壮的贼害老弱的,这是不合乎道的,不合乎道必定很快衰亡。

第三十一章　夫唯兵者

兵器是不吉祥的东西,只有在不得已的时候才用它。

所以在不得已进行防卫战争中取得胜利,不要以为是好事。若以为是好事,必定把它(战争)当作乐事。把它(战争)当作乐事,就是以杀人为乐。以杀人为乐的人,他的志愿绝不能在天下得到实现。

杀人众多,要以悲哀的心情对待;打了胜仗,要用丧礼的仪式处理。

第三十二章　道常无名

道原本是不明的、朴素的;虽然微小,天下却没有人能够臣服它。王侯若是能够守住它,万方之人就会自动地宾服。那时就如同天地相合而降下甘霖一样,没有谁下命令,人们就能相互和谐。

我已经把道是万物之始、万物之母已阐述明白了,既然阐述明白了,王侯就应该知晓道的功用,知晓功用后遵道而行,就没有什么危险了。

第三十三章　知人者智

知人的,叫作有智慧;自知的,叫作真聪明。战胜别人的,叫作有力量;战胜自己弱点的,叫作真正的坚强。知道满足的,叫作富有;勉力行道的,叫作有志向。

不失自己本分的,叫作长久;死而精神不灭的,叫作长寿。

第三十四章　大道氾兮

道虽然看不见摸不着,但它却博大、普遍,左之右之,无所不在。

万物依赖道而生,但道不去干涉它;培育万物成功了,但不去占有它。道虽覆盖万物而不自以为是万物的主宰,可称之为小;万物归附于道却不知谁是它们的主宰,可称之为大。圣人之所以能成就其伟大,因为他自始至终都不自大,所以能成就其伟大。

第三十五章　执大象

天下之人都能按照大道的法则(中和)交往,在往来中就会互不伤害,于是天下太平。

音乐和美食,能够使过路的人停止;可是道,人们看待它却淡然无味,看它看不见,听它听不到,而运用它,却永远不会穷竭。

第三十六章　将欲翕之

自然界的一切事物将要收缩的时候,就会暂且放大;将要衰弱的时候,就是它最强盛的时候;当上天要毁灭它的时候,反而先使他好;将要夺取它的时候,一定会先给予它;能从事物不太显露的地方,看出发展的道理来,就叫作"微明"。

柔能胜刚,弱能胜强,因此用兵逞强就会被消灭,树木强了就易断折。所以强大的东西常处于下,柔软的东西常处于上。

鱼不可离开深渊,国家的利器不可以随便耀示于人。

第三十七章　道常无为而无不为

道的本质是无为,不是为了谁,而是无所不为,王侯如能守住它,万方之人就会自动地归化。归化之后,他们的私欲如再萌发,我们就用朴素的道安定他们。以朴素的道安定他们,他们就无欲了。无欲清静,天下就进入正道,就安定了。

第三十八章　上德不德

具有上等品德的人不为外物所引诱,所以能够保持上等的品德;具有下等品德的人追求外物希望有所得,结果是没有好品德。具有上等品德的人,无为而无所不为;具有下等品德的人,就有为而有所不为了。

尚仁的人倡导仁,而没有求得报答的目的;尚义的人倡导义,就有求报的目的了;尚礼的人努力倡导礼而没有人响应,就捋袖出臂,愤慨地强使人就礼。

所以丧失道就丧失德了,丧失德之后就是仁,丧失仁之后就是义,丧失义之后就是礼。

礼这个东西是人忠信衰败的表现,忠信的衰败是天下大乱的根源。前面的尚仁、尚义都是道的外表,失道是邪伪的开始。因此,有志之人处于"上德"的境界而不处于礼的境界,处于"上德"的境界而不处于尚仁、尚义的境界。所以要去掉后者(失道),而采取前者(道)。

第三十九章(一)　昔之得一者

古代得一(道)的:天得到一,因而清明;地得到一,因而安宁;精神得到一,因而灵敏;山谷得到一,因而满盈;万物得到一,因而生长;侯王得到一,因而公正。他们的本质都是由一决定的。

天得不到一,不能清明,恐怕就要破裂;地得不到一,不能安宁,恐怕就要陷落;精神得不到一,不能灵敏,恐怕就要完竭;山谷得不到一,不能满盈,恐怕就要干涸;万物得不到一,不能生长,恐怕就要灭亡;侯王得不到一,做事不公正,恐怕就要被颠覆、被打倒。

第三十九章(二)　虽贵必以贱为本

虽贵,必须以贱为根本;虽高,必须以下为基础。因此侯王自称"孤寡""不榖",这是以贱为根本呀! 不是吗? 人们最厌恶的就是"孤寡""不榖",而侯王用它称呼自己,所以汲汲追求荣誉反而没有荣誉;所以事情常常增益它反而减损了它,减损它反而增益了它。因此不要把自己看成像珍贵的宝玉,而应看成像被人厌恶的石头。

第四十章　反者道之动

事物向相反的方向发展是道的运动,柔弱(平和)是道的作用。天下所有的物都是从有产生出来的,有是从无中产生出来的。

第四十一章　上士闻道

上士听了道的言论,努力去实行。中士听了道的言论,稀里糊涂,搞不清楚。下士听了道的言论,则因为道大而发笑;如果他们不笑,道就不称为道了。

《建言》有这样的话:"光明的道路,好像暗昧;前进的道路,好像后退;平坦的道路,好像崎岖不平"。所以,高尚品德的人,好像同于流俗;宽广品德的人,好像不足;刚健品德,好像怯懦;充实品德,好像空虚;最白的东西,好像黑的;最方的东西,没有四角;成就大事业的,很晚才能成功;大音听不见声;大象没有形象;大道的功用是看不见的,只有善于透过道的现象,姑且能看出它的成效。

第四十二章　道生一

道本身就是一,一本身又是二,二本身又是三,万物本来都是由三者成就的。万物都包含着阴与阳,它们是相互依存的,具有强大能量的道是实现它们内在和谐的动力。

第四十三章　天下之至柔

天下最柔的东西,能在天下最坚硬的东西中穿来穿去。看不见的力量,能够穿透没有空隙的东西,我由此知道了"无为"的好处。用自己的行为教育别人,用"无为"的方针治理天下的好处,天下之人没有能够懂得的,没有能够实行的。

第四十四章 名与身孰亲

名利与生命,哪一个更可爱?生命与财富,哪一个更贵重?得到名利和财物而丧失生命与保全生命而丧失名利和财物,哪一个更有害?

因此过分的爱惜,必然造成浪费;多积蓄财物,必然多丧失。知道满足,不会受到侮辱,知道适可而止,不会遇到危险,这样就可以安全长久。

第四十五章 大成若缺

最完美的东西好像欠缺,但它的作用不会败坏;最充实的东西好像空虚,但它的作用不会穷竭。最直的好像弯曲,最巧的好像笨拙,最善辩的好像口讷,最丰裕的好像不足。寒气可以克服干燥,安静可以克服燥热;只有以清静为主,才能使天下治理得好。

第四十六章 天下有道

天下有道的时候,人们驱使战马拉着播种器和摩田器进行播种;天下无道,战马在战场生下马驹。罪过没有比私欲更严重的了,祸害没有比不知足更大的了,灾殃没有比贪得无厌更惨痛的了。所以知足这种足,永远是足。

第四十七章 不出于户

不走出门户,就可以知道天下的事理。不从窗户往外偷看一眼,就可以知道天道的运行规律。你的心思向外奔逐得越远,对道的认识就越少。

因此圣人不行即能感知(天下),不察即能明晓(事理),以"无为"的方针处事就能成功。

第四十八章 为学者日益

求学问的人,知识一天天增加;求道的人,情欲一天天减少;减少又减少,以致达到"无为"的境界。达到"无为"的境界就能无所不为了。

要想治理好国家,应当采取"无为"的方针,如果政事烦苛,处处限制,是不能够治理好国家的。

以正道治国,以计谋用兵,以"无事"的方针治理天下。我是怎么知道应这样做的呢？就是根据"无为则无不为"的原则明白这个道理的。

第四十九章　圣人无常心

圣人没有固定的主观上的成见，他是以百姓的需要为需要。善良的人，我们以善良的态度对待他，不善良的人，我们也以善良的态度对待他，这样就可以使人人向善了；诚信的人，我们以诚信的态度对待他，不诚信的人，我们也以诚信的态度对待他，这样就可以使人人诚信了。圣人为政于天下，是包容一切的，他的所作所为能代表天地之心，浑然而纯朴；百姓都爱争是非对错，他却孩童般地看待一切。

第五十章　出生入死

人从出生到死亡，生命的维持依靠十三个器官，生命的死亡则是因为十三个器官的损伤；而人们的养生太厚，过分激烈的活动，都成了死亡之地，也是因这十三个器官。这是什么原因呢？是因为养生太厚反而伤身。所以不以生命为贵重，反而胜过以生命为贵重。

听说善于维护生命的，在平坦大路上行走，避开丛山密林，就遇不见犀牛和老虎，在战场上，以保存自己的生命为前提，不冒昧进攻，就受不着刀枪的伤害；刀枪用不上它的锋刃，犀牛用不上它的锐角，老虎用不上它的利爪。这是什么原因呢？因为没有进入死亡的范围。

第五十一章　道生之

道产生万物，德给万物形体，畜养万物，使万物成长。

所以万物没有不尊崇道而贵德的。道的崇高，德的贵重，不是谁下命令给它的地位，而是它自己本来如此。

道产生万物，德畜养它，哺育它生长，使它成熟，给它覆盖，时时加以爱护。道产生了万物而不占有它；创造了万物而不以为对它有恩德，育成了万物而不作它的主宰，这就是道最根本的品德。

第五十二章　天下有始

天下万物是有开始的，开始者就是天下万物的母亲。既得到天下万物的母亲，用以去认识它的儿子（天下万物）；既认识了母亲的儿子，仍然守住儿子的母亲，这样一辈子也不会有危险。

堵住嗜欲的嘴巴,闭上打开的门户,一辈子都不会有劳忧之事;打开嗜欲的孔窍,增添纷杂的事情,就终身摆脱不出危困的境地。

看清微小叫作真正的聪明,保持柔弱叫作真正的坚强,用照外之光,回光照内,复返真正的明亮,就不会给自己留下灾殃,这就是内在之明。

第五十三章　使我介然有知

我坚信我发现的道,是治国的一条大道,就怕有人走邪道。大道是平坦的,而贵族们却好走邪道。

贵族们非常腐败,农田严重荒芜,仓库十分空虚,还穿着锦绣的衣服,佩戴着锋利的宝剑,饱吃着精美的饮食,拥有多余的财富,这种贪欲、奢侈的行为,是违背道的啊!

第五十四章　善建者不拔

善于建立道德的人不会动摇,善于抱持道德的人不会丧失信心,遵行道德,就可立万世之功,建千秋之业,就能世世代代的祭祀不绝。

一个人加强修养,他的品德就纯真了;一个家庭加强修养,这个家庭的人的品德就有余了;一个乡加强修养,这个乡里人们的品德就久长了;一个封国加强修养,这个封国内人们的品德就丰盛了;全天下的人加强修养,高尚的品德在全天下就普及了。

所以我以自己的修养情况观照自己,以一个家的修养情况观照这个家,以一个乡的修养情况观照这个乡,以一个封国的修养情况观照这个封国,以天下人的修养情况观照天下人,就可以知道他们的前途了。我是怎么知道天下变化的必然趋势呢?就是以这个为标准。

第五十五章　含德之厚

内心怀德深厚的人,好比纯真的婴儿,毒虫不蜇他,猛兽不扑他,恶鸟不抓他。婴儿骨柔筋柔,用手握物却很牢固,他不知男女交合,生殖器却自动勃起,这是精气十分充足的缘故。他整天号哭,嗓子却不沙哑,这是阴阳二气均衡、调和达到了最佳状态。精气充足,阴阳二气均衡、调和,这是自然而然的常态,懂得这个常态就是明白人;佚乐厚养造成灾殃,劳心费神消损精气,破坏阴阳二气的均衡,筋骨就会变得僵硬,这就是违背道。违背道就不能享尽天年,必定早日死亡。

第五十六章　知者不言

知道实情的不说,说的不知道实情。

塞住嗜欲的嘴巴,关闭精神外驰的门户;挫折锋芒,解除怨恨,收敛光耀,混同尘世,这样就与道相同。

一个人做到了这一点,人们就不可能对他亲近,也不可能对他疏远;也不可能使他得利,不可能使他受害;也不可能使他尊贵,不可能使他卑贱,正因这样,所以他能成为天下最受尊重的人。

第五十七章　天下多忌讳

天下的禁忌越多,人们就越贫穷。人们拥有利便之器越多,国家越陷于混乱。人们技巧越多,造假的东西就频频出现。法令越森严,盗贼反而越增加。

所以圣人说:"我无为,民众会自己归化;我好静,民众会自己端正;我无事,民众会自己富足;我无欲,民众会自己淳朴。"。

第五十八章　其政闷闷

一个国家的政治温,这个国家的民众就浑厚纯朴;一个国家的政治严苛,这个国家的民众就会奸猾狡诈。

灾祸啊,幸福就隐藏在它里面,幸福啊,灾祸就潜伏在它里面,灾祸与幸福互相转化,但谁知道它们的极限呢? 难道这种情况就没有正好吗? 过正了又变成歪,好事做过头了就会变成坏事。看来,人们对走中道的迷惑,时间已经很久了。

因此圣人如方正之物但不割伤人,如有角有棱之物但不刺伤人,如由上而下直注的水但不倾泻,如明亮之光但不刺人眼睛。

第五十九章　治人事天

治理国家,从事享尽天年的养生,没有胜过收敛、爱惜这条原则的。收敛、爱惜就是及早服从道。及早服从道,就是不断地积累德。不断地积累德,就能无所不胜。无所不胜,就是它力量是无限的。有了这无限的力量,就能得到保住国家之道。得到保住国家之道,就能长久。就是根基扎得牢固,就是长生久立之道。

第六十章　治大国若烹小鲜

治理大国要像煎小鱼那样,不要乱翻腾;用政治道德来治理天下,鬼就不灵了。不是鬼不灵,是它灵而不伤人。不但鬼灵不伤人,圣人也不伤人。鬼不伤人,人不伤鬼,圣人不伤人,人不伤圣人,这样两不相伤,各得其归宿,天下就太平了。

第六十一章　治大国若居下流

治大国要居于下位,大国在外交上要像江海对待山谷那样,善于容纳百川。大国是天下之水所流入的江海,是天下之人所会集的中心。大国又好比雌性的动物,天下的雌性动物常以静胜过雄性,正因为它静,所以处于卑下的地位。

所以大国以谦恭的态度对待小国,就可以把小国团聚于自己的周围;小国以谦恭的态度对待大国,就可以被团聚于大国的周围。所以或者以谦恭的态度团聚人,或者以谦恭的态度被人团聚。大国的愿望不过是要兼容畜养小国,小国的愿望不过是要容于大国,以得到大国的帮助。大国和小国各自实现了自己的愿望,但主要的是大国应当采取卑下谦恭的态度。

第六十二章　道者万物之奥

道是庇荫和养育万物的,它是善良之人的法宝,但不善良之人也要靠它养育。

好听的话可以收买人,美好的行为可以感化人。对于不善良的人,为什么要抛弃他呢?圣人经常善于救治人,所以没有可弃之人;经常善于改造物,所以没有可弃之物。这就是引申光明。所以善良之人是不善良之人的老师;不善良之人是善良之人的教材。不尊重自己的老师,不爱惜自己的教材,虽是聪明人也要变成大糊涂虫。这就是道的妙用。

所以立天子、置三公是来治理国家的,虽有财富和国宝,不如静下来住守此道,把国家治理好。古代的人如此贵重此道,是为什么呢?还不是因为有善行的人求善能够得善,有罪行的人以求免罪而改恶从善吗!正因为如此,这个道才为天下人所归仰。

第六十三章　天下之难事

天下的难事都是从简易开始的,天下的大事都是从细小开始的。所以处理困难的事情应先从容易处入手,做大事一定要从细小处抓起。因此,圣人总是及早从事,而绝不等待,贻误时机。

把事情看得太容易,必然困难很多,因此圣人足够地估计困难,反而最终就没有困难了。

第六十四章　其安易持

国家安定的时候容易保持,祸乱没有显露迹象的时候容易图谋,团结不牢的时候容易分裂,微弱的时候容易消散。要在事情没有发生之前就早做准备,在祸乱未发生之前就进行治理。合抱的大树,是从微小的萌芽生长起来的;九层的高台,是从一筐土开始垒起来的;千里之远的路程,是从脚下开始的。

第六十五章　古之善为道者

古代善于以道治国的人,不是用道使民众智巧,而是用道使民众淳朴。民众之所以难治,就是因为他们有了智巧。所以用智巧治国,是国家的灾害;不用智巧治国,是国家的福祉。这两者也是法则。要始终记住这个法则,这是道最根本的品德。道最根本的品德既深刻又远大,表面上虽与普通事物相反,但有了这种品德就可以畅通无阻。

第六十六章　江海所以能为百谷王者

江海之所以能够成为众多河流汇集的地方,是因为它善于处在低下的地位,因而它能够成为众多河流的归集地。所以圣人要居于民众之上,就必须以谦和卑下的言辞对待民众;要居于民众之先,就必须把自己的利益摆在民众之后。这样圣人居于民众之上,民众就不以为是负担,居于民众之先,民众也不以为是有害,天下都乐意拥戴他而不厌弃他。这不就是因为他不争吗?正因为圣人不争,所以天下没有人能够跟他争。

第六十七章　吾有三宝

我有三件法宝,把握住就可得到保佑:一是仁慈;二是节俭;三是不敢为天下先。

因为仁慈所以勇敢,因为节俭所以宽裕,有好处自己不先去占有,所以才能做天下的领导人。现在的人们,舍弃仁慈只取勇敢,舍弃节俭只取宽裕,舍弃退后只取占先,这就叫作入了死门。

一个人的仁慈真正充沛于心,用来带兵征战就能胜利,用来守卫就能团结坚固。这样,上天就会以仁慈帮助你,以仁慈卫护你。

第六十八章 古之善为士者不武

古代善于做将帅的不会轻易动武,善于带兵打仗的不会轻易被对方激怒,善于胜敌的不会轻易与乱对斗,善于用人的常把自己放在被用者之下。这就叫作不争的品德,这就叫作巧于使用人力,这就叫作与道符合。

第六十九章 古之用兵者有言曰

古代兵家说过这样的话:"我不进犯而采取守势,不敢前进一寸而要后退一尺。"敌人深入我国境,陷入被动,就等于没有兵器可用,军队摆不成阵势,指挥号召士卒奋战无臂可举,企图作战也找不到敌人。祸患没有比轻敌更大的了,轻敌就等于丧亡自己的生命。所以敌对双方力量相当,先让一步的获得胜利。

第七十章 天下皆谓吾道大不肖

天下之人都说我的道大,什么都不像。正因为道大,所以什么都不像;如果像一个具体的东西,那它早就变成渺小的了。

我的言论非常容易懂,非常容易实行;但天下没有能够懂得的,没有能够实行的。我的言论是有主旨的,做事是有主宰的。

正因为人们不了解道这个最高体,所以也不了解我。越没人了解我,表明我越可贵。因此圣人穿着麻料做的粗布衣服,而怀抱的却是宝玉啊!

第七十一章 知不知

知道自己所不知是最上乘的;不知而自以为知,这就是思想毛病了。只有认识、防止或克服这种病,才会没有毛病。圣人在政治斗争中委曲求全,不以受辱为病,正因为他不以受辱为病,所以就没病了。

第七十二章　民不畏威

民众不怕统治者威压的时候,统治者的权威就行不通了。不要逼迫得民众不能安居,不要压榨得民众无法生活。只有不压榨民众,民众才能不厌弃你。

第七十三章　勇于敢则杀

勇于拼命则死,勇于怕死则活。这两种勇,或者得利,或者遭害,天厌恶哪个呢?谁知究竟?

天之道,不争而能得胜,不言而能应验,不召而自动归来,沉默而善于谋划。天网宽广宏大,虽然稀疏却不会有一点失漏。

第七十四章　民不畏死

民众不怕死,为什么还要用死吓唬他们呢?如果使民众经常怕死,对于为邪作恶的,我们把他抓起来杀掉,谁还敢为非作歹呢?如果使民众经常怕死,该杀的应由专管刑杀的部门去杀。做人君的代替专管刑杀的部门,随意下令去杀人,如同代替木匠去凿木头。代替木匠凿木头的,没有不斫伤自己的手的。

第七十五章　民之饥也

民众饥饿,是因为统治者收取租税太多,所以民众饥饿。民众难治,是因为统治者有偏私,欲望太大,只顾自己,所以民众难治。民众轻死,是因为统治者追求养生太厚,挥霍无度,把民众逼得活不下去,所以民众轻死。

第七十六章　人之生也柔弱

人活着的时候身体是柔弱的,死后就变得僵硬了;草木活着的时候枝叶是柔弱的,死后就干枯了。

所以柔弱的东西属于生的一类,僵硬的东西属于死的一类。"强梁的人不得好死",我要用它作反面教材。

第七十七章　天之道

天之道,它不就像拉弓一样吗?弦位高了就压低一些,弦位低了就升高一些,拉得太满就减损一些,拉得不够就补足一些。天之道是减损有余的用来补给不足的;人之道却不是这样,是减损不足的用来供给有余的。谁能够把有余的拿来供给天下不足的?只有得道的人才能做得到。

因此圣人不储藏财物,既用来帮助别人,自己又反而越有;既把它给予别人,自己又反而越多。天之道是利于万物而不伤害万物;圣人之道是施恩于人而不争夺。

第七十八章　天下柔弱莫过于水

天下没有比水更柔弱的东西了,但是攻坚却没有超过它的。柔的一面胜过刚的一面,弱的一面胜过强的一面,这个道理天下之人没有能够懂得的,没有能够实行的。

正因为如此,圣人才这样说:"能够承受国家的耻辱,才配称国家的君主,能承担国家的祸难,才配做天下的君王。"这些话好像是错误的,但却是正确的。

第七十九章　和大怨

和解大的怨仇,必定还会留有余怨;怨仇无论大小多少,都要以德相报,怎么能是好办法呢?因此圣人借债于人虽将借据拿在手中,但不强迫人家还债。

所以有德的人,不苛责于人,因而无怨可结;无德的人只知道索取,因而必结怨。"天道不分什么亲疏厚薄,永远帮助善良之人。"

第八十章　小国寡民

国土小人口少,人人能够自发自动;物质虽丰盛,但大家并不太重视物质的享受而重视道德的提升;大家对生命看得很重而不愿向远方迁移;虽有良好的交通工具,却不去乘坐;虽有铠甲兵器,却没有地方使用它;人们回归到了纯朴,诚信无欺,安安稳稳。社会达到了高度自治,人们生活自在,吃得香甜,穿得美好,住得舒服,人与人之间和谐相处,乐于自己所干的事业,邻国之间可以互相看得见,鸡鸣狗叫的声音可以互相听得见,但都无更高的要求,不需要通过往来得到什么东西。

第八十一章　信言不美

可信的言论不华美,华美的言论不可信。美好的言论不用去争辩,需要去争辩的言论不美好。真正了解道的人不博求,博求的人不能深入了解道。

后 语

——关于阅读《老子》需要说明的几个问题

一、《老子》的版本

传世的《老子》版本众多,但主要有以下几种:

(一)郭店楚墓竹简本(一般称"简本")。1993年出土于湖北荆门市郭店村1号楚墓,时间为战国中晚期。墓主的身份可能是楚国太子的老师。楚简《老子》分甲、乙、丙三组,甲组分上、下两部分,乙、丙两组不分。这三组文字每组都分章,章序的排列,和今本不一样,篇幅只有今本的三分之一,也就只有两千多字。楚简《老子》可能是一个节选本,但它出自战国楚墓,老子是春秋时期人,因此楚墓中的典籍自然最接近老子的思想。

(二)马王堆帛书本(一般简称"帛书本")。1973年出土于湖南长沙市近郊的马王堆3号汉墓。时间为西汉初期,墓主身份是长沙侯国的丞相軑侯利苍。帛书《老子》分甲、乙二本,每本分上下篇,每篇之内,文字连着抄,不分章,但顺序和传世本大体相同。甲本约抄于公元前206年至前195年之间,乙本约抄于公元前179年至前169年之间,也很古老。帛书《老子》从内容上看,虽然也分为两部分,但是"德"经在前,"道"经在后,涉及权谋的内容多一些。而且帛书《老子》甲、乙本在内容与形式上均有所不同,说明当时《老子》就有很多种传译本。

(三)北京大学收藏的《老子》古本。2009年1月11日,北京大学收藏了从海外抢救回归的一批竹简。据介绍,竹简总数达

3300余枚,经整理拼对后可复原的完整竹简在2300枚以上。从竹简上出现的"孝景元年"字样,可以大致推出竹简的年代约在西汉中期,其中多数可能抄于汉武帝时代。北京大学收藏的西汉竹书,是目前所见战国秦汉古书类竹简中数量最大、保存质量最好的一批。竹书中最引人注目的文献首推《老子》,共220余枚,近5300字。这是继马王堆帛书本、郭店简本之后,第三个《老子》古本,也是迄今为止保存最为完整的汉代古本。其残缺部分仅占全书篇幅的1%。在竹书《老子》中,首次发现了《老子上经》和《老子下经》的篇题,分别对应的是《德经》和《道经》,而且每章前均有分章符号,文字内容和篇章结构也与以往所见版本有所不同,可以说是目前探讨老子分章问题最原始、最齐全的资料。

(四)传世本(一般简称"今本")。主要有:河上公《道德章句》本(把《道德经》分为八十一章)、严遵《道德真经指归》本、张道陵《老子想尔注》本(以河上公八十一章本为底本作注。八十一章本较为完整,文字较为通顺,对后世影响较大,广为流行,俗称"通行本")、王弼《老子道德经注》本、傅奕《道德经古本》(这是根据项羽妾墓出土本而校定的)。

本书所使用的版本是古棣《老子校诂》本。古棣所校正的这个版本,在通行本中可以说是比较好的一个版本。

二、"道"是什么

从古至今,人们公认老学的中心概念是"道",然而对于老子所说的"道"究竟是什么样的东西,则众说纷纭。归纳起来,大体有以下十种不同的说法。

(一)原理说。认为老子之"道"是原理。最先持这种观点的是胡适,继之是冯友兰。胡适说:"老子的天道就是西洋哲学的自然法。"(《中国哲学史大纲》)冯友兰说:"古时所谓道,均为人道,至老子乃予道以形而上的意义。以为天地万物之生,必有其所以生之总原理,此总原理名之曰道。"(《中国哲学史》上册)什么是原理？原理是带有普遍性的、最基本的、可以作为其他规律的基础的规律。因此原理说也可以说是规律说。

（二）道理说。认为老子之"道"是道理。持这种观点的是罗尚贤。他在《老子通解》中说，《老子》中的"道"实有三层意义：从实际上说，"道"是客观世界固有的东西，称为"恒道"；从认识上说，"道"是对客观事物的正确反映，即论道，如"可道"中的"道"；把"道"正确论述出来，便成为道理，这就是"非恒道"。老子论述了许多大大小小的道理和万事万物的总道理。就是这许多道理，构成了老子学说的理论体系。它实际上是道理集成。

（三）道路说。认为老子之"道"是道路。持这一观点的是邹牧仑。他说："《道德经》一书是以'道'为中心所展开的生命哲理书。无论道字在老子书中被议论得如何深奥神秘，也无论老子试图通过道字说明什么道理，但从形象意义上看道字的构成，则它的原始意或第一意就是道路。所以，我认为'道'就是行走的道路或事物发生的途径。"（《〈道德经〉旁说》）

（四）自然说。坚持此说的，在古代有夏侯玄，他说："天地以自然运，圣人以自然用。自然者，道也。"（转引自何晏《无名论》）在现代学者中也有认为"道"就是自然的。但他们所说的"自然"并非老子说的"自然"，而是指自然界或大自然。

（五）物质实体说。认为老子之道是某种物质实体。持这一观点的是王效先。他说："老子之道是万物的本原和本体，它是自然自在的、普遍永恒存在的、不可感知但可以认识的、有能量和运动规律的物质实体。"（《老子通》下册）

（六）精神实体说。古棣认为老子之"道"是黑格尔式的"绝对精神"，他说："我们断定老子的超时空的'道'，必定是'绝对精神'，即在人们头脑之外，不依赖物质而独立存在的客观精神。这是客观唯心主义之所以为客观唯心主义的最根本的特点。古今中外一切客观唯心主义莫不如此。"（《老子通论》）

（七）主观境界说。认为"道"只是一种主观境界形态，这是牟宗三的观点。在他看来,尽管《老子》对"道"的描述含有客观性、实体性,但这"不过是一种'姿态',若拆除了这种姿态,老子所说的'道'只能是境界形态的'道'"(转引自杨儒宾《先秦道家道的观念的发展》)。

(八)规律说。认为老子之"道"是规律,持这一观点的是张岱年。他说:"所谓'道',实即究竟规律或究竟所以……一切规律都根据于一个大规律。此大规律是究竟的、总一的规律;乃万物所共一而不二,常而不易,可以说是普遍的规律。此普遍的规律即所谓道。"(《中国哲学大纲》)

(九)宇宙母力说。高亨说:"老子所谓道,验《道德经》所说,道家之徒所论,其理至玄,其解至难。今反玄为朴,反难为易,而予以定义曰:道者,宇宙之母也。"又说:"道既有生育天地万物之本能,而又有无形无质无声之虚体,而又为循环运行万古不息之长动者,非一种力而何哉!余故曰:道者,宇宙之母力也。"(《老子正诂》修订本)

(十)生命力说。方尔加说:"许多人把'道'解读为规律、法则,这大错特错。从老子对'道'的形容描绘中我们体会出,'道'就是生命力。"(《如何理解老子的"道"》,《光明日报》2010年7月15日)

在以上十种说法中,与老子所说的"道"最切近的是高亨的"宇宙母力"说和方尔加的"生命力"说。其实"道"就是宇宙间一个无形无象而生生不已的中心动力。这个"中心动力"就是宇宙的本体或本原。这一点在《老子》第二十五章说得很清楚。老子说:"有物混成,先天地生。寂兮寥兮,独立而不改,周行而不殆,可以为天地母。吾不知其名,故强字之曰道。""有物混成"就是说"道"是一个混融一体的东西,它不仅具有物质的属性,还具有精神的属性。"先天地生"是说它先于天地而存在,它就是宇宙的本原。"寂兮寥兮"是说它看不见、听不到、摸不着,无形象声色可寻。什么看不见?"能量"你就看不见,它只有作用于物时你才能看得到。"独立而不改"是说它是唯一的和完全独立的,没有任何外力可以改变它。"周行而不殆"是说它本身就具有强大的动能,不是它力所推动的。"可以为天地母"是说它就是天地的母体。"天地母"就是产生一切事物和现象的母体。老子把这个混融一体的东西比作"母",说明它具有不可思议的生殖能力。"故强字之曰道",这是对上文的抽象概括。意即我很难给它下个定义,所以就勉强给它起个名叫"道"。对于"能"或"力"这些超经验的东西是很难给出个明确的定义的。所以方尔加说:"比如'力',有人认为迄今还没有一个恰当的定义。现在的中学课本上说'力是物体之间的相互作用'。这还是没有说出力是什么,只能说是从宏观低速的角度描绘力是什么样子。'道'虽下不出定义,但却可以被形容描绘出是什么样子的。老子的《道德经》各章就是从各个角度描绘'道'是什么样子的。怎样描绘?用喻象性的表达方式。所谓喻象性就是通过对具体事物的描绘启发人们体悟'道'"。

三、"道"的特征与特性

所谓特征,就是可以作为某事物特点的征象或标志。所谓特性,就是某事物所特有的性质。那么,老子对"道"的这些本质属性是怎样规定的呢?根据老子的描述,归纳起来主要有以下八种。

(一) 道是宇宙的本体或本原,具有不变性。《老子》第一章就开宗明义地说"道"是"万物之母""众妙之门",即它是物质世界的原始老祖母,是一切事物所从出的门户。第二十五章又说:"有物混成,先天地生,独立而不改,周行而不殆,可以为天地母。"这"万物之母""天地之母""众妙之门",都是说"道"是物质世界生成的总源头、总根源。它同天地万物的关系是母亲和儿子的关系,是前者产生后者的关系。那可能有人会问,老子说的这个"道"又是从哪里来的?对此南怀瑾先生说:"像这一疑问,不消说我们一般的凡夫俗子弄不清楚答案的真相,就是千古以来许多哲学家、思想家也在穷究这个'第一因'的课题里寻不着出路。而老子呢?他说道就是道,此外再也没有一个由来,再也没有一个究竟,既没有什么,也不是为了什么,本来就是这样。"(《老子他说》)所以老子在第四章说:"吾不知其谁之子,象帝之先。"亦即它不是谁的儿子,它没有母亲,它不是被产生出来的,是自古都存在着的。它"独立而不改",单独存在,不受外力的支配,永远不会改变自己。南怀瑾说:"不改变自己就是不生不灭。用今天科学的话来说,这叫作绝对的宇宙。绝对的宇宙就是《易经》里面所讲的'不易'。它一点变化都没有,永远是那样绝对的圆满,绝对的自由,绝对的平等,绝对的光明状态。"(《老子他说》)道的这一永恒的不变性也决定了它的主宰性。

(二)道体是虚无的,具有超时空性。所谓体就是指事物的形体、形状。道是一种能量。既是能量那就是虚的,你看不见。所以《老子》第十四章说:"视之不可见,听之不可闻,搏之不可得。"看它看不见,听它听不着,摸它摸不到。第二十五章说:"寂兮寥兮",道无声无形,说明道体是虚的。虚就不会占有空间。第六章说"谷神不死",第二十五章说"独立而不改,周行而不殆","不死""不改""不殆",说明道是超时间的,它具有超时空性。

(三)道是混融一体的,具有整体性。《老子》十四章说:"视之不见名曰夷;听之不闻名曰希;搏之不得名曰微。此三者不可致诘,故混而为一。"第二十五章说:"有物混成,先天地生。"这里的"一"和"物"都是指的道。之所以用"一"用"物"而不用"道",就是为了突出道之"整体"这一特性。对此,第四十三章说得更加明白:"道生一",道本身就是一个统一完美的和谐体。正因为它是和谐体,所以才具有强大的生命力。

(四)道体至大,具有包容性。《老子》第二十五章说:"强为之名曰大","曰大"就是说道体至大。第七十章又说:"天下皆谓吾道大不肖,夫唯大,故不肖;若肖,久矣其小矣夫"。天下人都说我说的道太大,什么都不像,正因唯它太大,所以什么都不像;如果它像一个具体的东西的话,早就渺小了。正因为道体至大,所以它能包容一切。包容就是容纳,而不是对抗。

(五)道是天地母,具有至柔性。老子把"道"比作母,除取其原始之义外,还取其柔弱之义,说明道具有至柔性,其虽柔弱看不见,但力量是巨大的。所以老子在他的哲学体系中多次表达这个观点,如"坚强者死之徒,柔弱者生之徒","柔之胜刚,弱之胜强","天下之至柔,驰骋天下之至坚","赤子骨弱筋柔而握固","强大处下,柔弱处上"等,都是在说明任何事物都是弱的方面胜于强的方面。所以"柔弱"并不是我们现在所说的"软弱",而是刚强活动的变相,是一种真正的力量。老子之所以"贵柔",其道理就在这里。

(六)道是"无",具有无不为性。老子在第一章开宗明义,就给"道"又起个名字叫"无"。所以,道的作为,就是"无为"。那什么是"无为"呢?《老子》第三十七章说:"道常无为而无不为",即道原本是无,你看不见、摸不着。所以他的为就是无为,无为就是无所不为,既不偏向谁也不为了谁,一视同仁,一律平等。这就是"中道观",所以"无为"就成了老子哲学的核心范畴。

(七)道是独立的,具有自然性。道是最高的实体,"独立而不改",而"自然"则是这个最高实体所体现的最高价值。在《老子》中,"自然"一词共出现五次,分别见于第十七章、第二十五章、第二十九章、第三十一章和第五十一章。所谓"自然"不是我们今天所说的自然界或大自然。从古文字学上来看,"自"是自己,"然"是如此。"自然"就是自己如此,它自成、自因、自本、自根,所以老子说"道法自然"。老子之所以特别凸显道的这一特性,主要是要人们树立"抱一为天下式"的"道法自然"的观念。

(八)道是运动不息的,具有循环性。"道"虽不是客观规律,但道的运动是有规律的。《老子》第二十五章说:"周行而不殆"。"周行"就是循环往复,"不殆"就是无穷无尽。这在《易经》中就是由"既济"到"未济"的循环。《老子》第四十章又说:"反者道之动。"道的运动是朝着相反的方向转化的,这是它的运动规律。这犹如一个生命体在呼吸,呼气到头了,自然就要吸气;吸气到头了,自然又要呼气,通过和谐的呼吸保持生命的活力。老子之所以凸显道的这一特性,就是要我们明白这一自然的因果律。

道的特征特性不止这八个方面,如第五章"天地不仁,以万物为刍狗;圣人不仁,以百姓为刍狗。天地之间,其犹橐籥乎?虚而不屈,动而俞出",说明"道"不凝固僵化,具有更新性。第二章"生而不有,为而不恃,功成而不居",说明"道"具有不占有性。第三十二章"道常无名之朴",说明"道"具有朴实性。第三十四章"大道氾兮,其可左右",说明"道"具有普遍性。

四、"道"和"德"的关系

什么是德?所谓"德"就是道之德。老子把道之德称为"孔德""玄德""上德""常德"。《老子》一书中所描写的"圣人",都是完全遵从于道的人,都是完全按照道之德去行事的人。

"道"与"德"的关系概括起来,有以下三个方面。

(一)"道"与"德"是抱一的关系。《老子》第十章说"营魄抱一,能无离乎";第三十八章说"失道而失德",失去道也就失去德了。这说明,"道"中包含着"德","德"中包含着"道","道"和"德"是抱一的,而不是两种不同的存在。所以高亨说:"德者,万类之本性也。"(《老子正诂》)但也不能将道和德完全等同,因为他们是一而二、二而一的两个方面。

(二)"道"与"德"是本质和现象的关系。所谓本质就是事物本身所固有的、决定事物性质、面貌和发展的根本属性。所谓现象就是事物在发展、变化中所表现的外部形态和联系。事物的本质是隐蔽的,是通过现象来表现的。如第二章所说的"生而不有,为而不恃,功成而不居"就是"道"之本质的外在表现,这个外在表现就是德。在《道德经》中,正面讲的"道"从其显现来说就是

"德";正面说的"德"从其本质来说就是"道"。《老子》第三十五章"执大象,天下往,往而不害,安平太"就是告诉我们,你能把握住大道所呈现出来的象,就能认识道;认识了道,依道而行,在人与人的交往中就会互不伤害,互不伤害,天下就太平了。所以要认识"道",就要从"道"所呈现出的"象"中去认识。

(三)"道"与"德"是体和用的关系。《老子》第十一章说:"有之以为利,无之以为用。""道"的形体、形状是看不见摸不着的,它必须借助于物才能起作用。这犹如现在的"电"和"线",电只有通过线才能起作用。"道"的用就是"德"。"德"是"道"的显现,是"道"的运动方式,是"道"对万物、社会和人的作用。《老子》第三十九章(二)说:"天得一以清;地得一以宁;神得一以灵;谷得一以盈;万物得一以生;侯王得一以为天下贞。""清""宁""灵""盈""生""贞"都是"道"的作用,都是由"道"决定的。所以要从道的作用中去领悟道。

总之,"道"和"德"的关系,就是"道生之,德形之、畜之、成之"。万物为"道"所生,但生长发育还要靠"德"来养育和维护。这也就是说"道"是要靠人弘扬的,是要靠人去践行的。

五、老子哲学的特点

老子的哲学,概括起来主要有四个方面的特点:

(一)老子哲学的属性是"入世与出世"。冯友兰说:"中国哲学的历史有个主流,可以叫作中国精神。这种精神专就人而言,他的最高成就就是成为圣人,而圣人的最高成就是个人与宇宙的同一。而人想要得到这个同一,就必须脱离尘罗世网,必须脱离社会,甚至脱离'生'。只有这样才能得到最后的解脱。这种哲学即普通所谓的'出世哲学'。另有一种哲学,注重社会中的人伦和世务,只讲道德价值,不讲或不愿讲超道德价值,这种哲学即普通的所谓'入世哲学'。从入世的哲学的观点看,出世的哲学是太理想主义的,无实用的消极的。从出世的哲学的观点看,入世的哲学又太现实主义了,是肤浅的。有许多人说,中国哲学是入世的。很难说这些人说得完全对或完全错。从表面上看中国哲学所注重的是社会,不是宇宙;是人伦日用,不是地狱天堂;是人的今生,不是人的来世。而专就中国哲学主要传统来看,若要了解它,就不能说它是入世的,也不能说它是出世的。它是既入世又出世的,入世与出世是对立的,正如现实主义与理想主义也是对立的。中国哲学的任务,就是把这些反命题统一成一个合命题。这并不是说这些反命题都被取消了,它还在那里,但是已经被统一起来,成为一个合命题的整体。如何统一起来?这是中国哲学所求解决的问题。"(《中国哲学简史》)老子就是解决这一问题的"第一人"。他提出了"道"是宇宙的本根,是宇宙的原动力,是万物生命本源的"一元本体论",又提出了"有无相生"的"整体认识论",他不仅在理论上完成了这个统一,而且在行动上也完成了这个统一,所以说他就是"圣人"。这个圣人的人格就是"内圣外王"的人格。所谓"内圣",是就其修养的成就来说的,圣人的精神成就具有超越性。所谓"外王",是就其在社会上的功用来说的,他可以当"王"、当领袖,具有实际的应用性。中国哲学,也可以说老子哲学讲的都是"内圣外王"之道,即以出世的精神境界来统御人间的事务。

(二)老子哲学体系的基本结构是"无—有—无"。《老子》第四十章说:"天下之物生于有,有生于无。"第十四章说:"绳绳兮不可名,复归于无物。"第十六章说:"致虚极,守静笃,万物并作,吾以观其复,夫物芸芸,各归其根。"这里是说天下万物的总根源是"无"(即道),万物运动的结果还要回复到"无"(即道)。这就是老子"复归"的思想。《老子》哲学的这一总体特点,在用头脑把握整个世界时,总是从起点一级一级推到终点,而终点又回复到新的起点。论述世界整体是这样,论述每一个重大问题也是这样。比如在论述人性问题时,人性的起点是道性,在进展的过程中,人性中的道性不断丧失,但在人性堕落后,最终人性还是会复归道性。如第二十八章说:"知其雄,守其雌,为天下谿。为天下谿,常德不离,复归于婴儿。知其荣,守其辱,为天下谷。为天下谷,常德乃足,复归于朴。知其白,守其黑,为天下式。为天下式,常德不忒,复归于无极。"这三个"复归"就是说人类最终还是要复归道性的。老子之所以把道比作婴儿,主要是婴儿的本性最符合道的本性。

《老子》的哲学体系包含着丰富的辩证思想,这种思想主要是在它的"无—有—无"基本结构的"有"这个环节里,也就是在"入世"的用这一方面。比如,为了实现人性的复归,首先要求人在自己的精神世界中要确立"道"的主体地位,在这个基础上来处理内在精神世界和外在世界的关系。这个"主"也就是我们今天所说的核心价值准则。如果心中没有一个基本的价值准则,也就没有辨别对错、善恶、是非、好坏的标准。那么,在我们的心中应确立什么样的主体或准则呢?就是"道法自然",也就是一切要以是否符合自然之道的本性为判断的标准。

(三)老子哲学的思维方式是顺向思维和逆向思维的统一。所谓思维方式就是认识事物所采取的方法和形式。《老子》第一章说:"故常无,欲以观其妙;常有,欲以观其徼。"这两句话就是讲悟道的思维路径,是要从本原顺思到现实,再从现实逆思回溯到本原。第十六章说的"万物并作,吾以观其复,夫物芸芸,各归其根,归根曰静,静曰复命"是从现实回溯到本原,又从本原顺思到现实。老子的这一思维特点,就是今天我们成语所说的"来龙去脉"。"来龙"就是顺思,"去脉"就是逆思。所以,我们在思考万物生成的过程中,要看到"道"生万物,万物消亡又复归于"道"。从起点到终点,从终点又回到起点,这是一个"周行"循环的过程。对于个体事物来说如此,对于世界来说也是如此。

(四)老子哲学的修辞多用顶真句法。顶真又称顶针、蝉联、连珠、连语等,这是用前一句的结尾来做后一句的起头,使邻接的句子首尾蝉联,从而形成上递下接、环环相扣、文气贯通的修辞效果。这种句法比较典型的有第十六、二十五、二十八、三十二、三十七、三十八、四十二、五十二、五十九、六十章。就其内容来说，大致分为两种。一是对"道"的言说。如第二十五章"有物混成……字之曰道，强为之名曰大。大曰逝，逝曰远，远曰返，故道大、天大、地大、人亦大……人法地地、法天天、法道道、道法自然"。其中"强为之名曰大"的归结点是"返"，即道具有"周行不殆"的本性。"人法地地"的归结点是"自然"即道之本性是自成、自因。这也是人事活动应当师法的最高准则。所以，我们做人做事无论是成功还是失败都要从自身找原因，而不要去埋怨别人或从客观上找原因。二是对于"人为"的言说。如第十六章"夫物芸芸，各归其根。归根曰静，静曰复命，复命曰常。知常明……知常容，容乃公，公乃全，全乃天，天乃道，道乃久，没身不殆"。"万物归根→静→复命→常"，这是万物遵循"反者，道之动"的普遍规律复归自身所产生的后果。"物"当然也包括人，因此人也应通过"归根"渐次达到"静""复命"而终至于"常"。"常"就是道之本质，道之本质就是"静"。"知常容→公→全→天→道→久"，这是以"知常"为前提，得道者之自身德性、处事风格的递进变化，或者说是把道之本性应用到生活、政治各方面后，所产生的诸多连续性的积极效应。最后一句"没身不殆"，是从前文"如常容，容乃公，公乃全，全乃天，天乃道，道乃久"中得出的结论，意即依"道"而行，自己就不会有危险。从这两章可知，顶真句法的运用显然不是为了达到某种修辞效果，而是有着明确的思想意涵和理论指向。这是我们读懂和理解《老子》应特别注重的地方。

在《老子》书中，异于顶真而惯用的句法结构是"……是以圣人……"，这两部分的逻辑关系是："是以圣人"之前的内容是作为依据或前提出现的，而出现于这四个字之后的则是作为结论或结果的圣人在修身和为政方面应当采取的具体举措。这类的句法结构非常多。有的是"天人叙事"，即推天道以明人道。如"天长地久。天地之所以能长且久者，以其不自私，故能长久。是以圣人后其身而身先,外其身而身存,以其无私,故能成其私"(第七章)。有的是"古今叙事",即把古之垂训作为我们修身处世应师法的楷则。如"古之用兵者有言曰:'吾不敢为主而为客,不敢进寸而退尺。'是谓执无兵……故抗兵相若,襄者胜"(第六十九章)。有的则是以经常发生的客观社会现象以及蕴涵的历史经验和政治教训为前提依据。如"五色令人目盲;五音令人耳聋;五味令人口爽;驰骋田猎令人心狂;难得之货令人行妨。是以圣人之治也,为腹不为目"(第十二章)。"夫唯兵者不祥之器,不得已而用之,故胜而不美"(第三十一章)等。老子这些句法结构的内涵无不折射着"道性"及"道性"的运用。所以老子说:"吾言甚易知,甚易行;天下莫能知,莫能行。言有宗,事有君。"(第七十章)我说的话都是有根据的,做事都是有主旨的。这个主旨就是"道",道的本性就是中和。我们能把住这些句法结构的含义,就不难理解老子的思想。

六、阅读《老子》的方法

所谓方法就是做事或认识某种理论的门路。阅读《道德经》的方法很多,但我认为主要的有下列几种:

(一)要多认识汉字。《老子》中没有词,一个字就是一个观念,而且一字多义,又是普遍现象。如"道生之"(第五十一章)的"生",是"出生、产生"的意思,而"道生一"(第四十二章)的"生"就不是产生的意思,而是"固有""本来"的意思。再如"常"字,可作"常规、常法"讲,又可作"经常"讲,亦可作"本质、本来"讲。"名",可当"名字"讲,也可当"命名"讲,又可当"明"讲。所以最基础的方法就是要真正地多认识汉字,而要多认识汉字就必须有一本《古代汉语字典》,有了字典还须根据《老子》上下文之义,来确定这个字的义项。

(二)熟读。这是最基本的读法。陈寿说:"书读百遍,其义自见。"苏轼说:"旧书不厌百回读,熟读精思子自知。"能把《老子》背会,就能上下贯通,就能以"经"解经,就能了解它的宗旨。

(三)分体系读。这是高一层的读法。《老子》是一部哲学著作,哲学是有体系的。所谓体系就是泛指一门学科重大问题之间的内在逻辑联系。但现在的通行本都不是按体系编排的。《老子》究竟是怎样的思想体系,至今还没有定论,这也是当代学者研究的任务。没有定论不等于没有体系。如果我们在熟读会背《老子》之后,再分道论、德论、认识论、方法论、人性论、军事论、修养论、治国论等去读,就会理解得更深刻。

(四)悟性认识,也就是我们一般所说的领悟。领悟又分不同的类别。从对个别事物的感觉领悟到的是感悟,从有限事物构成的整体领悟到的是体悟,从超越有限上升到无限宇宙得到的是觉悟,领悟得到的认识之后原来长期思考不明的事理却一下子明白了是醒悟,经过长期逐渐领悟才明白事理是渐悟,从一件平常事突发认清深奥理论的是顿悟,由于悟的方法不对而长期得不到答案是迷悟,从辩证理性得到完全彻底的理解是了悟。达到了悟,原来迷悟的头脑就完全彻底清醒了,这就是悟性的最高阶段。学习《道德经》也是要靠悟的,那怎样悟呢?就是用"心"去悟。比如第二章说:"有无之相生,难易之相成,长短之相形,高下之相倾,音声之相和,先后之相随。是以圣人处无为之事。"那这段话究竟是说的什么呢?这就是说世界上的一切事物都是由正反两方面组成的,它们是一个不可分割的整体,是"抱一"的,谁也离不开谁。这就是中国传统的"整体认识"论,这就是中国传统的"和合"思想,这就是"道"性。所以老子说"圣人处无为之事"。圣人总是按照这一"和合"的思想行事,包容一切。而要真正懂得《老子》的思想价值,就必须在读中悟,在悟中读;就必须在悟中行,在行中悟,只有这样才能够真正认识《老子》的真谛。

七、学习《老子》的意义

(一)学习《老子》可以增强文化自信。所谓"文化自信"就是我们要相信自己的文化是优秀的。可以说中华民族的文明史就是一部不断探索"道"、不断实践"德"的历史。中华民族能延续五千多年,至今仍充满生命活力,就是因为有"道德"文化贯穿其中。英国近代科技史学家李约瑟在《中国的科学与文明》一书中说:"中国人性中有许多最吸引人的因素都来源于道家思想。"习近平在纪念孔子诞辰2565周年国际学术研讨会暨国际儒学联合会第五届会员大会开幕式上的讲话中,列举了中国优秀传统文化中蕴藏着的解决当代人类面临的难题的重要启示,第一条就是《道德经》所说的"道法自然"。其他如天人合一、天下为公、安民富于乐民、以民为本、为政以德、政者正也、以德立人、讲信修睦、简约自守、力戒奢华、中和、泰和、安不忘危等,无不包含在《道德经》阐述的思想中。我们今天研究《道德经》,吸取蕴藏在中华优秀文化传统中的精髓,对解决当代人类面临的难题无疑有着重大的现实意义。

在人类面临的现实难题中,最为重要的莫过于如何解决生存危机。科学技术并不能解决人类生存这个根本性问题,这个问题要靠文化和哲学来解决。随着人类社会的发展,世界和人类可持续存在的基础理论必然会转换,必然会用东方文化的整体论、和合论等取代西方的自我中心论、科技万能论和消费至上论指引的人类存在和发展的理论。因为人类社会的发展必定要吸取人类文明创造的优秀成果,而这个优秀成果最早就集中体现在《道德经》哲学中。当《道德经》的哲学理论被全球社会认同之时,人类历史发展的新时代也就到来了。

(二)学习《老子》可以治"精神病",可以使人有一个良好的心态而快乐地生活。人类所创造的文化包括科技文化和人文文化两个层面,它们分别发挥着不同的功能,一个是工具理性,一个是价值理性。但到了现代社会,由于科学技术成为第一生产力,创造了巨大的物质财富,使得人们"高估"了它的作用,以为人类社会的所有问题都可以由它来圆满解决,有人甚至把它视为"救世主",而人文文化则被虚置。其实,科学技术绝非万能,因为人类的情感、意志、审美等意识层面的问题,是需要通过感受、体验乃至直觉、顿悟等发挥作用加以解决的。科学技术可以提供日益强大、有效的工具理性,却不能满足人们对于政治理论和伦理层面的需求,无法提供人类区别于禽兽的"价值理性"。现代社会的各种"现代病",就表现出了工具理性愈强大,正义感、使命感、公德心、自尊心愈低落,医治之方只能靠人文文化即人文精神。中华优秀传统文化精神的核心就是道德精神,而这种精神,在《道德经》中俯拾皆是。所以阅读《道德经》可以医治精神上的疾病。因为一个人一生最豪迈、最光荣的事莫过于生活的惬意。对此,佛学大师赵朴初曾写过一首《宽心谣》:"日出东海落西山,愁也一天,喜也一天。遇事不钻牛角尖,身也舒坦,心也舒坦。每月领取养老钱,多也不嫌,少也不嫌。少荤多素日三餐,粗也香甜,细也香甜。新旧衣服不挑拣,新也御寒,旧也御寒。外孙内孙同样看,男也喜欢,女也喜欢。常与朋友聊聊天,古也谈谈,今也谈谈。全家老少互慰勉,贫也相安,富也相安。早晚操劳勤锻炼,忙也乐观,闲也乐观。心宽体健养天年,不是神仙,胜似神仙。"

（三）学习《老子》可以养生。养生也是中华传统文化的重要内容。中华传统文化的养生学可以概括为"三理",即生理养生、心理养生和哲理养生。生理养生包括动养、静养、食养和居养,心理养生主要指控制七情六欲,哲理养生则是指将哲学理论运用于养生实践。明末清初哲学家王夫之把哲理养生概括为"六然""四看"。"六然"即自处超然、处人蔼然、无事澄然、处事断然、得意淡然和失意泰然。"四看"即大事难事看担当,逆境顺境看襟怀,临喜临怒看涵养,群行群止看识见。《老子》哲学是用诗歌形式写成的一部哲理诗。老子的修养论,特别注重精神养老,即如何看待生命,如何保护生命。因为生命的价值是人的元价值,人只有生存才能"为之于未有",才能创造其他价值,也才能享受其他价值。所以,人要追求幸福,一个绝对的先决条件就是爱惜生命,善待生命。可以说古今中外有成就的哲学家大都长寿。如孔子活到73岁,孟子活到84岁,老子和庄子的确切岁数虽没有历史记载,但据传说更长寿。与现代相比,那个时代谈不上优越的生活条件和医疗卫生保健,庄子甚至生活贫困,断炊借粮。他们长寿的秘诀,大概就在于精神修养。我国现代思想家、哲学家亦是如此。如古文字学家、佛学家季羡林98岁,哲学家任继愈93岁,张中行97岁,张岱年95岁,冯友兰95岁,梁漱溟95岁。这些现代思想家的人生经历都十分坎坷,甚至经受过多次迫害,他们能挺过来并长寿,如果没有相当的精神境界和精神支撑,是难以想象的。